華志文化

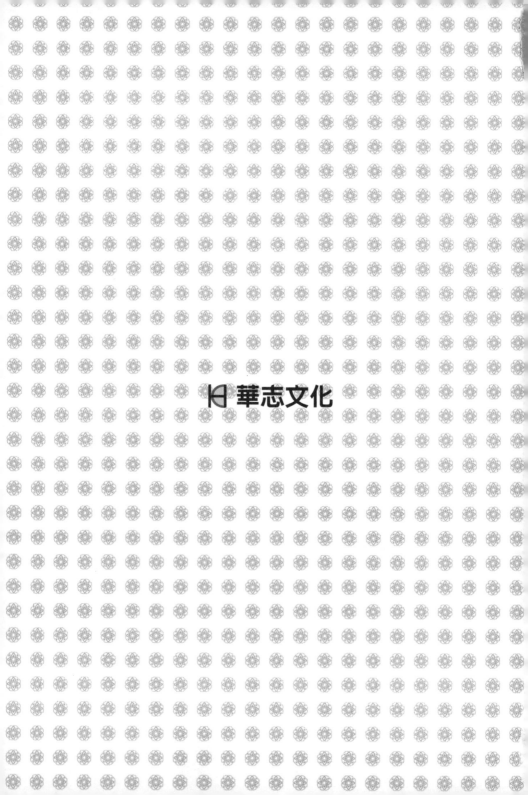

華志文化

《左傳》又稱《春秋左氏傳》或《左氏春秋》，儒家經典之一，是中國古代一部史學和文學名著。

《左傳》之所以受到歷代重視，有三方面原因：

其一，《左傳》是今天研究春秋時代的一部最為重要而必讀之書。

其二，《左傳》的文筆特別優美，在記事方面，都表現出極高的藝術成就，前後照應等後世小說所具有的因素。

其三，《左傳》透過對各國歷史事實之記述，揭露了當時社會中的種種矛盾與鬥爭。

中國最早古代編年體史書

左傳

新解

左丘明◎原著

馬玉山◎譯注

國學經典
原味呈現

　　◆《左傳》又稱《春秋左氏傳》或《左氏春秋》，儒家經典之一，是中國古代一部史學和文學名著。

前 言：左傳新解

《左傳》又稱《春秋左氏傳》或《左氏春秋》，儒家經典之一，是中國古代一部史學和文學名著。

《春秋》是魯國的一部自隱西元年至哀公十四年（後人又續至十六年）共二百四十四年間的不完備而可信的編年史，相傳是孔子在史官所編基礎上，加以整理修訂而成，是後代編年史之濫觴。《春秋》文字簡短，相傳寓有褒貶之意，即後世所稱的「春秋筆法」。解釋《春秋》的主要有左丘明的《左傳》、公羊高的《公羊傳》和穀梁赤的《穀梁傳》。《左傳》成書於戰國時代，而《公羊傳》和《穀梁傳》則成書於漢代。

《左傳》之所以受到歷代的重視，是因為以下幾方面的原因。

其一，《左傳》是今天研究春秋時代的一部最為重要而必讀之書。其中的原始史料，彌足珍貴。它在歷史散文的地位上是上承《尚書》《春秋》，下啟《國策》《史記》的橋樑，是戰國時代最優秀的歷史散文作品。如關於當時的戰爭，《晉人及姜戎敗秦師於殽》《晉侯及楚人戰於城濮》《晉荀林父帥師及楚子戰於邲》《鞌之戰》（ㄢ）等篇，就從不同側面和角度做了詳細的記載和描繪。

其二，《左傳》的文筆特別優美，在記言記事方面，都表現出極高的藝術成就，特別是其中已含有對人的外表描寫、心理刻畫以及設置懸念、前後照應等後世小說所具有的因素。如《晉侯使呂相絕秦》《燭之武退秦師》《臧哀伯諫納郜鼎》《臧僖伯諫觀魚》《王孫滿對楚子》等，將當時複雜的史事，多樣的人物，巧妙的辭令，展現在我們的面前。

其三，《左傳》通過對各國歷史事實之記述，揭露了當時社會中的種種矛盾與鬥爭，這裡有大國對小國的吞併與征伐；有宮廷內部血腥的政變，父子相殘、嫡庶之爭屢見不鮮；有不同人物為了各自的理想而奮爭的歷程——晉公子重耳在外流亡十九年後，終成大事，燭之武憑三寸不爛之舌智退秦師，申包胥為求救兵在秦廷號哭七日七夜，介之推不言祿——各色人物，無不栩栩如生，感人至深。

劉知幾在《史通雜說》中關於《左傳》的一段評價，高度概括

了它的特點:「左氏之敘事也:述行師則簿領盈視,哤聒沸騰。論備火則區分在目,修飾峻整。言勝捷則收穫都盡,記奔敗則披靡橫前,申盟誓則慷慨有餘,稱譎詐則欺誣可見,談恩惠則煦如春日,紀嚴切則凜若秋霜,敘興邦則滋味無量,陳亡國則淒涼可憫。或腴辭潤簡牘,或美句入詠歌。跌宕而不群,縱橫而自得。若斯才者,殆將工侔造化,思涉鬼神,著述罕聞,古今卓絕。」

本書是為讀者提供的一個《左傳》選本,所選篇章或長或短,基本上囊括了《左傳》的精華。鑒於《左傳》文辭古奧,一般讀者憑注釋難以完全理解原文,所以在簡注的同時,用白話文將原文譯出。為方便讀者進一步暸解這部名著,。

由於水準所限,疏漏及不當之處在所難免,誠望專家學者不吝賜教。

馬玉山

☆目錄

左傳新解

◎隱　公

❀ 鄭伯克段於鄢

題解

◆ 鄭莊公即位後，其弟共叔段在母親姜氏的支持下，擴充勢力，企圖奪取政權。鄭莊公不斷滿足共叔段的要求，促使其權欲膨脹，終於在魯隱西元年（西元前722年）一舉消滅了他。這表現了鄭莊公善於權謀，也說明春秋時權力鬥爭的殘酷。

➲ 原文

初，鄭武公娶於申①，曰武姜，生莊公及共叔段。莊公寤生②，驚姜氏，故名曰寤生，遂惡之。愛共叔段，欲立之。亟請於武公③，公弗許。及莊公即位，為之請制④。公曰：「制，岩邑也，虢叔死焉⑤。佗邑惟命。」請京⑦，使居之，謂之京城大叔。祭仲曰⑧：「都，城過百雉⑨，國之害也。先王之制，大都，不過參國之一⑩；中，五之一；小，九之一。今京不度⑪，非制也，君將不堪。」公曰：「姜氏欲之，焉辟害？」對曰：「姜氏何厭之有⑫？不如早為之所⑬，無使滋蔓。蔓，難圖也。蔓草猶不可除，況君之寵弟乎？」公曰：「多行不義，必自斃，子姑待之。」

既而大叔命西鄙、北鄙貳於己⑭。公子呂曰⑮：「國不堪貳，君將若之何？欲與大叔，臣請事之；若弗與，則請除之，無生民心⑯。」公曰：「無庸，將自及。」大叔又收貳以為己邑，至於廩延⑰。子封曰⑱：「可矣，厚將得眾。」公曰：「不義，不昵⑲。厚將崩。」

大叔完聚⑳，繕甲兵，具卒乘㉑，將襲鄭，夫人將啟之㉒。公聞其期，曰：「可矣。」命子封帥車二百乘以伐京。京叛大叔段。段入於鄢㉓。公伐諸鄢。五月辛醜，大叔出奔共㉔。

書曰：「鄭伯克段於鄢。」段不弟，故不言弟；如二君㉕，故曰克；稱鄭伯，譏失教也，謂之鄭志㉖；不言出奔，難之也。

遂置姜氏於城潁㉗，而誓之曰：「不及黃泉㉘，無相見也。」

13

既而悔之。

　　潁考叔為潁谷封人㉙，聞之，有獻於公。公賜之食，食舍肉。公問之，對曰：「小人有母，皆嘗小人之食矣，未嘗君之羹，請以遺之㉚。」公曰：「爾有母遺，繄我獨無㉛。」潁考叔曰：「敢問何謂也？」公語之故，且告之悔。對曰：「君何患焉！若闕地及泉，隧而相見，其誰曰不然？」公從之。公入而賦：「大隧之中，其樂也融融。」姜出而賦：「大隧之外，其樂也泄泄。」遂為母子如初。

　　君子曰：「潁考叔，純孝也，愛其母，施及莊公。《詩》曰『孝子不匱，永錫爾類㉜』，其是之謂乎！」

注釋

　① 鄭武公：名掘突，鄭國第二位國君，約西元前 770 ～前 744 年在位。申：春秋初國名，姜姓。其地為今河南南陽市。

　② 寤（ㄨˋ）：牾字的通假字，逆、倒的意思。寤生，即逆生，出生時腳先見，即難產。

　③ 亟（ㄑㄧˋ）：屢次。

　④ 制：鄭國屬地，當今河南滎陽市氾水鄉，亦名虎牢關。

　⑤ 虢（ㄍㄨㄛˊ）叔：虢，西周時的封國，封於制，稱東虢。虢叔為東虢國君，東虢被鄭國吞併，虢叔死在那裡。

　⑥ 佗：同他。

　⑦ 京：鄭國屬地，在今河南滎陽市東南二十餘里。

　⑧ 祭仲：鄭國大夫，字足，祭是他的采邑。

　⑨ 都：指諸侯的國都與卿大夫封邑。雉：城牆高一丈、長三丈稱為一雉。

　⑩ 參：同「三」。意思是大的諸侯的國都，也只能是「百雉」的三分之一。以下「五之一」、「九之一」類此。

　⑪ 度：法度，不度即不合法度。

　⑫ 何厭之有：厭，滿足。意思是有什麼滿足呢？

　⑬ 為之所：給他安排一個地方。所，地方。

⑭ 貳：指存在二心，這裡指背叛鄭莊公而投靠共叔段。

⑮ 公子呂：鄭國大夫。

⑯ 無生民心：不要讓老百姓產生擁護共叔段的念頭。

⑰ 廩延：鄭國屬地，當在今河南延津縣境內。

⑱ 子封：公子呂的字。

⑲ 昵（ㄋㄧˋ）：粘連的意思。不昵，意指不能團結其部眾。

⑳ 完：堅固城郭。聚：聚集糧食。

㉑ 卒乘：士兵和戰車。

㉒ 啟：開，指開城門，迎接共叔段。

㉓ 鄢：西周時國名，後被鄭武公所滅，當今河南鄢陵縣北。

㉔ 共：衛國附屬國，今河南輝縣市。

㉕ 如二君：指鄭莊公與共叔段好像是兩個國家的君主。

㉖ 鄭志：指鄭莊公的意志。

㉗ 城潁：鄭國屬地，在今河南臨潁縣西北。

㉘ 黃泉：地下，指代死後葬身之處。

㉙ 潁穀：鄭國屬地，在今河南登封市西南。封人：鎮守邊疆的地方官吏。

㉚ 遺：贈送。

㉛ 繄：語氣詞，作用與「惟」相近。

㉜ 錫：賜給。

譯文

　　當初，鄭國的武公從申國娶妻，稱為武姜，武姜生了鄭莊公和共叔段。鄭莊公出生時逆生，姜氏難產而害怕，所以就給他取名為寤生，因此而討厭他。姜氏喜愛共叔段，想要把他立為太子，屢次向鄭武公請求，鄭武公沒有答應。等到鄭莊公繼承了君位，姜氏又請求把制這個地方分封給共叔段。鄭莊公對她說：「制，那是個危險的地方，東虢國的國君就死在那裡。別的地方你可任意選擇，我唯命是聽。」姜氏又為共叔段請求以京城作封邑，讓共叔段居住到那裡，稱為京城太叔。祭仲對鄭莊公說：「都會的城牆超過百雉（ㄅㄞˇㄓˋ古時用以計量城牆大小的單位。），那將是國家的禍

害。按照先王的制度，卿大夫最大的封邑，也不能超過侯、伯國都的三分之一，中等的封邑只能是國都的五分之一，小的只能是九分之一。現在京城封邑不合法度，違背先王制度，君王你會承受不了的。」鄭莊公說：「這是姜氏想要的，我怎麼能躲避禍害呢？」祭仲對鄭莊公說：「姜氏的要求哪裡能夠滿足得了，不如趁早為共叔段安排個地方，不要讓他發展。如果發展起來，就難以對付了。蔓延的野草還不能除掉，何況是君王你寵貴的弟弟呢？」莊公說：「多行不義，必定自取滅亡，你就等待著他的滅亡吧！」

不久，共叔段又命令鄭國西部和北部的邊地接受他與鄭莊公的共同管轄。公子呂對鄭莊公說：「一個國家不能接受兩個人的管屬，君王你將如何辦呢？如果想把君位讓給共叔段，那我就請求服侍他；如果不給他君位，那就請你除掉他，以免讓老百姓產生二心。」鄭莊公說：「用不著去管，他會自己遇到禍害。」共叔段又將西部和北部由他和鄭莊公共同管轄的邊地收歸己有，延伸到廩延這個地方。公子呂又對鄭莊公說：「這可好了，共叔段勢力雄厚，能夠得到眾多人的支持了。」鄭莊公說：「他不行道義，不團結人，勢力雄厚只能促進他的崩潰。」

共叔段加固了京地的城防，聚集糧草，整修鎧甲和兵器，裝備起步兵和戰車，準備襲取鄭國國都。姜氏將為他打開城門。鄭莊公打探到共叔段進襲國都的日期，說：「這就可以向共叔段進攻了。」於是，命令公子呂為統帥，率領戰車二百輛（每輛戰車配甲士三人，步卒七十二人），向京地展開討伐。京地的人民都背叛了共叔段。共叔段逃到鄢地。鄭莊公又派兵到鄢地討伐他。五月辛醜（二十三日）這天，共叔段逃奔到共國。

《春秋》寫道：「鄭伯克段於鄢。」共叔段不像弟弟，故不說他是鄭莊公的弟弟，只寫他的名字；鄭莊公和共叔段之間的戰爭好像兩國國君相戰，所以用「克」；稱鄭莊公為鄭伯，是諷刺他對弟弟不加教誨，養成他的罪惡，也說明鄭莊公本來的動機；不寫共叔段出奔共國，是嫌單單歸罪於共叔段，難以下筆。

於是，鄭莊公把他母親安置到城潁這個地方，並發誓說：「不到我到黃泉之下的時候，不會再見你了。」不久，他就感到後悔。

潁考叔是潁谷這個邊邑的地方官吏，聽到鄭莊公這樣做，就以向鄭莊公進獻為名，見到了鄭莊公。鄭莊公賜予他飯食，潁考叔在吃飯的時候把肉都留下來不吃。鄭莊公便問他為何不吃肉。潁考叔說：「小人我有老母，嘗遍了我給她的食物，從未吃過君王這帶汁的肉，請你讓我把這肉送給她。」鄭莊公說：「你有母親，能饋贈她飯食，只是我沒有母親，不能向她饋贈了。」潁考叔說：「冒昧地問一下，你說的是什麼意思？」鄭莊公就告訴了他事情的原委，並告訴潁考叔他感到很後悔。潁考叔說：「你有什麼為難的呢？如果挖地挖出泉水來，再順著穿個隧道，你與你母親在隧道裡相見，有誰會說你的不對呢？」鄭莊公按照潁考叔的建議去做，在隧道與母親相見。鄭莊公進入隧道，見到他的母親賦詩說：「大隧道內與母親相見，這樣的樂融融啊！」姜氏走出隧道，也賦詩說：「大隧道外，這樣的樂呵呵啊！」於是母子和好如初。

　　君子評論說：「潁考叔，是一位真正的孝子，愛他的母親，還把孝道延及到鄭莊公。《詩經》說：『孝子是不會讓孝道匱竭的，將永遠把孝道給予他的同類人。』這正說的是潁考叔這樣的人。」

❀ 石碏諫寵州吁

題解

◆　衛桓公之弟州吁「有寵而好兵」，桓公不聽大臣石碏的勸告，放縱他的「驕、奢、淫、泆」，終於導致州吁作亂，殺桓公而自立。為安定衛國秩序，石碏（ㄑㄩㄝˋ）讓陳國捉拿州吁而殺之，同時「大義滅親」，派人殺死與州吁同黨的親生之子。

➲ 原文

　　衛莊公娶於齊東宮得臣之妹①，曰莊姜，美而無子，衛人所為賦《碩人》也②。又娶於陳，曰厲媯③，生孝伯，早死。其娣戴媯④，生桓公，莊姜以為己子。

　　公子州吁，嬖人之子也⑤。有寵而好兵，公弗禁，莊姜惡之。

石碏諫曰 [6]：「臣聞愛子，教之以義方，弗納於邪。驕、奢、淫、泆 [7]，所自邪也。四者之來，寵祿過也。將立州吁，乃定之矣；若猶未也，階之為禍。夫寵而不驕，驕而能降，降而不憾，憾而能眕者，鮮矣 [8]。且夫賤妨貴，少陵長 [9]，遠間親 [10]，新間舊，小加大 [11]，淫破義，所謂六逆也；君義臣行，父慈子孝，兄愛弟敬，所謂六順也。去順效逆，所以速禍也。君人者，將禍是務去，而速之，無乃不可乎？」弗聽。其子厚與州吁遊，禁之，不可。桓公立，乃老。

四年春，衛州吁弒桓公而立。

公與宋公為會 [12]，將尋宿之盟。未及期，衛人來告亂。夏，公及宋公遇於清 [13]。

宋殤公之即位也，公子馮出奔鄭。鄭人欲納之。及衛州吁立，將修先君之怨於鄭，而求寵於諸侯，以和其民。使告於宋曰：「君若伐鄭，以除君害，君為主，敝邑以賦與陳、蔡從，則衛國之願也。」宋人許之。於是陳、蔡方睦於衛，故宋公、陳侯、蔡人、衛人伐鄭，圍其東門，五日而還。

公問於眾仲曰：「衛州吁其成乎？」對曰：「臣聞以德和民，不聞以亂。以亂，猶治絲而棼之也 [14]。夫州吁，阻兵而安忍。阻兵無眾；安忍無親。眾叛親離，難以濟矣。夫兵，猶火也；弗戢 [15]，將自焚也。夫州吁弒其君，而虐用其民，於是乎不務令德，而欲以亂成，必不免矣。」

秋，諸侯復伐鄭。宋公使來乞師，公辭之。羽父請以師會之 [16]，公弗許。固請而行。故書曰「翬帥師」，疾之也。諸侯之師敗鄭徒兵，取其禾而還。

州吁未能和其民，厚問定君於石子。石子曰：「王覲為可 [17]。」曰：「何以得覲？」曰：「陳桓公方有寵於王。陳、衛方睦，若朝陳使請，必可得也。」厚從州吁如陳。石碏使告於陳曰：「衛國褊小 [18]，老夫耄矣 [19]，無能為也。此二人者，實弒寡君，敢即圖之。」陳人執之，而請涖於衛。九月，衛人使右宰醜涖殺州吁於濮 [20]，石碏使其宰獳羊肩涖殺石厚於陳 [21]。

君子曰：「石碏，純臣也。惡州吁而厚與焉，大義滅親，其是

之謂乎！」

衛人逆公子晉於邢㉒。冬十二月宣公即位。書曰，「衛人立晉」，眾也。

(注釋)

① 東宮得臣：東宮指太子，得臣為太子之名。

② 《碩人》：《詩經·衛風》中的一篇，歌頌莊姜的賢慧而憐念她的無子。

③ 媯（ㄍㄨㄟ）：姓。如漢代有媯昌。

④ 娣（ㄉㄧˋ）：女弟，即妹妹。

⑤ 嬖（ㄅㄧˋ）人：地位低下而受寵愛的人。

⑥ 石碏（ㄑㄩㄝˋ）：衛國大夫。

⑦ 驕、奢、淫、泆（ㄧˋ）：傲慢、奢侈、荒淫、放縱。唐孔穎達疏：「驕謂恃己陵物，奢謂誇矜僭上，淫謂嗜欲過度，泆謂放恣無藝。」

⑧ 畛（ㄓㄣˇ）：自安自重。

⑨ 陵：侵壓。

⑩ 間：代替。

⑪ 加：凌駕。

⑫ 公：指魯隱公。

⑬ 清：地名，衛國屬邑，當在今山東東阿縣境內。

⑭ 棻（ㄈㄣˊ）：紛亂。

⑮ 戢（ㄐㄧˊ）：收斂、止息。

⑯ 羽父：魯國公子翬的字。

⑰ 覲：諸侯朝見天子稱為「覲」。

⑱ 褊（ㄅㄧㄢˇ）：狹小。

⑲ 耄（ㄇㄠˋ）：老的意思。

⑳ 濮：地名，陳國屬邑，當今安徽亳州市東南。

㉑ 獂（ㄖㄨˊ）：姓。

㉒ 邢：國名，當今河北邢臺市。

譯文

衛莊公娶了齊國太子得臣的妹妹，稱為莊姜，漂亮賢淑卻沒有生下兒子，衛國的人所以為她創作了《碩人》的詩篇，表達對她的讚頌和憐念。（衛莊公）又從陳國娶妻，稱為厲媯，生了孝伯，但孝伯早死了。厲媯的妹妹戴媯（隨厲媯嫁給衛莊公），生了衛桓公，莊姜就把衛桓公收養為自己的兒子。

公子州籲，是衛莊公寵倖的一個妾的兒子，很得衛莊公的寵信，又好動武弄兵，衛莊公不加管束，莊姜很憎惡他。衛國大夫石碏對衛莊公進諫說：「我聽說愛護子孫，是要教給他們正義的道理，不能讓他們進入邪道。驕橫、奢侈、放蕩、恣肆，都會導入邪路。這四種情況的由來，都是由於過分的寵倖和享受。要立州籲為太子，就要及早定下來；如果還沒有定下來，寵信他就是給他為禍架起階梯。得到寵倖而不驕橫，驕橫而能下降自己的地位，地位下降了又沒有怨恨，有怨恨而又能自安自重的人，是很少的。況且卑賤者妨害高貴者，年輕者侵逼年長者，疏遠者代替親近者，新的代替舊的，小人凌駕於君子之上，荒淫毀壞正義，被稱為六種倒逆行為；國君主持正義，臣子按君主的意思而行，做父親的仁慈，為子者孝順，為兄者友愛，為弟者敬上，這些稱為六種順服的行為。離開順服的行為而效法施行倒逆的行為，只能是加速禍害的到來。作為人民的君主，一定是務必除去禍害，而（你卻）加速禍害的到來，那不是不可以的嗎？」衛莊公不聽他的進諫。石碏的兒子石厚與州籲相處交遊，石碏要禁絕他們，已做不到了。衛桓公立為國君，石碏便告老致仕了。

（魯隱公）四年春天，衛國的州籲殺害了衛桓公而自立為國君。

魯隱公與宋殤公要舉行盟會，將要重申過去在宿地會盟時的盟約。盟會的日期沒有到，衛國就來（魯國）報告其國內的戰亂。夏天，魯隱公與宋殤公在衛國的清地倉卒相會。

宋殤公的即位，使公子馮出亡鄭國，鄭國大夫正準備接納他。等到衛國州籲立為國君，州籲又要重提他的先君對鄭國的仇怨，以

求得一些諸侯對他的好感，用以和好他的人民。他派出使者對宋國說：「宋君如果討伐鄭國，用來消除對你的威脅，你做主帥，我的國家擔負軍需並同陳國、蔡國跟隨著你，那就是衛國的心願了。」宋殤公同意了這個請求。這時陳國、蔡國剛剛親睦於衛國，所以宋殤公，陳國國君，蔡國大夫，衛國大夫率軍攻伐鄭國，包圍了鄭國都城東門，五天之後又回到各國。

魯隱公問大夫祭仲說：「衛國的州籲將會成功嗎？」祭仲回答說：「我聽說用仁德來團結人民，沒聽說用戰亂來團結人民。用戰亂，就好像整理絲線而要弄亂它一樣。那個州籲呀，依恃兵力而習性殘忍。依恃兵力，不會有群眾；習性殘忍，就不會有親近的人。眾叛親離，很難成功了。那戰亂，像火一樣，不加止息，將會自我焚燒。那州籲殺害他的君主，又暴虐地使用他的人民，在這時不致力於建立善德，而想要以戰亂成功，一定不會免於禍患了。」

秋天，四國諸侯又進攻鄭國。宋殤公派使者來魯國請求派兵支援，魯隱公辭絕了他。公子翬請求帶軍隊參加伐鄭的戰爭，魯隱公不答應。公子翬堅持請求並帶兵參戰。所以《春秋》寫道，「公子翬帶領軍隊」，是譴責他不聽從國君的命令。五國諸侯的軍隊打敗了鄭國的步兵，割取了鄭國的一些莊稼而回去了。

州籲沒有能夠團結他的人民，石厚向石碏請教穩定君位的計策。石碏說：「朝見東周天子就可穩定君位。」石厚又問：「怎樣才得以朝見天子？「回答說：「陳國的桓公剛剛得到周天子的寵信。陳國、衛國又剛剛親睦，如果拜見陳桓公而讓他去請求東周天子，一定可以得到朝見。」石厚跟隨州籲前往陳國。石碏派人告訴陳國說：「衛國狹小，老夫老了，沒有能做的事了。這兩個人，就是殺害我的君主的人，請就在你們的國土內想法除掉他們。」陳國的大夫抓獲了州籲和石厚，而請衛國自己來處置他們。（魯隱公四年）九月，衛國的大夫派右宰醜在濮地殺了州籲。石碏派他的管家獳羊肩在陳地殺了石厚。

君子評論說：「石碏，忠實的大臣。憎恨州籲而連同他的兒子石厚一齊殺掉。大義滅親，這正是說的石碏吧。」

衛國的大夫從邢國把公子晉迎回國內。這年冬天十二月衛宣公

當了國君。《春秋》寫道,「衛國大夫立公子晉為君」,意思是說公子晉之立得到多數人的擁護。

❀ 臧僖伯諫觀魚

題解

◆ 魯隱公要到棠地以射魚為娛樂,大臣臧僖伯奉勸他要把精力集中在國家大事上,而不要荒怠政事,指出:「不軌不物,謂之亂政。亂政亟行,所以敗也。」臧僖伯雖未能阻止隱公的行動,但他的話足為訓誡。

⊃ 原文

五年春,公將如棠觀魚者①。臧僖伯諫曰②:「凡物不足以講大事,其材不足以備器用,則君不舉焉。君,將納民於軌、物者也。故講事以度軌量謂之軌,取材以章物采謂之物。不軌不物,謂之亂政。亂政亟行,所以敗也。故春蒐、夏苗、秋獮、冬狩③,皆於農隙以講事也。三年而治兵,入而振旅④。歸而飲至,以數軍實⑤。昭文章,明貴賤,辨等列,順少長,習威儀也。鳥獸之肉不登於俎⑥,皮革、齒牙、骨角、毛羽不登於器,則公不射,古之制也。若夫山林、川澤之實,器用之資,皂隸之事⑦,官司之守,非君所及也。」公曰:「吾將略地焉。」遂往,陳魚而觀之。僖伯稱疾,不從。書曰,「公矢魚於棠⑧」,非禮也,且言遠地也。

注釋

① 棠:地名,在今山東魚台縣境。
② 臧僖伯:魯國公子,名彄(ㄎㄡ),字子臧。
③ 蒐(ㄙㄡ):打獵,檢閱軍隊。 獮(ㄒㄧㄢˇ):古代秋季出獵的名稱。
④ 振旅:整頓軍隊。

⑤ 軍實：打獵的收穫。

⑥ 俎（ㄗㄨˇ）：祭祀所用器物。

⑦ 皂隸：奴僕，從事賤役的人。

⑧ 矢：用為動詞，射。

譯文

　　魯隱公五年春天，魯隱公將要去棠地觀看捕魚的情況。臧僖伯勸諫他說：「凡物品不能夠用之於祭祀和教習戰爭的大事，材料不能夠備作祭祀和戰爭的器用的，那麼國君就不會為之而有所舉動。國君，是讓人民進入正軌、懂得物品的人。所以講習祭祀和武事用來整齊法度稱為正軌，獲取的材料能用以標誌軍國器用的物色采飾稱為物品。不守法度、不可充當軍國器用之物，就叫做亂政。亂政屢屢推行，就是國家敗亡的原因。所以春天狩獵進行搜索，夏天狩獵像是間苗，秋天狩獵要有所殺獲，冬季狩獵就是大規模演習軍隊，這都是在農隙時用來講習武事的。每三年要舉行大的軍事演習，（演習後）進入國都要整治隊伍。國君回歸後要行賞賜慰勞有功者的飲至之禮，計算軍隊的士卒和俘獲物。展現軍國器用的裝飾文采，顯示高貴和卑賤，分別等級，理順少年和長輩的次序，演習軍隊的威武儀態。（如果獵獲來的）鳥獸的肉不可放到祭祀的俎器裡，它們的皮革、牙齒、骨骼和頭角、尾巴和羽毛將不放在祭祀的器物中，那麼國君在狩獵時就不去射殺它們，這都是古代的制度。至於那些山林、河川沼澤中的產品，一般器物用度的來源，是奴隸們的事情，官吏的職守，那就不是君主所應涉及的了。」魯隱公說：「我是要去巡察邊境的。」於是就去到了棠地，佈置了捕魚的陣勢而觀看。臧僖伯稱病不跟他去。《春秋》寫道，「魯隱公在棠地射魚」，說他不遵守禮法，同時說棠地遠離國都，他不該去那裡。

❀ 鄭伯伐許

題解

◆ 魯隱公十一年（西元前712），鄭莊公征服了許國卻不佔有它，爭取到許國對自己的擁護，使鄭國邊境有所保障，在當時受到好評。在征伐許國的戰爭中，他的將領為爭功而互相殘殺，鄭莊公不用刑政來處理，卻讓人詛咒貪功者，又說明他失政。

⊃ 原文

鄭伯將伐許①。五月甲辰，授兵於大宮②。公孫閼與穎考叔爭車③，穎考叔挾輈以走④，子都拔棘以逐之⑤。及大逵⑥，弗及，子都怒。

秋七月，公會齊侯、鄭伯伐許。庚辰，傅於許⑦。穎考叔取鄭伯之旗蝥弧以先登⑧，子都自下射之，顛。瑕叔盈又以蝥弧登⑨，周麾而呼曰⑩：「君登矣！」鄭師畢登。壬午，遂入許。許莊公奔衛。

齊侯以許讓公。公曰：「君謂許不共⑪，故從君討之。許既伏其罪矣，雖君有命，寡人弗敢與聞。」乃與鄭人。

鄭伯使許大夫百里奉許叔以居許東偏⑫，曰：「天禍許國，鬼神實不逞於許君⑬，而假手於我寡人，寡人唯是一二父兄不能共億⑭，其敢以許自為功乎？寡人有弟，不能和協，而使糊其口於四方⑮，其況能久有許乎？吾子其奉許叔以撫柔此民也，吾將使獲也佐吾子⑯。若寡人得沒於地，天其以禮悔禍於許，無寧茲許公復奉其社稷⑰，唯我鄭國之有請謁焉，如舊昏媾⑱，其能降以相從也。無滋他族實偪處此⑲，以與我鄭國爭此土也。吾子孫其覆亡之不暇，而況能禋祀許乎⑳？寡人之使吾子處此，不唯許國之為，亦聊以固吾圉也㉑。」乃使公孫獲處許西偏，曰：「凡而器用財賄，無置於許。我死，乃亟去之。吾先君新邑於此，王室而既卑矣，周之子孫日失其序。夫許，大嶽之胤也㉒。天而既厭周德矣，吾其能與許爭乎？」

君子謂鄭莊公：「於是乎有禮。禮，經國家，定社稷，序民人，利後嗣者也。許，無刑而伐之，服而舍之，度德而處之，量力而行之，相時而動，無累後人，可謂知禮矣。」

鄭伯使卒出豵㉓，行出犬、雞，以詛射穎考叔者。

君子謂鄭莊公，「失刑政矣。政以治民，刑以正邪。既無德政，又無威刑，是以及邪。邪而詛之，將何益矣？」

注釋

① 許：國名，西周時封，故城在今河南許昌市東。

② 大宮：「大」同「太」，太宮即太廟，為鄭國國君的祖廟。

③ 公孫閼（一ㄢ）：鄭國大夫，即下文之子都。潁考叔：鄭國大夫。

④ 輈（ㄓㄡ）：車轅。

⑤ 棘：即「戟」，兵器。

⑥ 逵：能並行九具車馬的道路稱為逵（ㄎㄨㄟˊ四通八達的大道），這種道路四通八達。

⑦ 傅：附著，靠近。

⑧ 蝥（ㄇㄠˊ）弧：戰旗名稱。

⑨ 瑕叔盈：鄭國大夫。

⑩ 麾（ㄏㄨㄟ）：同「揮」。

⑪ 共：同「恭」，指法度。

⑫ 東偏：（許城）東部。

⑬ 逞：快意，滿意。

⑭ 共億：相安。億，安。

⑮ 糊口：用簡單的飯食充饑。指鄭莊公的弟弟出奔在外。

⑯ 獲：鄭國大夫，即下文的公孫獲。

⑰ 茲：使。

⑱ 昏媾：相互通婚。

⑲ 滋：使，讓。

⑳ 禋（一ㄣ）：升煙以祭，古代祭天的典禮。

㉑ 圉（ㄩˇ）：邊疆。牢獄、監牢。馬場。

㉒ 胤（一ㄣˋ）：後代。子孫世代相承繼。

㉓ 豭（ㄐㄧㄚ）：公豬。

譯文

鄭莊公準備進攻許國。（魯隱公十一年）五月甲辰（二十四）日，在鄭國的祖廟內頒授武器。鄭國大夫公孫閼跟潁考叔爭奪一輛戰車，潁考叔挾著車轅奔跑，公孫閼拔下一支戟去追他。追到大街上，沒有追上，公孫閼很惱怒。

秋季七月，魯隱公會合齊僖公、鄭莊公一同去進攻許國。庚辰（初一）日，大軍進至許國都城下。潁考叔舉著鄭莊公稱為蝥弧的旗幟登上城頭，公孫閼從城下向潁考叔射了一箭，潁考叔從城頭摔下來。鄭大夫瑕叔盈再次舉起這面旗登上城頭，並向四周揮動旗幟呼喊說：「我們的國君已登上城頭了。」鄭國軍隊聽到呼喊都登上了城頭。壬午（初三）日，三國軍隊進入許國都城。許莊公逃奔到衛國。

齊僖公要把許國讓給魯國。魯隱公說：「你說是許國對齊國不恭敬，所以我才跟隨你討伐許國。現在許國已經認罪了，雖然你有這個命令，我還是不敢聽到這樣的話。」就把許國給了鄭國。

鄭莊公讓許國的大夫百里陪奉許莊公之弟許叔居處在許國都城東部，對百里說：「上天降禍於許國，鬼神實在是對許莊公不滿意，而借我的手來討伐他，我自己與自己的父兄還不能和睦相處，哪裡還敢把佔有許國作為功勞呢？我有弟弟，還不能與他和睦協調，讓他出奔到外國找口飯吃，哪裡還能長久地佔領許國呢？你就陪奉許叔來安撫這裡的百姓吧，我將讓公孫獲來輔佐你。如果我將來死了，上天或者以禮法撤回加在許國的禍難，我願意讓許叔奉侍許國的社稷，聽從我們鄭國對許國的請求，兩國就像原來的婚姻之國，都能從內心中願意相互跟隨。不要使其他族類逼近這個地方，不要讓他們來與我們鄭國爭奪這塊土地。（如果別族佔領這裡，）我的子孫們就會無暇來救護它了，哪裡還能使許國不斷絕祭祀呢？我讓你居處在這裡，不僅考慮的是許國，也是暫且來加固我們的邊防的。」鄭莊公又讓公孫獲居處在許國都城的西部，對公孫獲說：「凡是你所用的器物財產，不要放置在許國。我死後，你很快離開。我們的先君新開闢了鄭國，周王室已經衰落了，周朝的子孫已經不能繼承祖先的功業了。許國，是太岳的後裔，上天已經厭惡周朝的

德行了，（我們作為周朝的後代）還能與許國爭奪嗎？」

君子認為，鄭莊公「在對待許國的態度上是符合禮法的。禮法，是用來治理國家，安定國家，維護人民秩序的，是有利於後代的。許國不遵守法度而鄭國討伐它，他屈服了就放過它。鄭國根據德行來處理許國，按照自己的力量施行具體辦法，以時行動，不給後代找麻煩，可以說是知道禮法的。」

鄭莊公又讓軍隊擺出了豬、狗、雞，用來詛咒射死潁考叔的人。

君子認為，鄭莊公在這方面「丟掉了政治刑法。政治用來治理人民，刑法用來鎮壓邪惡。既沒有仁德的政治，又沒有威嚴的刑法，所以就到了邪路上去。出現邪惡又來詛咒，還會有什麼益處呢？」

◎桓　公

❀ 臧哀伯諫納郜鼎

題解

宋莊公為了取得魯國的支持，把郜國的大鼎送給魯國作為賄賂，魯桓公把它置於太廟中。魯大臣臧哀伯認為這是明示百官可以納賄，是國家衰敗的象徵。「國家之敗，由官邪也」，不僅針對魯國，而且具有普遍意義。

↻ 原文

宋殤公立，十年十一戰，民不堪命。孔父嘉為司馬，督為大宰，故因民之不堪命先宣言曰：「司馬則然。」已殺孔父而殤公，召莊公於鄭而立之，以親鄭。以郜大鼎賂公，齊、陳、鄭皆有賂，故遂相宋公。

夏四月，取郜大鼎於宋。戊申，納於大廟，非禮也。臧哀伯諫曰①：「君人者，將昭德塞違，以臨照百官，猶懼或失之，故昭令德以示子孫。是以清廟茅屋②，大路越席③，大羹不致，粢食不鑿④，昭其儉也。衮、冕、黻、珽，帶、裳、幅、舃，衡、紞、紘、

⑤，昭其度也。藻、率、鞞、　，鞶、厲、遊、纓⑥，昭其數也。火、龍、黼、黻⑦，昭其文也。五色比象，昭其物也。錫、鸞、和、鈴⑧，昭其聲也。三辰旂旗⑨，昭其明也。夫德，儉而有度，登降有數，文物以紀之，聲明以發之，以臨照百官。百官於是乎戒懼，而不敢易紀律。今滅德立違，而置其賂器於大廟，以明示百官。百官象之，其又何誅焉？國家之敗，由官邪也。官之失德，寵賂章也。郜鼎在廟，章孰甚焉？武王克商，遷九鼎於雒邑，義士猶或非之，而況將昭違亂之賂器於大廟，其若之何？」公不聽。

周內史聞之，曰：「臧孫達其有後於魯乎！君違，不忘諫之以德。」

注釋

① 臧哀伯：魯國大夫，名達，臧僖伯之子。

② 清廟：君主的祖廟，亦稱太廟、明堂。

③ 大路：又作大輅，古代國君所乘五種車輛之一。　越席：蒲草編成的席子。

④ 粢（ㄗ）食：主食。《周禮・春官・小宗伯》有六粢，即黍、稷、稻、梁、麥、苽。　鬯：春。

⑤ 袞（ㄍㄨㄣˇ）：古代天子及上公的禮服，祭祀時穿用，衣上有捲曲的龍形圖案。黻（ㄈㄨˊ）：古代用以遮蓋腹部與膝間的皮革，田獵時用。珽（ㄊㄧㄥˇ）：古代天子所執的玉笏（ㄊㄧㄥˇ）。　幅（ㄈㄨˊ）：綁腿布。　舄（ㄒㄧˋ）：古代雙層鞋底的鞋。衡：古代把頭冠固定在髮上的簪。　（ㄗㄢ）：古代冠冕上用以繫瑱（ㄊㄧㄢˋ，塞耳的玉）的帶子。紘（ㄏㄨㄥˊ）：古代冠冕上的帽帶，由頷下向上挽而繫在笄的兩側。　（ㄐㄧ）：冠上的裝飾，以木版為質，用黑布裹起來。

⑥ 藻（ㄗㄠˇ）：放置玉的彩色板，用木板做成，外包熟皮革，以彩色畫水藻紋於其上。率（ㄕㄨㄞˋ）：亦作「帨」，佩巾。鞞（ㄅㄧㄥˇ）：裝刀的套子，刀鞘。　（ㄥˊ）：佩刀刀把處裝飾物。鞶（ㄆㄢˊ）：皮革做的衣帶。厲：皮革衣帶的下垂部分，起裝

飾作用。遊（一ㄡˊ）：亦作旒，旌旗上的飄帶。纓（一ㄥ）：即馬鞅，用皮革做成，套在馬的頸上，以便駕車。

⑦ 黼（ㄈㄨˇ）：古代禮服上的刺繡花紋，以黑、白兩色相間，繡兩斧頭相對的圖案。黻（ㄈㄨˊ）：禮服上的花紋，用黑、青兩色繡兩弓相背的形狀。

⑧ 錫：馬頭前額上的裝飾物，用銅做成，馬走時發出聲響。鸞（ㄌㄨㄢˊ）：通「鑾」，古代的一種車鈴。　和：古代車前橫木前的小鈴。鈴：這裡指系於旌旗上的小鈴。

⑨ 三辰：指日、月、星。　旂（ㄑㄧˊ）旗：旗的總稱。這裡指君主所用的旗。

譯文

宋殤公立為君主後，在十年內就進行了十一次戰爭，老百姓難以保住性命。孔父嘉擔任司馬，華督為太宰。華督趁老百姓難保性命的怨氣，首先揚言說：「司馬要這樣做的。」先殺死了孔父嘉而又殺害了宋殤公，從鄭國召回公子馮而立為君，用來討好鄭國。又用郜國鑄造的大鼎賄賂魯桓公，對齊國、陳國、鄭國都有賄賂，於是華督成為宋莊公的宰相。

（魯桓公二年）四月，魯國去宋國運取郜國所鑄的大鼎，戊申這天，把它放到了魯國的祖廟裡，違背了禮法。魯大夫臧哀伯勸諫桓公說：「統治人民的人，就要宣揚德義堵塞背德棄義的事情，這樣才能居高臨下審視百官，還害怕（後代）有時會失去德義，所以顯揚善德讓子孫效法：那就是太廟用茅草覆蓋，大路這種車裡用蒲草作為墊席，肉汁不用五味調和，黍、稷、稻、粱等主食不用去皮舂細，這都是顯示儉樸的。天子和上大夫祭祀穿的禮服、戴的帽子、用來遮蓋腹膝間的皮革、用的笏，與束腰的大帶、下衣、裹腿、鞋只，以及冠上的簪子、系瑱的絲帶與垂絲等裝飾，是表明法度和天子的德量的。（天子所用的）放玉的墊子、佩巾、刀鞘、刀柄的裝飾物，與革帶、革帶下垂部分的裝飾物、旗上的飄帶、套馬的馬鞅，都是表明禮數的。衣服上的火、龍、黼、黻等圖形彩飾，都是表明文彩的。用青、黃、紅、白、黑五色繪山、龍、花、蟲之象，是表

明事物色彩的。錫、鑾、和、鈴等鈴鐺，是表明聲音的。繪有日、月、星三辰的旗幟，是表明上天的光明的。（禮義、倫常之）德，雖儉樸卻有一定的限度，增加減少都有一定之數，文采、物色用以分辨它，聲音、光明來顯現它，用（文采、物色、聲音、光明）居高臨下審視百官，百官就會有所警戒和畏懼，從而不敢違背綱紀法律。現在你減滅了德義，樹立了違背德義的樣子，把用來賄賂你的器物放到太廟內，以此明白地顯示在百官面前，（你對百官）還能有什麼要求呢？國家的敗亡，是由於官吏的邪惡。官吏喪失德義，寵倖與賄賂就會公開。郜鼎放到太廟，這種公開還能有什麼能比得上呢？周武王戰勝了商朝，把九鼎遷到雒邑，正義之士還有的指責他，更何況將表明違禮亂制的賂器放到太廟之中，比周武王的遷鼎又如何呢？」魯桓公不肯聽從這番勸諫。

東周的內史聽到臧哀伯的進諫，說：「臧孫達這個人會在魯國有他的後人的。君主違背禮法，他不忘用德義來勸諫。」

❀ 王以諸侯伐鄭

題解

◆ 春秋以來，周天子已喪失了諸侯的共主地位，受到諸侯的侵淩。周平王削弱鄭莊公的輔政權力，引起鄭國怨恨，雙方以交換人質作保證。周桓王執政，周、鄭關係進一步惡化，雙方發生戰爭，東周失敗，成為王室衰微的一個標誌。

⊃ 原文

鄭武公、莊公為平王卿士。王貳於虢①。鄭伯怨王。王曰：「無之。」故周、鄭交質。王子孤為質於鄭②，鄭公子忽為質於周③。王崩，周人將畀虢公政④。四月，鄭祭足帥師取溫之麥⑤。秋，又取成周之禾⑥。周、鄭交惡。

君子曰：「信不由中⑦，質無益也。明恕而行，要之以禮⑧，雖無有質，誰能間之？苟有明信，澗、溪、沼、沚之毛⑨，蘋、

蘩、藻之菜[10]，筐、筥、錡、釜之器[11]，潢、汙、行潦之水[12]，可薦於鬼神[13]，可羞於王公，而況君子結二國之信，行之以禮，又焉用質？《風》有《采蘩》、《采蘋》，《雅》有《行葦》、《泂酌》[14]，昭忠信也。」

王奪鄭伯政，鄭伯不朝。秋，王以諸侯伐鄭，鄭伯禦之。

王為中軍，虢公林父將右軍[15]，蔡人、衛人屬焉；周公黑肩將左軍[16]，陳人屬焉。

鄭子元請為左拒[17]，以當蔡人、衛人；為右拒，以當陳人，曰：「陳亂，民莫有鬥心。若先犯之，必奔。王卒顧之，必亂。蔡、衛不枝，固將先奔。既而萃於王卒，可以集事。」從之。曼伯為右拒[18]，祭仲足為左拒[19]，原繁、高渠彌以中軍奉公[20]，為魚麗之陳。先偏後伍[21]，伍承彌縫。

戰於繻葛[22]。命二拒曰：「旆動而鼓[23]。」蔡、衛、陳皆奔，王卒亂，鄭師合以攻之，王卒大敗。祝聃射王中肩，王亦能軍。祝聃請從之[24]，公曰：「君子不欲多上人[25]，況敢陵天子乎？苟自救也，社稷無隕[26]，多矣。」

夜，鄭伯使祭足勞王，且問左右。

注釋

① 貳：指把輔政權力分給西虢國君。　虢（ㄍㄨㄛˊ）：西周封國，指西虢。這裡指西虢國君。

② 王子孤：周平王的兒子。

③ 公子忽：鄭莊公的太子。

④ 畀（ㄅㄧˋ）：給予；付予。

⑤ 溫：東周管轄範圍內的小國，當在今河南溫縣境內。

⑥ 成周：西周時的東都，東周都城，在今洛陽市東。

⑦ 中：同「衷」。指誠心。

⑧ 要：約束。

⑨ 沼、沚（ㄓˇ）：二者均為小的池塘。

⑩ 蘋、蘩（ㄈㄢˊ）、藻：三種均為草本植物名。蘋生於池塘，

也稱「蘋蒿」；蘩為菊科多年生草本植物； 藻為水草。

⑪ 筐、筥（ㄐㄩˇ）、錡（ㄑㄧˊ）、釜（ㄈㄨˇ）：筐、筥皆竹器，方者為筐，圓者為筥；錡、釜皆烹食之器，有足者為錡，無足者為釜。

⑫ 行潦：指積於路面的雨水。

⑬ 薦：進獻。後一句的「羞」也是進獻的意思。

⑭ 泂：即「迥」。

⑮ 虢公林父：西虢國君，名林父。

⑯ 周公黑肩：東周卿士，名黑肩。

⑰ 鄭子元：鄭莊公之子公子突，子元是他的字。

⑱ 曼伯：鄭莊公之子公子忽的字。

⑲ 祭仲足：鄭國大夫。即上文的祭足。

⑳ 原繁：鄭國大夫。

㉑ 先偏後伍：一種戰陣。杜預：「《司馬法》，車戰二十五乘為偏，以車居前，以伍次之，承偏之際而彌縫缺漏也。五人為伍。此蓋魚麗陣法。」清代江永也引《司馬法》解釋說：「二十五乘為偏，百二十五乘為伍。」先偏後伍指二十五乘居前，百二十五乘在後。與杜預解釋有差別，難以考定。

㉒ 繻（ㄖㄨˊ）葛：地名，亦名長葛，當今河南長葛市。

㉓ 旆（ㄑㄧˊ）：大將所用的旗幟。

㉔ 從之：即追擊他。

㉕ 上：駕凌。

㉖ 隕：損害。

譯文

鄭武公、鄭莊公都是東周平王時的執政卿士。平王同時又把執政權交給西虢的虢公。鄭莊公因此而埋怨平王。平王對他說：「沒有讓虢公來執政。」（為了相互取信，）所以東周和鄭國交換了人質。周平王之子王子孤去鄭國做了人質，鄭莊公的太子公子忽到東周做了人質。周平王死後，東周準備將執政權全部交給虢公（更使鄭莊公怨恨）。（魯隱西元年）四月，鄭國大夫祭足率領軍隊收割

◎桓公

東周附屬國溫國的小麥。秋天,他又收割了成周地區的莊稼。東周、鄭國由此結下仇怨。

君子說:「人言不誠實,交換人質是沒有用的。光明正大地、相互體諒地去做事,用禮儀加以約束,雖沒有人質,誰能離間得了?如果有光明正大的信義,山澗、溪流、池塘中生長的水草,蘋、蘩、 藻等植物,筐、筥等竹器和錡、釜等炊具,池、塘、路面的積水,都可以進獻鬼神,可以進獻王公,又何況君子締結兩國間的信義,用禮制實行這種信義,又哪裡需要人質?《詩經》的《國風》有《采蘩》、《采蘋》的篇章,《雅》有《竹竿》、《泂酌》的篇章,都是昭示忠誠信義的。」

周桓王收取了鄭莊公對東周的參政權,鄭莊公就不去朝拜他了。(魯桓公五年)秋天,周桓王就用諸侯進攻鄭國,鄭莊公抵禦這場進攻。

周桓王為中軍統帥,虢國國君林父帶領右軍,蔡國、衛國的軍隊附屬於他;周公黑肩帶領左軍,陳國軍隊附屬於他。

鄭公子突要求佈置一個左面的方陣,用來抵擋蔡國、衛國的軍隊;佈置一個右面的方陣,用來抵擋陳國軍隊,他說:「陳國正在戰亂之中,人民沒有鬥志,如果先對他發起進攻,他們必定逃跑。周王的士卒要照料他們,必定會亂了陣容。蔡國、衛國的軍隊不能支撐,也一定會首先逃奔。這樣就可以集中兵力進攻周桓王帶領的士卒,咱們就可以成功了。」鄭莊公聽從了他的建議。鄭國的公子忽統帥右面方陣,祭仲足統帥左面方陣,原繁、高渠彌帶領中軍保護著鄭莊公,構成了一個群魚附麗的陣式,前為車乘,後為步卒,步卒見機補充車乘間的間隙。

雙方在葛展開戰爭。鄭莊公命令左右兩個方陣:「大將的旗幟一旦揮動,就擊鼓前進。」蔡國、衛國、陳國的軍隊都逃奔了,周桓王的士卒混亂了,鄭國軍隊匯合起來攻打他們,周桓王的士卒大敗。鄭國的將領祝聃射中了周桓王的肩膀,但周桓王還能指揮軍隊。祝聃請求去追逐周桓王,鄭莊公說:「君子不想超過比自己在上的人,又哪裡敢凌駕於天子之上呢?這只不過是為了自救,國家不至於隕滅,就很滿足了。」

到晚上，鄭莊公派祭足去慰勞周桓王，同時也慰問了跟隨周桓王的人。

❀ 鄭太子忽辭婚

題解

◆ 春秋諸侯國之間，常常用婚姻關係結為同盟，一些大國也用這種關係支配小國。鄭國太子忽兩次拒絕齊國的求婚，目的是擺脫齊國對鄭國的支配，要依靠自己，獨立發展。當時，他的行動受到稱讚。

⊃ 原文

北戎伐齊①，齊使乞師於鄭。鄭大子忽帥師救齊。六月，大敗戎師，獲其二帥大良、少良，甲首三百，以獻於齊。

於是諸侯之大夫戍齊，齊人饋之餼②，使魯為其班③，後鄭。鄭忽以其有功也，怒，故有郎之師④。

公之未昏於齊也，齊侯欲以文姜妻鄭大子忽。大子忽辭。人問其故。大子曰：「人各有耦⑤，齊大，非吾耦也。《詩》云⑥：『自求多福。』在我而已，大國何為？」君子曰：「善自為謀。」及其敗戎師也，齊侯又請妻之，固辭。人問其故。大子曰：「無事於齊，吾猶不敢，今以君命奔齊之急，而受室以歸，是以師昏也⑦。民其謂我何？」遂辭諸鄭伯。

注釋

① 北戎：春秋時少數民族，亦稱山戎，活動區域當在今河北遷安市、灤州市、盧龍縣一帶。

② 餼（ㄒㄧˋ）：贈送人的生食，包括糧食和牲畜。

③ 班：次序，指確定次序。

④ 郎：魯國屬地，位於曲阜市附近。

⑤ 耦：同「偶」，匹配。

◎桓公

⑥《詩》云：以下詩句引自《詩經·大雅·文王》。
⑦ 師昏：指為婚姻而出師。

譯文

　　北戎侵伐齊國，齊國派使者到鄭國請求援軍。鄭國派太子忽率領軍隊去援救齊國。（魯桓公六年）六月，大敗北戎軍隊，俘虜了兩員大將大良和少良，斬獲了三百名披甲戰士的頭顱，在齊國舉行了獻俘的典禮。

　　這時各諸侯國都派大夫率軍守衛齊國，齊國贈送給這些大夫們食品，讓魯國的大夫確定先後次序來頒發，把鄭公子忽放到了後面。鄭公子忽因為有功勞，就十分不滿，所以就有以後鄭國與魯國在郎地的戰爭。

　　魯桓公未跟齊國結為婚姻關係的時候，齊僖公要把女兒文姜許配鄭太子忽為妻，太子忽推辭了。有人問太子忽推辭的緣故，太子忽說：「人各自有自己的配偶，齊國是大國，不是我的配偶。《詩經》裡說：『自我求取福分。』還是看自己怎麼樣，依靠大國有什麼用呢？」君子評論說：「這才是善於為自己考慮。」等到他打敗北戎軍隊以後，齊僖公又要以他的女兒許配公子忽為妻，公子忽還是堅決推辭。又有人問他推辭的原因，公子忽說：「對齊國沒做什麼事的時候，我還不敢答應這門婚事。現在帶了君父的命令奔赴齊國的急難，再接受妻室回國，就是為婚姻去打仗，人民會說我什麼呢？」於是告訴鄭莊公辭掉了這門婚事。

◈ 楚武王伐隨

題解

　◆ 楚國與隨國國力懸殊，楚國之所以不敢對隨國侵伐，是因為隨國的季梁替國君分析出了當時的形勢，隨國國君罷兵而修政。季梁對國情的分析，體現了以人為本的思想，實屬可貴。

⊃ 原文

楚武王侵隨①，使薳章求成焉，軍於瑕以待之②。隨人使少師董成。

鬥伯比言於楚子曰③：「吾不得志於漢東也，我則使然。我張吾三軍，而被吾甲兵，以武臨之，彼則懼而協以謀我，故難間也。漢東之國隨為大。隨張，必棄小國。小國離，楚之利也。少師侈，請羸師以張之④。」熊率且比曰：「季梁在⑤，何益？」鬥伯比曰：「以為後圖，少師得其君。」王毀軍而納少師。

少師歸，請追楚師。隨侯將許之。季梁止之曰：「天方授楚，楚之羸，其誘我也。君何急焉？臣聞小之能敵大也，小道大淫。所謂道，忠於民而信於神也。上思利民，忠也；祝史正辭⑥，信也。今民餒而君逞欲，祝史矯舉以祭，臣不知其可也。」公曰：「吾牲牷肥腯⑦，粢盛豐備，何則不信？」對曰：「夫民，神之主也，是以聖王先成民而後致力於神。故奉牲以告曰『博碩肥腯』，謂民力之普存也，謂其畜之碩大蕃滋也，謂其不疾瘯蠡也⑧，謂其備腯咸有也。奉盛以告曰『絜粢豐盛』，謂其三時不害而民和年豐也。奉酒醴以告曰『嘉栗旨酒』，謂其上下皆有嘉德而無違心也。所謂馨香，無讒慝也⑨。故務其三時，修其五教，親其九族，以致其禋祀。於是乎民和而神降之福，故動則有成。今民各有心，而鬼神乏主，君雖獨豐，其何福之有？君姑修政而親兄弟之國，庶免於難。」隨侯懼而修政，楚不敢伐。

注釋

① 隨：國名，故地當今湖北隨縣。

② 瑕：隨國屬地，今地不詳。

③ 鬥（ㄅㄡˋ）伯比：楚國大夫，楚國國君敖之子。

④ 羸（ㄌㄟˊ）：瘦，弱。

⑤ 季梁：隨國賢人。

⑥ 祝史：古代主持祭祀祈禱之官。

⑦ 牲牷（ㄑㄩㄢˊ）肥腯（ㄊㄨˊ）：牲本指完整的牛，牷

◎桓公

指純色的牛。牲牷泛指祭祀用的全牛、全羊等牲畜。肥腯，指肉肥，腯也是肥的意思。

⑧ 瘯蠡（ㄘㄨˋ ㄌㄧˊ）：瘦弱。一說為疥癬疾病。
⑨ 讒慝（ㄔㄢˊ ㄊㄜˋ）：邪惡的念頭和思想。

譯文

　　楚武王侵伐隨國，派薳章去隨國要求與之和好，楚國的大軍駐紮於隨國的瑕地等待著。隨國派一位少師的官去主持和談。

　　楚大夫鬥伯比對楚武王進言說：「我們的國家不能在漢水之東得志，是自己造成這樣子的。我們自己炫耀我們的軍隊，裝備起我們的武器，用武力威脅漢水東部的國家，他們就因害怕而聯合起來對付我們，所以很難把他們分開。漢水東部的國家，隨國為大國。隨國如自高自大，就必定離棄其他小國。小國如背離了隨國，就是楚國的利益。那位少師驕傲自大，就請你以疲弱的士卒給他看。」熊率且比說：「季梁在隨國，這樣做有什麼用處？」鬥伯比說：「這是為以後打算，這位少師官將會得寵於他的國君。」楚武王撤除了軍隊而接納少師。

　　少師回到隨國，請求追擊楚軍。隨國國君正要答應這一請求。大臣季梁制止了他，對他說：「上天正給予楚國明，楚國顯示疲弱的軍隊，是在引誘我們，君王你著急什麼呢？我聽說小的能勝過大的，在於小國得道大國淫邪。所謂道，就是忠誠於人民而取信於神靈。總考慮著有利於人民，就是忠；主持祭祀者言辭真實公正，就是信。現在人民饑餓而君主你卻快意於私欲，主持祭祀者虛稱功德以祭神，我不知這樣做結果會如何。」隨國國君說：「我祭祀用的牲畜都很肥壯，盛的穀物豐滿而完備，怎麼能說是不誠信呢？」季梁回答說：「人民，是神的主人，所以聖明的帝王都是先治理好人民而後才致力於神靈。故供奉牲畜時祝告說，『博碩肥腯』，博是說民力普遍得到保存，碩是說國家的牲畜碩大而繁盛，肥是說牲畜不會因生病而瘦弱，腯是說準備肥壯的牲畜都能備全。供奉穀物時祝告說，『絜粢豐盛』，是說春、夏、秋三季沒有災害而人民和睦年谷豐登。供奉酒醴時祝告說，『美好而清醇的酒』，是說全國上

下都有美德而沒有背離之心。祭品芳香遠聞，表明全國沒有讒言邪念。所以全力以赴於春、夏、秋三時的農事，提倡推行父義、母慈、兄友、弟恭、子孝的五種教育，團結宗族，用這些去祭祀神靈，這樣人民和睦而神靈就會降下福音，一舉一動都會有所成就。當今人民各有各的打算，鬼神也就缺了主人，君王你個人敬神雖很豐盛，那又會帶來什麼福呢？君王你暫且整頓政教，而團結同姓的兄弟國家，或許有希望免於禍難。」隨國國君因害怕而整頓政教，楚國不敢侵伐。

❀ 楚屈瑕伐羅

題解

◆ 楚國大司馬屈瑕驕傲自大，專橫獨斷，輕視羅國，在征伐羅國的戰爭中失敗，自縊而死。楚武王對自己用人不當、放縱部下深自悔責。既說明「驕兵必敗」，也說明楚武王及鬥伯比、夫人鄧曼的善於治政。

➲ 原文

十三年春，楚屈瑕伐羅①，鬥伯比送之。還，謂其禦曰②：「莫敖必敗。舉趾高③，心不固矣。」遂見楚子，曰：「必濟師。」楚子辭焉。入告夫人鄧曼。鄧曼曰：「大夫其非眾之謂，其謂君撫小民以信，訓諸司以德，而威莫敖以刑也。莫敖狃④於蒲騷之役，將自用也，必小羅。君若不鎮撫，其不設備乎？夫固謂君訓眾而好鎮撫之，召諸司而勸之以令德，見莫敖而告諸天之不假易也⑤。不然，夫豈不知楚師之盡行也？」楚子使賴人追之⑥，不及。

莫敖使徇於師曰⑦：「諫者有刑。」及鄢⑧，亂次以濟，遂無次。且不設備。及羅，羅與盧戎兩軍之⑨，大敗之。莫敖縊於荒谷。群帥囚於治父而聽刑⑩。楚子曰：「孤之罪也。」皆免之。

◎桓公

注釋

① 羅：春秋時小國，初在今湖北宜城市境，後遷於湖北枝江、湖南平江等地。

② 禦：車夫，駕車的人。

③ 舉趾：抬腳。

④ 狃（ㄋㄧㄡˇ）：習以為常，不復在意。　蒲騷：地名，在今湖北應城市境內。

⑤ 假易：寬縱。

⑥ 賴：春秋時小國，在今湖北隨縣東北。

⑦ 徇（ㄒㄩㄣˋ）：對眾宣示。

⑧ 鄢（ㄧㄢ）：水名，漢水支流，今名蠻河，源出湖北保康縣西南，流經南漳縣、宜城市。

⑨ 盧戎：春秋時南方小國，在今湖北南漳縣境內，後為楚所滅。

⑩ 冶父：地名，在今湖北江陵縣南。

譯文

（魯桓公）十三年春天，楚國的大司馬屈瑕率軍侵伐羅國，大夫鬥伯比送他出行。鬥伯比在返回來的路上，對他的車官說：「大司馬一定會失敗。（看他那樣子，）腳步高抬，心飄浮起來了。」於是去見楚武王，說：「必須給大司馬增派軍隊。」楚武王沒有同意。楚武王回到宮中把鬥伯比的話告訴給夫人鄧曼。鄧曼說：「鬥伯比大夫的意思不是要眾多的軍隊，他的意思是讓你用誠信來安撫老百姓，用仁德來訓誡執政的官員，而對大司馬屈瑕要用刑罰來震懾他。大司馬習慣了蒲騷戰役得勝的戰術，將會獨斷專行，一定會小看羅國。你對他如果不進行嚴屬的勸告，他將會不加防備。鬥伯比大夫一定是說你要訓誡士眾而善於鎮定安撫他們，召集各軍隊長官勸告他們要行善德，召見大司馬告誡他上天不會寬縱一個人的輕率行動。如果不是這樣的話，鬥伯比大夫又豈不知楚軍已經全部開出去了？」楚武王派一名賴國在楚國做官的人去追屈瑕的大軍，但沒有追上。

屈瑕使人宣令三軍說：「對我進諫的人要處之以刑罰。」軍隊

到達鄢水岸邊，不按次序渡河，過河後便沒有序列了。又沒有設置防備工事。到達羅國後，羅國軍隊和盧戎的軍隊兩面夾擊，大敗了楚軍。屈瑕自縊在荒山谷裡。楚國所有的將領自囚在冶父等待武王的處罰。楚武王說：「這是我的罪過。」對他們都免於處罰。

◎莊　公

❀ 楚滅鄧

題解

◆ 魯莊公六年（西元前 688 年），楚文王征伐申國，路過鄧國，鄧國大夫勸鄧祁侯乘機殺掉文王，以免楚國滅了申國後再消滅鄧國。鄧祁侯不聽勸告，迷信楚、鄧之間的親戚關係，終被楚國消滅。

➲ 原文

楚文王伐申①，過鄧②。鄧祁侯曰：「吾甥也。」止而享之。騅甥、聃甥、養甥請殺楚子③。鄧侯弗許。三甥曰：「亡鄧國者，必此人也。若不早圖，後君噬齊④。其及圖之乎！圖之，此為時矣。」鄧侯曰：「人將不食吾餘⑤。」對曰：「若不從三臣，抑社稷實不血食，而君焉取餘？」弗從。還年，楚子伐鄧。十六年，楚復伐鄧，滅之。

注釋

① 申：春秋時小國，故地在今河南南陽市。
② 鄧：春秋時小國，故地當今河南鄧州市。

◎莊公

③ 騅（ㄓㄨㄟ）：本指毛色蒼白相雜的馬，此處為人名。

④ 噬（ㄕˋ）齊：齊即「臍」，噬臍，即噬肚臍。人不能自咬其肚臍，比喻後悔不及。

⑤ 不食吾餘：不再參加我其餘的宴會，意思是遭到唾棄。

譯文

　　楚文王侵伐申國，經過鄧國。鄧國國君祁侯說：「這是我們的外甥。」把他留住宴請。鄧祁侯的外甥騅、聃、養請求鄧祁侯殺掉楚文王，鄧祁侯不答應他們的請求。三位外甥說：「滅亡鄧國的，一定就是這個人。如果不及早打算，以後你會自咬肚臍咬不著了。請你趕快對他下手吧，除掉他，這就是機會啊。」鄧祁侯說：「那樣做，人們將會唾棄我們，不再參加我們其餘的宴會。」三位外甥對他說：「如果你不聽從我們三人的話，或許社稷沒有血肉之食來祭奠，你君王還能有其餘的宴會賜給別人嗎？」鄧祁侯還是不聽從他們的話。楚文王在伐申返回來的那年（魯莊公六年），進伐鄧國。（魯莊公）十六年，楚國再次進攻鄧國，滅亡了它。

❀ 齊無知其君諸兒

題解

◆ 魯莊公八年（西元前686），齊國內亂，齊襄公被殺。這是「政令無常」的結果。這次動亂，為齊桓公的興起創造了機會。

⊃ 原文

　　齊侯使連稱、管至父戍葵丘①，瓜時而往，曰：「及瓜而代。」期戍②，公問不至。請代，弗許。故謀作亂。

　　僖公之母弟曰夷仲年，生公孫無知，有寵於僖公，衣服禮秩如適③。襄公絀之④。二人因之以作亂。

　　連稱有從妹在公宮，無寵，使間公⑤，曰：「捷，吾以汝為夫人。」

41

冬十二月，齊侯游於姑棼⑥，遂田於貝丘⑦。見大豕，從者曰：「公子彭生也⑧。」公怒，曰：「彭生敢見！」射之，豕人立而啼。公懼，隊於車⑨。傷足，喪屨⑩。反，誅屨於徒人費⑪。弗得，鞭之見血。走出，遇賊於門，劫而束之。費曰：「我奚禦哉？」袒而示之背，信之。費請先入。伏公而出，鬥，死於門中。石之紛如死於階下。遂入，殺孟陽於床。曰：「非君也，不類。」見公之足於戶下，遂之，而立無知。

初，襄公立，無常。鮑叔牙曰：「君使民慢，亂將作矣。」奉公子小白出奔莒⑫。亂作，管夷吾、召忽奉公子糾來奔。

注釋

① 葵丘：亦稱渠丘，齊國屬地。當今山東臨淄市西。
② 期（ㄐㄧ）：一周年。
③ 適：「嫡」的通假字。
④ 絀：「黜」的通假字。
⑤ 間（ㄐㄧㄢˋ）：刺探。
⑥ 姑棼：即薄姑，在今山東博興縣境。
⑦ 貝丘：齊地，在今山東博興縣南。
⑧ 公子彭生：齊國公子，魯桓公十八年（西元前694）被齊襄公所殺。
⑨ 隊：即「墜」。
⑩ 屨（ㄐㄩˋ）：麻、葛等製成的單底鞋。
⑪ 徒人：楊伯峻《春秋左傳注》謂，此徒人之徒當為侍字之誤，侍人即寺人。下文的石之紛如、孟陽皆為寺人。
⑫ 公子小白：即齊桓公。

譯文

齊襄公派大夫連稱、管至父去鎮守葵丘，吃瓜的時候派出，說：「到下次吃瓜的季節就讓人替換你們。」已經鎮守了一年了，齊襄公派人換防的消息仍沒有到來。二人請求替換，又不答應。所以兩

人就謀劃作亂。

　　齊僖公的同母弟弟夷仲年，生了個兒子叫無知，在齊僖公時很得寵，穿的衣服與享受的待遇像嫡子一樣。到齊襄公執政時，就疏遠和貶斥他。連稱、管至父就利用無知發動變亂。

　　連稱有個堂妹在齊襄公的宮裡，不受齊襄公的寵愛，無知就讓她偵察齊襄公的行動。對她說：「事成之後，我讓你做我的夫人。」

　　（魯莊公八年）十二月，齊襄公到姑棼遊玩，於是就在貝丘圍獵。遇見一隻大豬。跟隨他的人說：「這是公子彭生。」齊襄公聽說大怒，說：「彭生你敢來見我！」發箭射這隻豬。這隻豬像人一樣站起來啼哭，齊襄公害怕了，從車上摔下來，傷了腳，丟掉了鞋子。回到宮中後，向寺人費責要他的鞋子，費沒有給他找到，他就鞭打了費，打得他背上流出血來。費從宮中出來後，在宮門口遇上了暗殺齊襄公的人。這些人劫持了費並把他綁起來。費對這些人說：「我為什麼要抵禦你們呢？」脫掉上衣讓他們看自己的背，這些人相信了他。費請求這些人讓他先進入宮中。他進去後讓齊襄公躲藏起來，又出來與暗殺者格鬥，死在宮門之內。寺人石之紛如也被殺死在宮殿的臺階下。於是暗殺者進入宮中，把寺人孟陽殺死在床上。說：「這不是齊襄公，長得不像。」看見齊襄公的腳露在門底下，於是殺了他，立了無知為國君。

　　當初，齊襄公即位以後，政令無常。齊國大夫鮑叔牙說：「君主要使百姓輕視他的政令，就會發生變亂。」就帶著公子小白出奔到了莒國。齊國變亂發生，管夷吾、召忽擁護著公子糾急忙來到魯國

❀ 齊桓公入齊

題解

　　◆ 魯莊公九年（西元前685年），齊桓公在擊敗由魯國護送回國的公子糾後，回到齊國，聽從鮑叔牙的意見，任用公子糾的謀士管仲為相，開始了齊國的治理。

● 原文

九年春，雍廩殺無知①。

公及齊大夫盟於蒇②，齊無君也。

夏，公伐齊，納子糾。桓公自莒先入。

秋，師及齊師戰於乾時③，我師敗績。公喪戎路④，傳乘而歸⑤。秦子、梁子以公旗辟於下道，是以皆止。

鮑叔帥師來言曰：「子糾，親也，請君討之；管、召，仇也，請受而甘心焉。」乃殺子糾於生竇⑥。召忽死之。管仲請囚，鮑叔受之，及堂阜而稅之⑦。歸而以告曰：「管夷吾治於高傒⑧，使相可也。」公從之。

注釋

① 雍廩（ㄌㄧㄣˇ）：亦作雍林，齊地。今地不詳。

② 蒇（ㄐㄧˋ）：即「暨」，魯國屬地，當今山東棗莊市南。

③ 乾（ㄍㄢ）時：時為河水名，在齊國境內。乾時指河道當時乾涸無水。

④ 戎路：國君所乘兵車。

⑤ 傳乘：乘驛傳的車。傳，驛傳。

⑥ 生竇：魯地，當今山東菏澤市北。

⑦ 堂阜：齊、魯交界處而屬於齊國的地方，當今山東蒙陰縣西北。　稅：通「脫」。

⑧ 高傒：齊國卿大夫，扶立齊桓公的人。

譯文

（魯莊公）九年春天，齊國雍林地方的人殺了無知。

魯莊公與齊國的大夫在蒇地舉行會盟，當時齊國沒有國君。

夏天，魯莊公進攻齊國，送公子糾回國當國君。可齊桓公（公子小白）已經從莒國先一步回到了齊國。

秋天，魯國軍隊同齊國軍隊在乾涸了的時河邊進行戰爭，魯國軍隊潰敗了。魯莊公喪失了他的戰車，坐了一輛驛傳的車跑回去

了。為他駕馭戰車的秦子、梁子帶著他的旗幟逃避到河下面的一條道路上，所以兩個人都被齊軍俘虜了。

鮑叔牙率領著軍隊來到魯國對魯莊公說：「公子糾，是我們的親人，請你殺掉他。管夷吾、召忽，是我們的仇人，請讓我們親自處置而滿足我們的心願。」於是就把公子糾殺死在魯國的生竇。召忽為公子糾自殺了。管仲請求魯莊公把他囚禁起來，鮑叔牙接受了管仲，到了堂阜的時候，就為管仲解開了綁縛的繩子。回到齊國，鮑叔牙對齊桓公說：「管夷吾的治國才略高於高傒，可以讓他做宰相。」齊桓公聽從了鮑叔牙的意見。

❀ 曹劌論戰

題解

◆ 魯莊公十年（西元前684年），魯國抵禦齊國的進攻。魯人曹劌為魯莊公出謀劃策，終於以弱小的魯國擊敗了強大的齊國。曹劌忠於人民、依靠人民的戰略思想，以逸待勞的戰術原則，為後世所遵循。因而這一故事在中國軍事史上意義廣泛深遠。

➲ 原文

十年春，齊師伐我。公將戰，曹劌請見 ①。其鄉人曰：「肉食者謀之，又何間焉？」劌曰：「肉食者鄙，未能遠謀。」乃入見。

問：「何以戰？」公曰：「衣食所安，弗敢專也，必以分人。」對曰：「小惠未遍，民弗從也。」公曰：「犧牲玉帛，弗敢加也，必以信。」對曰：「小信未孚，神弗福也。」公曰：「小大之獄，雖不能察，必以情。」對曰：「忠之屬也，可以一戰。戰，則請從。」

公與之乘。戰於長勺 ②。公將鼓之 ③。劌曰：「未可。」齊人三鼓。劌曰：「可矣！」齊師敗績。公將馳之。劌曰：「未可。」下視其轍，登，軾而望之，曰：「可矣！」遂逐齊師。

既克，公問其故。對曰：「夫戰，勇氣也。一鼓作氣，再而衰，三而竭，彼竭我盈，故克之。夫大國，難測也，懼有伏焉。吾視其

轍亂，望其旗靡④，故逐之。」

注釋

① 曹劌（ㄍㄨㄟˋ）：人名。
② 長勺：魯國屬地，今地不詳。
③ 鼓：擊鼓進攻。
④ 靡：倒下。

譯文

　　魯莊公十年春天，齊國軍隊進攻我們魯國。魯莊公準備迎擊抵抗，曹劌請求見他。曹劌的同鄉人對他說：「這是那些吃肉食的人們謀劃的事，你又何必參與其間呢？」曹劌說：「吃肉食的那些人目光短淺，不能長遠地謀劃。」於是就入朝拜見魯莊公。

　　曹劌問魯莊公：「憑什麼去打這場戰爭？」魯莊公說：「衣食這些用來安身的東西，我從來不敢獨佔，一定要分給別人。」曹劌對他說：「這些小恩小惠還沒有普遍地施予人民，人民是不會跟隨你去打仗的。」魯莊公說：「祭祀神靈的食品、玉器和絲帛，不敢增加，一定要以誠實對待神靈。」曹劌對他說：「這些誠實的小小表現還不能遍及神靈，神靈不會保佑你的。」魯莊公又說：「大大小小的案件，我雖不能明察秋毫，但總是以實際情理來判斷的。」曹劌說：「這才是忠於人民的表現，可以憑此打一仗。到打仗的時候，我請隨你去。」

　　魯莊公讓曹劌與他坐在一輛戰車上，與齊軍在長勺展開了戰鬥。魯莊公正要擊鼓進軍，曹劌對他說：「不可以。」齊軍三次擊鼓之後，曹劌說：「可以進攻了。」於是，齊國的軍隊被擊潰了。魯莊公要馳車追擊齊軍，曹劌又說：「不能追。」他從車上下來，觀察了齊國戰車後退的轍跡，然後又登上車，扶著把手瞭望齊國的退兵，說：「可以追擊了。」於是把齊國軍隊趕跑了。

　　魯軍戰勝齊軍後，魯莊公向曹劌探問得勝的原因。曹劌對他說：「打仗，是勇氣的較量。第一次擂鼓進攻，鼓足了士卒的勇氣，

再次擊鼓進攻，士卒的勇氣就衰弱了，三次擂鼓進攻，士卒的勇氣
就沒有了。對方喪失了勇氣而我們正充滿勇氣，所以能打敗它。大
的國家，（軍隊多，）很難預測，懷疑他們會有伏兵。我看他們的
車轍混亂，又望見他們的戰旗都倒下了，所以才敢追擊他們。」

❀ 晉驪姬之亂

題解

◆ 晉獻公晚年，聽信驪姬之言，廢掉太子申生，趕走公子重
耳與夷吾，立驪姬之子為太子，導致了晉國的內亂。史稱「驪姬之
亂」。本篇是追述這場內亂的起因。

➲ 原文

晉獻公娶於賈①，無子，烝於齊姜②，生秦穆夫人及大子申生。
又娶二女於戎③，大戎狐姬生重耳，小戎子生夷吾。晉伐驪戎，驪
戎男女以驪姬④，歸，生奚齊，其娣生卓子。

驪姬嬖⑤，欲立其子，賂外嬖梁五與東關嬖五⑥，使言於公曰：
「曲沃，君之宗也，蒲與二屈⑦，君之疆也，不可以無主。宗邑無
主，則民不威；疆場無主，則啟戎心。戎之生心，民慢其政，國之
患也。若使大子主曲沃，而重耳、夷吾主蒲與屈，則可以威民而懼
戎，且旌君伐⑧。」使俱曰：「狄之廣莫，於晉為都，晉之啟土，
不亦宜乎？」晉侯說之。夏，使大子居曲沃，重耳居蒲城，夷吾居
屈。群公子皆鄙⑨，唯二姬之子在絳。二五卒與驪姬譖群公子而立
奚齊⑩，晉人謂之「二五耦」。

注釋

① 賈：春秋時小國，在今山西臨汾市境內。
② 烝（ㄓㄥ）：下淫上為烝。
③ 戎：即狐戎，春秋時少數民族，活動於今山西交城縣一帶。

④ 驪戎男：驪戎首領，受封為男爵。女：送給女子。
⑤ 嬖（ㄅㄧˋ）：寵愛，寵倖。
⑥ 外嬖：君主寵愛的美君子。
⑦ 蒲：晉國屬地，當今山西蒲縣。二屈：指北屈與南屈，屈為今山西吉縣，二屈在其南北。
⑧ 旌：表彰。　伐：功勞。
⑨ 鄙：住在邊遠地方。
⑩ 二五：即梁五與東關嬖五。

譯文

晉獻公從賈國娶了夫人，沒有孩子，他又佔有其父的小妾齊姜，生了秦穆公的夫人和太子申生。又從戎族那裡娶了兩名女子，年長的戎女狐姬生了重耳，年歲小的生了夷吾。晉國進攻驪戎族，驪戎族的首領送給晉獻公一名女子叫驪姬，回到晉國後，生了奚齊，陪嫁過來的驪姬的妹妹生了卓子。

驪姬得到晉獻公寵愛，想把自己的兒子立為太子，賄通了晉獻公的男寵梁五和東關嬖五，讓這兩人對晉獻公說：「曲沃，是國君的祖宗所在地，蒲與南、北二屈，是國君的邊疆重地，都不可以沒有主管的人。祖宗的城邑裡沒有主管的人，人民就無所畏懼；邊疆之地沒有主管的人，那就會引起戎狄侵犯的念頭。戎狄發生了侵犯的念頭，人民又對政令表示怠慢，那是國家的禍患啊。如果讓太子申生去主管曲沃，而讓重耳、夷吾主管蒲與屈，那就可以鎮服人民而威脅戎狄，又可以展示你的功勞。」驪姬讓兩人都對晉獻公說：「戎狄活動的區域廣大無邊，可以歸於晉國建立都邑。晉國的開疆闢土，（用這些人）不也是很適宜嗎？」晉獻公很高興他們說的話。夏天，就讓太子常住到曲沃，重耳常住到蒲城，夷吾常住到屈地。眾公子都住在邊遠之地，只留下驪姬姊妹二人的兒子在絳都。梁五和東關嬖五同驪姬最終通過在晉獻公面前給群公子進讒言而使晉獻公立奚齊為太子。晉國的人把這件事稱作「二五耦」。耦（ㄡˇ）一對、二個。

❀ 楚令尹子元襲鄭

題解

◆ 楚武王之子公子元在楚文王死後,不顧國家利益,追求享樂。在受到楚文王夫人指責後,不得不帶兵進攻鄭國。兵敗歸國後,不思改過,終於被殺。楚國大臣鬥穀於菟破家紓難,重興楚國。(鬥穀於菟為令尹,自毀其家以紓楚國之難。)

➲ 原文

楚令尹子元欲蠱文夫人①,為館於其宮側,而振《萬》焉②。夫人聞之,泣曰:「先君以是舞也,習戎備也。今令尹不尋諸仇讎③,而於未亡人之側④,不亦異乎?」禦人以告子元。子元曰:「婦人不忘襲讎,我反忘之。」

秋,子元以車六百乘伐鄭,入於桔柣之門⑤,子元、鬥禦彊、鬥梧、耿之不比為斾⑥,鬥班、王孫游、王孫喜殿。眾車入自純門,及逵市。縣門不發⑦。楚言而出。子元曰:「鄭有人焉。」諸侯救鄭,楚師夜遁。鄭人將奔桐丘⑧,諜告曰:「楚幕有烏。」乃止。

楚公子元歸自伐鄭,而處王宮。鬥射師諫,則執而梏之⑨。秋,申公鬥班殺子元。鬥穀於菟為令尹,自毀其家,以紓楚國之難。

注釋

① 子元:據《國語》韋昭注,系楚武王之子,楚文王弟,稱王子善。蠱(ㄍㄨˇ):誘惑人。

② 振:敲擊鐸鈴為舞打節拍。《萬》:武士舞的名稱。

③ 讎(ㄔㄡˊ):同「仇」,仇人,對頭。

④ 未亡人:古代寡婦自稱。

⑤ 桔柣(ㄐㄧㄝˊ ㄓˊ):指遠郊的門。

⑥ 斾(ㄆㄟˋ):亦作眜。大旗,此處指前軍。

⑦ 縣:即「懸」。

⑧ 桐丘:鄭國屬地,在今河南扶溝縣境。

⑨ 桎：手銬，此處有囚禁的意思。

譯文

楚國的令尹子元想要誘惑楚文王的遺孀與之淫亂，就把自己的別墅修在她居住的宮殿旁邊，又在別墅裡振擊鐸器大跳武士的《萬》舞。文王的夫人聽到這聲音後，哭泣著說：「我的先君用這樣的舞蹈，是為了練習兵備，現在令尹不去尋找我們的仇敵，而在我這未亡人的旁邊表演，這不很奇怪嗎？」夫人的侍從把這話告給子元，子元聽後說：「婦道人家還不忘與我們世代相沿的仇敵，我反而倒忘記了它。」

（魯莊公二十八年）秋天，子元以六百乘戰車的隊伍進攻鄭國，先進入鄭國國都郊外之門。而後，子元、斗御疆、斗梧、耿之不比所率隊伍組成前軍，斗班、王孫游、王孫喜率餘軍殿後。楚國的戰車從鄭都的郭門開進，到了通街大市。鄭國國都內城門懸吊著未下玄關關閉。子元率大軍說著楚國的方言退出來。子元說：「鄭國看起來很有一批人才。」齊國、宋國等諸侯國派兵來援救鄭國，楚軍在夜晚悄悄地退走了。鄭國軍隊正要奔向桐丘追趕楚軍，前面偵察的士卒報告說：「楚軍駐軍的帳幕上落滿了烏鴉。」鄭軍於是停止了追擊。

楚國的公子元（即令尹子元）進攻完鄭國回來後，就居住在楚文王原來的宮殿中。大夫斗射師勸他退出，他就捉拿斗射師而囚禁起來。（魯莊公三十年）秋季，楚國大夫申縣縣公斗般就殺了子元。斗谷於菟擔任了令尹，他拿出全家財物，用來緩和楚國的內亂。

✿ 有神降於莘

題解

◆ 神靈下降到虢國的莘地，周朝的內史過認為沒有什麼奇怪的，只不過祭祀他就行了。但虢公卻想通過對神的祭祀，得到土地。內史過批評他不聽信於民，而聽信於神，是亡國之道。「國將興，聽於民；將亡，聽於神」的思想，是唯物史觀的體現。

○ 原文

秋七月，有神降於莘①。

惠王問諸內史過曰：「是何故也？」對曰：「國之將興，明神降之，監其德也。將亡，神又降之，觀其惡也。故有得神以興，亦有以亡。虞、夏、商、周皆有之。」王曰：「若之何？」對曰：「以其物享焉。其至之日，亦其物也。」王從之。內史過往，聞虢請命，反曰：「虢必亡矣，虐而聽於神。」

神居莘六月，虢公使祝應、宗區、史嚚享焉②。神賜之土田。史亞曰：「虢其亡乎。吾聞之，國將興，聽於民；將亡，聽於神。神，聰明正直而壹者也，依人而行。虢多涼德③，其何土之能得？」

注釋

① 莘（ㄕㄣ）：虢國屬地，在今河南三門峽市西。
② 嚚（一ㄣˊ）：人名。
③ 涼：淺薄。

譯文

（魯莊公三十二年）秋天七月，有神下降到西虢國的莘地。

周惠王向主管內史的史官過詢問說：「這是什麼緣故呢？」過對他說：「國家將要興盛起來的時候，神靈下降到這個國家，監視他的善德。一個國家將要滅亡的時候，神靈又會下降到這裡，觀察他的惡行。所以有得到神靈而興起的國家，也有神靈下降而滅亡的國家。虞、夏、商、周各代都曾有過這種情況。」周惠王說：「那該如何對待神靈呢？」過回答說：「用物品祭祀他。從神下降的那天開始，每天都要祭祀。」周惠王按照過說的去做了。過又去了莘地，聽到虢國國君向這位下降的神靈請求保護他，返回到周地說：「虢國一定要滅亡了，虐害百姓而要聽命於神靈。」

那位神在莘地呆了六個月，虢公派主管祭祀的太祝應、主管內務的大宗正區、太史嚚負責祭祀他，請求這位神賜給虢國一部分土地。太史嚚說：「虢就要滅亡了吧。我聽說，國家要興旺，（君主）

就聽從人民的呼聲；將要滅亡，就聽命於神。神，聰明正直用心一貫，是依人民的意願行事的。虢國不道德的行為太多了，會得到什麼土地呢？」

❀ 不去慶父，魯難未已

題解

◆ 魯莊公晚年，政權操縱於其兄弟慶父、叔牙、季友手中。莊公死後，三家為君主繼立展開殘殺，慶父連殺魯公子子般和魯閔公。後在齊國的協助下，魯國人殺死慶父，穩定了魯國內政。後世以「不去慶父，魯難未已」來比喻做事要徹底剷除禍根。

➲ 原文

初，公築台，臨黨氏，見孟任，從之。閟①。而以夫人言，許之，割臂盟公。生子般焉。雩②，講於梁氏③，女公子觀之。圉人犖自牆外與之戲。子般怒，使鞭之。公曰：「不如殺之，是不可鞭。犖有力焉，能投蓋於稷門。」

公疾，問後於叔牙，對曰：「慶父材。」問於季友。對曰：「臣以死奉般。」公曰：「鄉者牙曰『慶父材』。」成季使以君命命僖叔，待於巫氏，使季酖之④。曰：「飲此，則有後於魯國。不然，死且無後。」飲之，歸，及逵泉而卒⑤。立叔孫氏。

八月癸亥，公薨於路寢。子般即位，次於黨氏。冬十月己未，共仲使圉人犖賊子般於黨氏。成季奔陳。立閔公。

夏六月，葬莊公。亂故，是以緩。

秋八月，公及齊侯盟於落姑⑥，請復季友也。齊侯許之，使召諸陳，公次於郎以待之。「季子來歸」，嘉之也。

冬，齊仲孫湫來省難，書曰「仲孫」，亦嘉之也。

仲孫歸，曰：「不去慶父，魯難未已。」公曰：「若之何而去之？」對曰：「難不已，將自斃，君其待之。」公曰：「魯可取乎？」對曰：「不可。猶秉周禮。周禮，所以本也。臣聞之，國將亡，本

◎莊公

必先顛，而後枝葉從之。魯不棄周禮，未可動也。君其務寧魯難而親之。親有禮，因重固，間攜貳⑦，覆昏亂，霸王之器也。」

初，公傅奪卜田⑧，公不禁。秋八月辛醜，共仲使卜賊公於武闈⑨。成季以僖公適邾。共仲奔莒，乃入，立之。以賂求共仲於莒，莒人歸之。及密，使公子魚請。不許，哭而往。共仲曰：「奚斯之聲也。」乃縊。

閔公，哀姜之娣叔姜之子也，故齊人立之。共仲通於哀姜，哀姜欲立之。閔公之死也，哀姜與知之，故孫於邾⑩。齊人取而殺之於夷，以其屍歸，僖公請而葬之。

注釋

① 閉：關閉。

② 雩（ㄩˊ）：求雨的祭祀活動。

③ 講：演習，預演。

④ 酖：同「鴆」，用毒酒殺人。

⑤ 逵泉：魯國都城曲阜外的一處泉流。

⑥ 落姑：齊地，一說在今山東平陰縣境，一說即薄姑，在今山東博興縣北十五里。

⑦ 間：離間。　攜貳：（國內）離心離德。

⑧ 卜：魯國大夫。

⑨ 武闈：魯國宮殿路寢的側門名稱。

⑩ 孫：即「遜」。退避，躲藏。

譯文

當初，魯莊公修築了台榭，正好面臨黨氏的住宅，（他從臺上）望見了黨氏的女兒孟任，就下臺追逐。孟任關閉了自家的大門。莊公（在門外）說要娶孟任為夫人，孟任答應了他，並割破手臂與莊公盟誓。（後來）生了子般。魯國要舉行求雨的祭祀，先在梁氏的宅中演習，公子般的妹妹來觀看，一個叫犖的管理養馬的官在牆外同她嬉戲。公子般看到後很惱怒，就讓人鞭打犖。莊公（知道後）

對公子般說：「不如殺掉他，那是不能鞭打的。犖是很有氣力的，能把大蓋扔到南城的稷門之上。」

魯莊公得了病，向他的二弟叔牙詢問他的後繼人，叔牙回答說：「慶父（莊公大弟弟）是個人才。」又問他的三弟季友，回答說：「我將以死來奉立公子。」莊公說：「往日叔牙說『慶父是個人才』。」季友就以莊公的命令來命令叔牙，讓他在姓的巫師家中等待，讓這個巫師給他喝毒酒，對他說：「喝了這酒，那你可以在魯國保留後代，不然的話，你也一定要死，並且死了連後代都沒有了。」叔牙飲了毒酒，往回走，到逵泉就死了。魯國立他的兒子為叔孫氏。

（魯莊公三十二年）八月癸亥日，魯莊公死在寢宮中。公子般繼承了君位，住在黨氏的旁邊。冬季十月己未日，慶父就派那個管馬匹的犖在黨氏宅中暗殺了子般。季友逃奔到陳國。魯國又立了閔公。

次年夏六月，埋葬了魯莊公。因為國內有動亂，所以拖延。

（魯閔西元年）秋八月，魯閔公與齊桓公在落姑會盟，請齊桓公幫助季友回到魯國。齊桓公答應了，派人到陳國去找季友，魯閔公停留在郎地等待他。《春秋》記載「季子來歸」，是讚揚這件事。

冬天，齊國的仲孫湫來魯國慰問患難，《春秋》只寫「仲孫」（而不寫他的名），也是讚揚這件事。

仲孫湫（ㄐㄧㄠˇ）回到齊國後說：「不除掉慶父，魯國的患難是沒有完的。」齊桓公說：「怎樣才能去掉慶父呢？」仲孫湫回答說：「患難沒完沒了，慶父就會自己遇禍而死。你就等待著吧。」齊桓公說：「魯國可以伐取嗎？」仲孫湫回答說：「不可以。魯國還執行著西周的禮儀。西周的禮儀是他立國的根本。我聽說：『國家將要滅亡，他的根幹先動搖，而後枝葉就跟著倒下來。』魯國還沒有廢棄周禮，還不能去動它。你急需要平定魯國的禍難而親近他。親近有禮儀的國家，依靠厚重堅實的國家，離間內部離心離德的國家，覆滅君昏臣亂的國家，這是成為霸王的策略。」

當初，魯閔公的師傅奪取大夫卜的土地，魯閔公不加禁止。（魯閔公二年）秋季八月辛醜日，慶父派卜將閔公暗殺在魯國宮殿

的側門內。季友帶著後來的魯僖公到了邾國。慶父逃奔到莒國,季友和魯僖公才回來,奉立了僖公。季友給莒國送賄賂要慶父,莒國把慶父送歸魯國。慶父到達密地時,派公子魚請求赦免他,季友不答應,公子魚哭著返回來。慶父聽到哭聲說:「這是奚斯(公子魚的字)的聲音。」就自縊而死了。

魯閔公,是哀姜的妹妹叔姜的兒子,所以齊國把他立為魯國國君。慶父與哀姜私通,哀姜想立慶父為君。魯閔公的死,哀姜參與,知道內情,所以她躲避到了邾國。齊國把哀姜從邾國捉拿到夷國殺了她,把她的屍體送回魯國,魯僖公向齊國請示後埋葬了她。

◎閔　公

❁ 狄人伐衛

題解

◆ 衛懿公享樂成性,以養鶴為娛,引起國人怨恨,在狄人進攻下,終至滅國。這是春秋時樂而忘憂,喪家辱國的一個典型例證。

➲ 原文

冬十二月,狄人伐衛[1]。衛懿公好鶴,鶴有乘軒者[2]。將戰,國人受甲者皆曰:「使鶴,鶴實有祿位,余焉能戰?」公與石祁子玦[3],與寧莊子矢,使守,曰:「以此贊國,擇利而為之。」與夫人繡衣[4],曰:「聽於二子。」渠孔禦戎,子伯為右,黃夷前驅,孔嬰齊殿。及狄人戰於熒澤[5],衛師敗績,遂滅衛。衛侯不去其旗,是以甚敗。

狄人囚史華龍滑與禮孔,以逐衛人。二人曰:「我,大史也,實掌其祭。不先,國不可得也。」乃先之。至則告守曰:「不可待

也。」夜與國人出。狄入衛，遂從之，又敗諸河。

初，惠公之即位也少，齊人使昭伯烝於宣姜⑥，不可，強之。生齊子、戴公、文公、宋桓夫人、許穆夫人。文公為衛之多患也，先適齊。及敗，宋桓公逆諸河，宵濟。衛之遺民男女七百有三十人，益之以共、滕之民為五千人⑦。立戴公以廬於曹⑧。許穆夫人賦《載馳》。齊侯使公子無虧帥車三百乘、甲士三千人以戍曹。歸公乘馬，祭服五稱，牛、羊、豕、雞、狗皆三百及門材。歸夫人魚軒⑨，重錦三十兩⑩。

注釋

① 狄人：指衛國北部的少數民族。
② 軒：有藩蔽的車，大夫以上的人所乘。
③ 玦（ㄐㄩㄝˊ）：環形而有缺口的玉器。
④ 繡衣：華麗的衣服。
⑤ 熒澤：湖澤名，位於今河南滎陽市南。此處的熒澤似在黃河北，今地不詳。
⑥ 昭伯：公子頑。烝：以下淫上。
⑦ 共：衛國屬邑，當今河南輝縣。滕：衛國屬邑，今地不詳。
⑧ 曹：衛國屬邑，當今河南滑縣西南的白馬故城。
⑨ 魚軒：魚皮裝飾的車。
⑩ 兩：布帛單位，匹。

譯文

（魯閔公二年）冬十二月，狄人侵伐衛國。衛懿公很喜歡養鶴，鶴有乘坐軒車的。衛國要和狄人打仗，國中之人被授予兵器者都說：「讓鶴去打仗，鶴實際上享受俸祿有官位，我們哪能打仗呢？」衛懿公送給大夫石祁子一環玉玦，又給大夫寧莊子箭，讓二人守城，對二人說：「用這些來救助我們的國家吧，但要選擇有利的情形去做。」他又送給他的夫人華麗的上衣，對她說：「你就聽從石祁子和寧莊子的安排吧。」渠孔為他駕馭著戰車，子伯擔任警

衛站在車右，黃夷前驅打頭陣，孔嬰齊為他壓陣。衛懿公率軍與狄人戰鬥在熒澤，衛國軍隊潰敗了，狄人於是消滅了衛國。衛懿公還不拔掉他的戰旗，所以失敗得很慘。

狄人囚禁了太史華龍滑和禮孔，讓他們帶路驅逐衛國人。二人說：「我們，只是太史，實際掌管祭祀的事。不先入國祭祀衛國的祖先，你們就不可能得到他。」狄人讓他們先進入衛國國都。二人到了國都，告訴守衛的人說：「不能在這裡等待下去了。」在夜裡與國中之人跑出來。狄人進入衛國後，又追趕這些人，把他們打敗在黃河岸邊。

當初，衛惠公即位時年齡小，齊僖公就讓衛宣公的兒子昭伯與他的庶母宣姜通姦，宣姜不願意，昭伯就強迫她。生了齊子、後來的衛戴公、衛文公、宋桓公的夫人、許穆公的夫人。衛文公當時因為國內憂患太多，先到了齊國。等到衛國被狄人打敗後，宋桓公到黃河上把他迎接回來，夜裡渡過黃河。衛國都城只留下百姓男女一共七百三十人，加上衛國共、滕兩地的百姓共五千人。他們立衛戴公為君，寄住在曹地。許穆公的夫人做了一首《載馳》的詩。（《詩經·載馳》序中說，為許穆夫人作，憫其宗國顛覆自傷不能救也。）齊桓公讓公子無虧帶領三百輛戰車、三千名帶甲之士去戍守曹地。又饋贈衛戴公乘馬，祭服五套，牛、羊、豬、雞、狗各三百隻，以及做門戶的木材。送給衛戴公夫人魚皮裝飾的軒車，精細的織錦三十匹。

❀ 晉太子申生伐東山皋落氏

題解

◆ 閔公二年（西元前660年），晉獻公命令太子申生征伐東山皋落氏，指令他「盡敵而返」，實際是要犧牲他。申生的謀臣們為此議論紛紛。說明當時晉國內部的權力鬥爭已達到白熱化程度。

⊃ 原文

　　晉侯使大子申生伐東山皋落氏①。里克諫曰：「大子奉塚祀②、社稷之粢盛，以朝夕視君膳者也，故曰塚子。君行則守，有守則從。從曰撫軍，守曰監國，古之制也。夫帥師，專行謀，誓軍旅，君與國政之所圖也，非大子之事也。師在制命而已，稟命則不威，專命則不孝，故君之嗣適不可以帥師。君失其官，帥師不威，將焉用之？且臣聞皋落氏將戰，君其舍之。」公曰：「寡人有子，未知其誰立焉。」不對而退。

　　見大子，大子曰：「吾其廢乎？」對曰：「告之以臨民，教之以軍旅，不共是懼，何故廢乎？且子懼不孝，無懼弗得立，修己而不責人，則免於難。」

　　大子帥師，公衣之偏衣③，佩之金玦。狐突禦戎，先友為右。梁余子養禦罕夷，先丹木為右。羊舌大夫為尉。先友曰：「衣身之偏，握兵之要，在此行也，子其勉之！偏躬無慝，兵要遠災，親以無災，又何患焉？」狐突歎曰：「時，事之征也；衣，身之章也；佩，衷之旗也④。故敬其事則命以始，服其身則衣之純，用其衷則佩之度。今命以時卒，其事也；衣之尨服⑤，遠其躬也；佩以金玦，棄其衷也。服以遠之，時以之。尨涼冬殺，金寒玦離，胡可恃也？雖欲勉之，狄可盡乎？」梁餘子養曰：「帥師者，受命於廟，受脤於社⑥，有常服矣，不獲而尨，命可知也。死而不孝，不如逃之。」罕夷曰：「尨奇無常，金玦不復，雖復何為？君有心矣。」先丹木曰：「是服也，狂夫阻之。曰『盡敵而反』，敵可盡乎？雖盡敵，猶有內讒，不如違之。」狐突欲行。羊舌大夫曰：「不可。違命不孝，棄事不忠。雖知其寒，惡不可取。子其死之！」

　　大子將戰，狐突諫曰：「不可，昔辛伯諗周桓公云⑦：『內寵並后，外寵二政，嬖子配嫡，大都耦國，亂之本也。』周公弗從，故及於難。今亂本成矣，立可必乎？孝而安民，子其圖之！與其危身以速罪也。」

注釋

① 東山皋落氏：春秋時少數民族赤狄的部族，初期活動於今

山西垣曲縣境東部山區。

◎閔公

② 塚（ㄓㄨㄥˇ）：大的意思。
③ 偏衣：上衣後背兩面顏色不同，稱偏衣。
④ 衷：內心。
⑤ 尨（ㄇㄤˊ）：雜色。
⑥ 脤（ㄕㄣˋ）：祭祀社稷所用的生肉。
⑦ 諗（ㄕㄣˇ）：規諫。

譯文

　　晉獻公派太子申生進攻東山皋落氏。大夫里克進諫說：「太子執掌管理著重大祭祀、祭祀社稷的穀物，是朝夕不離國君左右，親自照顧國君膳食的人，所以才稱為塚子。國君出行他在國內居守，君主有守護疆土的出征時他隨從出行。跟隨君主出征稱為撫軍，在國居守稱為監國，這是古來的制度。統率軍隊，要能夠獨斷行軍的謀略，全權號令指揮軍隊，這是國君和執政的卿大夫擁有的權力及所要圖謀的，不屬於太子權力範圍的事。出兵打仗在於統帥能夠專制命令，承受君主的命令指揮軍隊就沒有權威，如果不接受君主命令擅自行事則又是不講孝道，所以國君的繼承者不可以讓他來統率軍隊。你弄亂了任官授權的原則，讓太子率軍而沒有權威，你還用他做什麼呢？況且我已聽說，皋落氏將要抵抗我們，請你還是放棄這次出征吧。」晉獻公說：「我的兒子，還不知道他們誰能立為太子呢！」里克聽後沒有再說什麼就退出來了。

　　里克去見太子申生，太子問他：「我會被廢掉嗎？」里克對他說：「國君告訴你讓你統治人民，又教給你率領軍隊的才能，擔心的是你對國君的不恭敬，有什麼緣故要把你廢掉呢？況且作為太子，你只能擔心對君主的不孝，不能害怕得不到嗣立。自己修身而不責怪旁人，就會免於患難。」

　　太子申生統率起軍隊，晉獻公為他穿上了背面兩色的軍衣，送給他一隻金玦。狐突為太子駕馭戎車，先友在車右跟隨。梁余子養為罕夷駕馭戎車，先丹木為這乘戎車的車右。羊舌大夫為管各級軍官的軍尉。先友對太子說：「君主給你穿上兩色的衣服，讓你掌握

59

軍事大權，（成敗）在此一行，你就自勉自勵吧！（君主讓你穿兩色衣）意在分他的一半衣服給你，看來沒有惡意，手握兵權就遠離了災難，君主對你親近也就沒有災難，你還有什麼可怕的呢？」狐突歎口氣說：「時間，是事情成敗的徵兆；衣服，是身份的表示；身上的佩物，是內心思想的旗幟。所以要嚴肅地做事，就在恰當的時間發佈命令，給衣服穿就應是純色的衣服，真心做事就應給合乎禮度的佩物。現在命令出軍的時間是在四季的末了，是讓事情不順利；讓穿雜色的衣服，是讓太子遠離開君主身邊；以金玦佩在太子身上，是表示君主確定太子還沒有決心。衣服表示讓太子遠離；時間又選擇在讓事情不順利的時候；顏色雜亂，是寡薄的象徵；冬季，是收殺的象徵；金子，是寒冷的象徵；金玦，是絕離的象徵。還有什麼可以依恃的呢？雖說想要勉勵，戎狄還能消滅乾淨嗎？」梁餘子養說：「統率軍隊的人，要在君主的祖廟裡接受命令，要在社壇下接受祭肉，穿著常規的服裝。不能獲得常規服裝而讓穿這雜色衣服，君主命令出兵的含義就很清楚了。出兵而死還落個不孝，不如逃走。」罕夷說：「雜色奇異是不遵常規，金玦是不能恢復成沒有缺口的圓環的，即便能夠恢復又能怎樣呢？君主已經有了與太子決絕之心了。」先丹木說：「這種服裝，連瘋子都會拒絕穿的。還說什麼讓消滅光敵人才能返回來，敵人能消滅光嗎？即便是把敵人全部消滅了，還有人在宮內進讒言，不如違背了他的命令。」狐突準備讓大家一起出逃，監軍的羊舌大夫說：「這不可以，違背君主的命令是不孝，放棄要做的事是不忠誠。雖然咱們都知道天氣和人心都很冷酷，那些惡行咱們是不能去做的，咱們一起去拼死吧！」

太子申生準備率軍去戰鬥，狐突勸諫他說：「不可以。過去週朝的辛伯極力勸周桓公說：『在宮內有受寵的並列的王后，在宮外寵倖著兩名同時的執政官，讓寵姬之子與嫡子相匹配，建立另一都城與國都成對偶，這都是國家政局動亂的根本原因。』周桓公不聽他的勸告，所以禍難臨頭。現在咱們晉國動亂的原因已經形成，確立太子能夠準確一定嗎？行孝道而安定人民，你就考慮這事吧。與其使自己受到危害而又加速罪戾降臨到你頭上，不如服從君命，實行孝道。」

◎僖　公

❀ 虞師、晉師滅下陽

題解

◆ 晉國為了擴大領土，先以借道的形式，滅了虢國的下陽，為其進一步消滅虢國、虞國做了準備。

➲ 原文

晉荀息請以屈產之乘，與垂棘之璧①，假道於虞以伐虢②。公曰：「是吾寶也。」對曰：「若得道於虞，猶外府也。」公曰：「宮之奇存焉。」對曰：「宮之奇之為人也，懦而不能強諫，且少長於君，君昵之，雖諫，將不聽。」乃使荀息假道於虞，曰：「冀為不道③，入自顛④，伐鄍三門⑤。冀之既病，則亦惟君故。今虢為不道，保於逆旅，以侵敝邑之南鄙，敢請假道以請罪於虢。」虞公許之，且請先伐虢。宮之奇諫，不聽，遂起師。夏，晉里克、荀息帥師會虞師，伐虢，滅下陽⑥。先書虞，賄故也。

注釋

① 垂棘：晉國屬地，當今山西長治市潞城區境內。
② 虞：春秋時小國，今山西平陸縣。
③ 冀：春秋時小國，在今山西河津市境內。
④ 顛：虞國屬地，亦稱虞阪，在今平陸縣東北，為中條山要道。
⑤ 鄍（ㄇㄧㄥˊ）：虞國屬地，在今平陸縣東北。
⑥ 下陽：虢國屬地，在今平陸縣東北。

譯文

（魯僖公二年，）晉國的荀息請求晉獻公用北屈所產良馬和垂棘之地所出玉璧送給虞國，向虞國借道去進攻虢國。晉獻公說：「這兩種東西可是我們的寶物呀。」荀息對他說：「如果得到虞國這條

通道，那就好像把寶物放在我們外部的庫房了。」晉獻公說：「那裡還有個善於謀事的宮之奇呢。（會答應嗎？）」荀息又說：「宮之奇的性格懦弱，不能強烈地去諫諍。而且他小時候就和虞公一起長大，虞公對他很親昵，他即便勸諫，虞公也不會聽從他。」晉獻公就派荀息去虞國借道。荀息對虞公說：「冀國實在是殘忍無道，從你們的顚進來，攻打你們鄍城三座城門。我們挫傷了冀國，完全是為了給你們復仇的緣故。當今虢國又殘忍無道，把碉堡建立在旅行道上，以便侵犯我國的南部地區。請求你借出一條通道，我們要向虢國問罪。」虞公答應了他的要求，並且請求先出兵討伐虢國。宮之奇勸諫，虞公不聽他的話，於是出兵先行。夏天，晉國的里克、荀息率軍會合虞國軍隊去進攻虢國，攻取了虢國的下陽城。《春秋》把虞國寫在前面，是因為虞國此前接受了賄賂。

❀ 齊桓公伐楚

題解

◆ 魯僖公四年，齊桓公率領一些諸侯國的軍隊侵進楚國。楚國大臣據理質問，迫使齊桓公退兵。楚大臣理直氣壯而委婉的外交辭令及捍衛國家主權的態度，成為中國歷史上的美談。

➲ 原文

四年春，齊侯以諸侯之師侵蔡 ①，蔡潰，遂伐楚。

楚子使與師言曰：「君處北海，寡人處南海，唯是風馬牛不相及也 ②，不虞君之涉吾地也，何故？」管仲對曰：「昔召康公命我先君大公曰：『五侯九伯，女實征之，以夾輔周室。』賜我先君履：東至於海，西至於河，南至於穆陵 ③，北至於無棣 ④。爾貢苞茅不入，王祭不共，無以縮酒 ⑤，寡人是征。昭王南征而不復，寡人是問。」對曰：「貢之不入，寡君之罪也，敢不共給？昭王之不復，君其問諸水濱！」師進，次於陘。

夏，楚子使屈完如師。師退，次於召陵 ⑥。

◎僖公

　　齊侯陳諸侯之師，與屈完乘而觀之。齊侯曰：「豈不穀是為⑦？先君之好是繼，與不穀同好，如何？」對曰：「君惠徼福於敝邑之社稷⑧，辱收寡君，寡君之願也。」齊侯曰：「以此眾戰，誰能禦之？以此攻城，何城不克？」對曰：「君若以德綏諸侯，誰敢不服？君若以力，楚國方城以為城⑨，漢水以為池，雖眾，無所用之。」

　　屈完及諸侯盟。

注釋

　　① 蔡：春秋諸侯國，周武王母弟叔度的始封地，國都在今河南上蔡縣境。

　　② 唯是風馬牛不相及也：牛馬公母相誘而追逐稱為風。此句意謂齊、楚相距很遠，即使像牛馬相誘而追逐跑得很遠，也不至於互相侵入邊界。

　　③ 穆陵：今湖北麻城市北的一些地區。

　　④ 無棣（ㄅㄧˋ）：今河北盧龍縣一帶。

　　⑤ 縮酒：有二意，一為用菁茅榨酒；一為祭祀時將菁茅竹立在地上，將酒澆在上面，酒順菁茅滴下，像神飲酒。

　　⑥ 召陵：地名，當今河南漯河市郾城區境。

　　⑦ 不穀：自貶之稱，類似「寡人」等。古代君侯自稱不善的謙詞。

　　⑧ 徼（ㄧㄠ）：求取。

　　⑨ 方城：楚國北部疆界的城防。姚鼐《春秋左傳補注》：「楚所指方城，據地甚遠。居淮之南，江、漢之北，西逾桐柏，東越光、黃，止是一山，其間通南北之大者，惟有義陽三關……然而方城連嶺可七八百里矣。」

譯文

　　（魯僖公）四年春天，齊桓公率齊國、宋國、陳國、衛國、鄭國、許國、曹國的軍隊侵伐蔡國，蔡國被打敗，他們又進攻楚國。

楚成王派出的使者對齊桓公說：「你們居住在北海邊上，我們處在南海邊上，就是公、母牛馬相追逐也不至於及於兩國的地界呀，沒有預料到你們會進入我國領土，什麼原因啊？」管仲對他說：「原來西周的召公奭授命我們的先君姜太公說：『公、侯、伯、子、男五等諸侯，分管九州的方伯，你都可以征伐他們，以此輔佐西周王朝。』賜我們先君鞋子，讓他可以東到海上，西到黃河，南到穆陵，北到無棣。你們對王室上貢連一束菁茅都不給，周王的祭祀你們都沒有禮物供給，周室裡連榨酒的原料都沒有，所以我們要對你問罪。西周昭王南征沒有回去，我們要向你問個究竟。」使者對他說：「應上貢的沒有上貢，這是我們的罪過，哪裡敢不供給呢？昭王的不復還，那請君去問長江堤岸吧。」諸侯國的聯軍繼續前進，停留在楚國北部要塞外。

夏季，楚成王又派屈完去到諸侯的軍隊裡交涉。終於使這支軍隊後撤，停留在召陵。

齊桓公將諸侯國的軍隊陳列好陣勢，同屈完在車上觀看。齊桓公說：「向楚國進攻這哪裡是我要想做的事情呢？我想的是要繼續咱們兩國先君的友好，你們與我和好怎麼樣？」屈完回答說：「你要為我們的國家人民求福，扶助我們的國君，那是我們的願望啊。」齊桓公說：「用如此多的軍隊去打仗，有誰能抵禦得了？用這支軍隊攻城，有什麼樣的城能不被攻破？」屈完對他說：「你如果用仁德來撫綏各國，誰敢不服從你？你如果以暴力來對待，楚國北部的方城就可以當作城，漢水就是池，雖然你的軍隊眾多，沒有什麼用處。」

屈完與各諸侯國舉行了會盟。

❀ 晉太子申生之死

題解

◆ 僖公四年（西元前656年），驪姬為穩定其子奚齊的地位，終於將太子申生害死，並誣陷夷吾、重耳與太子同黨，迫使他們出

逃。

➲ 原文

初，晉獻公欲以驪姬為夫人，卜之，不吉；筮之①，吉。公曰：「從筮。」卜人曰：「筮短龜長，不如從長。且其繇曰②：『專之渝，攘公之羭③。一薰一蕕，十年尚猶有臭。』必不可。」弗聽，立之。生奚齊，其娣生卓子。

及將立奚齊，既與中大夫成謀，姬謂大子曰：「君夢齊姜，必速祭之。」大子祭於曲沃，歸胙於公④。公田，姬置諸宮六日。公至，毒而獻之。公祭之地，地墳⑤；與犬，犬斃；與小臣，小臣亦斃。姬泣曰：「賊由大子⑥。」大子奔新城。公殺其傅杜原款。

或謂大子：「子辭⑦，君必辯焉。」大子曰：「君非姬氏，居不安，食不飽。我辭，姬必有罪。君老矣，吾又不樂。」曰：「子其行乎？」大子曰：「君實不察其罪，被此名也以出，人誰納我？」

十二月戊申，縊於新城。姬遂譖二公子曰：「皆知之。」重耳奔蒲，夷吾奔屈。

注釋

① 筮：用蓍草占卜。
② 繇（ㄓㄡˋ）：占卜的兆詞。
③ 羭（ㄩˊ）：母羊。引申為美。
④ 歸：送。　胙（ㄗㄨㄛˋ）：古代祭祀時供獻的酒肉。
⑤ 墳：地面突起如墳堆。
⑥ 賊：暗殺。
⑦ 辭：申辯。

譯文

當初，晉獻公想要讓驪姬成為夫人，用龜甲占卜，不吉利；又用蓍草占卜，吉利。晉獻公說：「服從蓍草占卜的結果。」卜筮的人說：「筮用的蓍草短，卜用的龜甲長，不如根據長的占卜的結果

去做。而且卦詞上說：『專愛寵倖就會生變，除掉公的美物。香草跟臭草二者並列，十年後還有臭氣。』一定不可以立驪姬為夫人。」晉獻公不聽他的話，終於立驪姬為夫人。就生了奚齊，她的妹妹生了卓子。

等到快要立奚齊為太子的時候，驪姬先和晉國的中大夫定好了計策，她對太子申生說：「國君夜裡夢見了你母親齊姜，你一定趕快去祭奠她。」太子申生就在曲沃進行祭奠，而後把祭奠時的酒肉送給晉獻公。晉獻公當時正在外打獵，驪姬把這些酒肉在宮中放了六天。晉獻公回來後，驪姬在酒肉裡下了毒而後獻給晉獻公。晉獻公灑酒在地以示對齊姜的祭奠，地面被燒得隆起一個虛土堆；把肉餵給狗，狗死去了；又讓他的近臣吃，那個近臣也倒斃了。驪姬哭著說：「暗殺你的毒物就是從太子申生那裡來的。」太子申生逃奔回了曲沃。晉獻公殺了申生的師傅杜原款。

有人對申生說：「你去聲辯，國君一定讓你辯的。」太子說：「國君沒有姬氏，居住都不安寧，吃飯都吃不好。我去聲辯，驪姬必定有罪被殺。君父老了，我也沒什麼高興的。」又說：「你不會出走嗎？」太子申生說：「君父實在不清楚是誰的罪惡，我帶著這謀害父親的名聲出走，有誰會容納我呢？」

（魯僖公四年）十二月戊申日，申生在曲沃自縊而死。驪姬於是又讒害重耳和夷吾兩位公子，說：「他們都知道申生要毒害國君。」重耳逃奔到蒲，夷吾逃奔到屈。

❀ 宮之奇諫假道

題解

◆ 魯僖公五年（西元前655年），晉國企圖將虢國、虞國一起攻滅，以進攻虢國為名，借道虞國。虞公不聽大臣宮之奇的勸告，允許晉國借道，結果滅亡。這就是歷史上「脣亡齒寒」的故事。

⊃ 原文

晉侯復假道於虞以伐虢。宮之奇諫曰：「虢，虞之表也；虢亡，虞必從之。晉不可啟，寇不可玩①。一之謂甚，其可再乎？諺所謂『輔車相依，唇亡齒寒』者，其虞、虢之謂也。」

公曰：「晉，吾宗也，豈害我哉？」對曰：「大伯、虞仲，大王之昭也②，大伯不從，是以不嗣。虢仲、虢叔，王季之穆也，為文王卿士，勳在王室③，藏於盟府④。將虢是滅，何愛於虞？且虞能親於桓、莊乎？其愛之也，桓、莊之族何罪？而以為戮。不唯逼乎⑤？親以寵逼，猶尚害之，況以國乎？」公曰：「吾享祀豐潔，神必據我。」對曰：「臣聞之，鬼神非人實親，惟德是依。故《周書》曰：『皇天無親，惟德是輔。』又曰：『黍稷非馨，明德惟馨。』又曰：『民不易物，惟德繄物。』如是，則非德，民不和，神不享矣。神所馮依，將在德矣。若晉取虞，而明德以薦馨香，神其吐之乎？」弗聽，許晉使。宮之奇以其族行，曰：「虞不臘矣⑥。在此行也，晉不更舉矣。」

八月甲午，晉侯圍上陽。問於卜偃曰：「吾其濟乎？」對曰：「克之。」公曰：「何時？」對曰：「童謠云『丙之晨，龍尾伏辰，均服振振，取虢之旂。鶉之賁賁⑦，天策焞焞⑧，火中成軍，虢公其奔。』其九月、十月之交乎！丙子旦，日在尾，月在策，鶉火中，必是時也。」

冬十二月丙子，朔，晉滅虢。虢公醜奔京師。師還，館於虞，遂襲虞，滅之。執虞公及其大夫井伯，以媵秦穆姬，而修虞祀，且歸其職貢於王。

故書曰「晉人執虞公」，罪虞，且言易也。

注釋

① 玩：戲弄、玩耍。
② 大王之昭：昭、穆是周代規定的家族宗廟和墓葬中的排列秩序，始祖居中，始祖以後第一代排在左邊稱昭，第二代排右稱穆。之後凡奇數代皆為昭，偶數代為穆。
③ 勳：功勞。

④ 盟府：收藏盟約、誓詞的府庫。

⑤ 逼：威逼。

⑥ 臘：祭名，十二月祭祖先。

⑦ 鶉（ㄔㄨㄣˊ）：星宿名，亦稱鶉火星。

⑧ 焞（ㄔㄨㄣˊ）：星光暗弱。

譯文

晉獻公再次從虞國借道來進攻虢國。虞國大臣宮之奇勸諫虞公說：「虢國，是虞國的屏障，虢國要滅亡了，那虞國就會跟著滅亡。對待晉國不可開啟大意之心，對待敵寇可不能當兒戲。有一次就夠過分的了，哪裡還能再讓他一次呢？諺語所說：『車輔與車身互相依賴，嘴唇失掉後牙齒就會寒冷』的話，正說明虞、虢兩國的關係。」

虞公說：「晉國，是我們的同宗，哪裡能夠害我呢？」宮之奇對他說：「西周初的太伯、虞仲，是列在昭位上的太王古公亶父的兒子，太伯不常跟隨太王，所以他就沒有繼承太王的王位。虢仲、虢叔，是列在穆位上的周王季歷的兒子，他們都是輔佐文王的卿士，有功於王室，功績的記錄都保存在王室的檔案中，晉國還要把他們的後代消滅掉，虞國有什麼值得他們愛護的呢？況且虞國還能比得上晉獻公的祖先曲沃桓叔、曲沃莊伯與晉獻公的親近嗎？晉獻公對這兩位祖先總是愛的吧，可曲沃桓叔、曲沃莊伯的宗族有什麼罪而成為他殺戮的對象？不就是因為這兩宗的人多，使晉獻公受到威脅嗎？親族們都因為爭權而相互排擠，為爭寵而殘害對方，又何況是國家之間的緣故呢？」虞公說：「我祭祀神靈用的物品又多且又乾淨，神靈一定會依從我。」宮之奇又說：「我聽說過，鬼神並不親近所有的人，而只依從德性。所以《周書》裡說：『上天並沒有偏親偏愛，只是按照德性進行輔助。』又說：『祭祀品的黍穀一類不是最香的，光明的品德才是最芳香的。』又說：『百姓是不會改變祭祀物品的，只有德性可以抵作祭祀品。』如此說來，那麼沒有仁德，人民就不團結，神靈就不會享受祭獻。神靈的憑依，將看德性。如果晉國取得虞國，而把光明道德作為芳香之物獻給神靈，

神靈還會把這種光明道德吐出來嗎？」虞公還是不聽他的話，答應晉國的使者借道。宮之奇帶領他的家族出走了，他說：「虞國到不了臘祭的時候了。就在這次的行動了，晉國再不會來借道了。」

（魯僖公五年）八月甲午日，晉獻公率軍包圍了虢國的上陽。晉獻公問卜偃說：「我們會成功嗎？」卜偃回答：「會攻克它的。」晉獻公問：「什麼時候能攻克？」卜偃回答說：「有童謠說：『丙子日的清晨，龍尾星宿隱伏在日月交會的辰位，黑色的戎服威武齊整，正是奪取虢國的旗幟。鶉火星似火焰噴射，天策星暗淡無光。鶉火星移到正中天時軍旅整頓，虢公只有逃奔。』按這說法，攻克下陽就在九月、十月交會之時了。丙子日的早上，太陽在龍尾宿的位置，月亮在天策星的位置，鶉火星到了中天，那一定是這個時候了。」

這年十二月丙子日，正是初一日，晉國滅亡了虢國。虢公醜逃奔到東周京城。晉國軍隊返還，駐紮在虞國，於是襲擊虞國，滅亡了它。捉拿了虞公和他的大夫井伯，用他們做晉獻公的女兒即秦穆公姬妾的陪嫁，晉國仍然祭祀虞國的山川之神，虞國原來承擔的給東周王室的貢獻物由晉國承擔。

所以《春秋》寫道，「晉人捉拿了虞公」。意思是歸罪於虞公，並且說明奪取虞國的容易。

❀ 齊人伐鄭

題解

◆ 齊國在魯僖公四年進犯楚國時，鄭國的申侯出賣陳國的轅濤塗而取悅齊桓公。魯僖公七年，齊國在瞭解到申侯對它不忠實後，率兵伐鄭，鄭國殺了申侯，齊國退兵。貪私利忘大義的申侯得到應有的下場。

➲ 原文

七年春，齊人伐鄭。孔叔言於鄭伯曰：「諺有之曰：『心則不競，

何憚於病？」既不能強，又不能弱，所以斃也。國危矣，請下齊以救國①。」公曰：「吾知其所由來矣，姑少待我。」對曰：「朝不及夕，何以待君？」

夏，鄭殺申侯以說於齊②，且用陳轅濤塗之譖也。

初，申侯，申出也，有寵於楚文王。文王將死，與之璧，使行，曰：「唯我知女。女專利而不厭，予取予求，不女疵瑕也③。後之人將求多於女，女必不免。我死，女必速行，無適小國，將不女容焉。」既葬，出奔鄭，又有寵於厲公。子文聞其死也，曰：「古人有言曰，『知臣莫若君』，弗可改也已。」

注釋

① 下：對 …… 屈服。
② 說：同「悅」，討好。
③ 疵（ㄘ）瑕：缺點、污點。

譯文

（魯僖公）七年春天，齊國進攻鄭國。鄭國的大夫孔叔對鄭文公說：「諺語說：『心裡如果沒有志氣，還怕什麼屈辱病困？』不能自強，又不能甘居軟弱，所以只能困斃。國家危險了，請你屈服於齊國來挽救國家吧。」鄭文公說：「我知道齊國要來進攻我們的理由了，請暫且稍稍等待我的決策。」孔叔對他說：「咱們現在是早晨都等不到晚上，還怎樣來等待你的決策呢？」

夏天，鄭國殺了申侯用來取悅於齊國，這也就聽信了陳國大夫轅濤塗對申侯背後說的那些壞話。

當初，申侯是申國女子所生，受到楚文王的寵倖。楚文王臨死時，給了他一塊玉璧，讓他離開楚國，對他說：「只有我瞭解你，你壟斷貨利還不覺得滿足，還要向我取物向我求索，我不願意指出你的缺陷和污點，以後的君主將會向你求取更多的財貨，你一定免不了死。我死之後，你一定要趕快出走，不要到那些小國，那裡不會容你的。」楚文王的葬事一結束，申侯就逃奔到鄭國。（到鄭國

後，）又受到鄭厲公的寵信。楚國的斗谷於菟聽到他的死訊，說：「古人有句話說：『最瞭解臣子的莫過於君主了。』這句話是不能被改變的。」

❀ 晉獻公卒

題解

◆ 晉獻公去世後，晉國大臣荀息不辜負獻公的委託，忠心輔佐嗣立的君主奚齊、卓子，在兩人被殺後，他自己也自殺而死。通過這件事，作者宣揚了當時的「忠」「貞」道德。

⊃ 原文

九月，晉獻公卒。里克、丕鄭欲納文公①，故以三公子之徒作亂。

初，獻公使荀息傅奚齊。公疾，召之，曰：「以是藐諸孤辱在大夫②，其若之何？」稽首而對曰：「臣竭其股肱之力③，加之以忠貞。其濟，君之靈也；不濟，則以死繼之。」公曰：「何謂忠貞？」對曰：「公家之利，知無不為，忠也；送往事居，耦俱無猜，貞也。」

及里克將殺奚齊，先告荀息曰：「三怨將作，秦、晉輔之，子將何如？」荀息曰：「將死之。」里克曰：「無益也。」荀叔曰：「吾與先君言矣，不可以貳④。能欲復言而愛身乎⑤？雖無益也，將焉辟之？且人之欲善，誰不如我？我欲無貳，而能謂人已乎？」

冬十月，里克殺奚齊於次。書曰，「殺其君之子」，未葬也。荀息將死之，人曰：「不如立卓子而輔之。」荀息立公子卓以葬。十一月，里克殺公子卓於朝。荀息死之。

注釋

① 丕（ㄆㄧ）：如春秋時晉國有丕鄭。

71

② 藐（ㄇㄧㄠˇ）：小、幼稚。

③ 股肱（ㄍㄨˇ ㄍㄨㄥ）：手臂從肘到腕的部分為肱，大腿謂股，股肱引申為全身。喻左右輔助的人。

④ 貳：改變。

⑤ 復言：實踐諾言。

譯文

（魯僖公九年）九月，晉獻公死去。晉國大夫里克、鄭想迎接重耳回國繼承君位，所以用申生、重耳、夷吾三公子的黨徒發起動亂。

當初，晉獻公讓荀息做奚齊的師傅。晉獻公病重，召見荀息，對他說：「把這幼稚的孤兒託付給大夫，你會怎樣對他？」荀息拱手低頭對晉獻公說：「我會竭盡全身之力，加上忠貞。如果這樣能濟事，那是國君的靈魂保佑；如果不濟事，那我就用死來繼續自己的輔佐之責。」晉獻公說：「什麼叫忠貞呢？」回答說：「凡是公家的利益，只要我懂得的就沒有不去做的，這是忠；送去已故的君主，服侍當今的君主，互相沒有猜忌，這就是貞。」

等到里克快要殺奚齊的時候，就先來告訴荀息，說：「三公子的怨恨就要發作，秦、晉兩國來幫助這一行動，你將怎麼辦？」荀息說：「我將去死。」里克說：「那是沒有益處的。」荀息說：「我已經同先君說過了，不能再有第二種選擇了。還能要實踐自己的話而愛惜自己的身子嗎？雖然死對我並沒有好處，但還能逃避嗎？況且，人要想行善，誰會比不上我？我想要沒有第二種選擇，而又能阻止別人嗎？」

冬季十月裡，里克把奚齊殺死在晉獻公臨下葬的時候。《春秋》寫道，「殺他的國君的兒子」，意思是晉獻公還未下葬而兒子就被殺了。荀息將要為奚齊去死，有人對他說：「不如把卓子立為國君由你輔佐。」荀息立了卓子後才埋葬晉獻公和奚齊。十一月，里克把公子卓殺死在朝堂內。荀息隨之自殺了。

❀ 晉惠公之立

題解

◆ 晉獻公死後，出逃在外的公子夷吾在東周和齊國的支持下，回國奪取了政權。而後，殺害了為他回國創造條件的里克、丕鄭等人。這反映出晉國內部的各種矛盾和鬥爭。

⊃ 原文

夏四月，周公忌父、王子黨會齊隰朋立晉侯。晉侯殺里克以說。將殺里克，公使謂之曰：「微子，則不及此。雖然，子殺二君與一大夫，為子君者，不亦難乎？」對曰：「不有廢也，君何以興？欲加之罪，其無辭乎？臣聞命矣。」伏劍而死。於是鄭聘於秦，且謝緩賂，故不及。

晉侯改葬共大子。

秋，狐突適下國，遇大子。大子使登，僕，而告之曰：「夷吾無禮，余得請於帝矣，將以晉畀秦①，秦將祀餘。」對曰：「臣聞之：『神不歆非類②，民不祀非族。』君祀無乃殄乎③？且民何罪？失刑乏祀，君其圖之。」君曰：「諾，吾將復請。七日，新城西偏將有巫者而見我焉。」許之，遂不見。及期而往，告之曰：「帝許我罰有罪矣，敝於韓④。」

鄭之如秦也，言於秦伯曰：「呂甥、郤稱、冀芮實為不從，若重問以召之，臣出晉君，君納重耳，蔑不濟矣⑤。」

冬，秦伯使泠至報問，且召三子。郤芮曰：「幣重而言甘，誘我也。」遂殺鄭、祁舉及七輿大夫⑥：左行共華、右行賈華、叔堅、騅歂、累虎、特宮、山祁⑦，皆里、丕之黨也。

豹奔秦，言於秦伯曰：「晉侯背大主而忌小怨，民弗與也⑧。伐之必出。」公曰：「失眾，焉能殺？違禍，誰能出君？」

注釋

①畀（ㄅㄧˋ）：給予。

② 歆（ㄒㄧㄣ）：指祭祀時神靈先享祭祀物的氣味。可引申為保佑。

③ 殄（ㄊㄧㄢˇ）：滅絕，斷絕。

④ 韓：晉地，當今山西芮城縣境。

⑤ 蔑：沒有。

⑥ 七輿大夫：各家注釋不同，楊伯峻《春秋左傳注》「七輿大夫」下作冒號，指為冒號以後的七人，今從楊注。

⑦ 騅（ㄓㄨㄟ）歂（ㄔㄨㄢˊ）：人名。

⑧ 與：贊成。

譯文

（魯僖公十年）夏季四月，東周太宰忌父、王子黨會同齊國大夫隰朋立夷吾為晉國國君。夷吾殺害大夫里克以取悅於東周和齊國。快要殺里克的時候，夷吾派人對里克說：「如果沒有你，我就不會有今天。儘管如此，但你殺了兩個國君（指奚齊和卓子）和一個大夫（指荀息），作為你的國君，不也是很為難嗎？」里克回答說：「沒有廢掉的，你怎麼會興起呢？想要給我加上罪名，哪裡還會沒有托詞呢？我聽到命令了。」就伏劍自殺了。這時鄭正出使到秦國，去答謝秦國暫緩向晉國要賄賂，所以沒有被殺。

夷吾對諡為「恭太子」的申生進行了重新安葬。

秋天，晉大夫狐突到了晉的下都曲沃，遇到了已死的太子申生的鬼魂。申生讓他登上自己的車子，為申生駕馭著車，告訴他說：「夷吾不守禮度，我已經在天帝那裡請示得到批准，要把晉國交給秦國，秦國將要祭祀我。」狐突對他說：「我聽說過：『神靈是不會保佑與他不是同類的人的，人民是不會祭祀與他們不是同一族系的神靈的。』你選擇的對你的祭祀不正是要斷絕這種祭祀嗎？況且晉國人民有什麼罪過？你這樣做，既失掉了處罰錯誤的原則，又會使晉國缺乏祭祀物件，你還是好好考慮考慮吧。」申生說：「對，對。那我再去天帝那裡請示。七天之後，曲沃城的西面將會出現一個巫者會顯現我的樣子。」狐突答應了他，於是申生就消失了。到七天之後，狐突又去曲沃，附著於巫者身上的申生的鬼魂告訴里克

說：「天帝允許我懲罰那個有罪的人了，將在韓原地方打敗他。」

鄭到了秦國後，對秦穆公說：「呂甥、郤稱、冀芮實際上不想跟隨秦國，如果帶上重禮去晉國慰問而把這些人招引來秦國，我把夷吾趕出去，你把重耳送回來，沒有不會成功的。」

冬天，秦穆公派使者泠至對晉國回訪、慰問，並且要呂甥、郤稱、郤芮到秦國去。郤（ㄒㄧˋ）芮說：「秦國給我們的禮物很多，對我們說的話又很甜蜜，這是在引誘我們。」於是他們殺了鄭、祁舉和晉國下軍的七個將領：左行共華、右行賈華、叔堅、騅歂、累虎、特宮、山祁，這都是里克、鄭的黨羽。

鄭的兒子豹逃奔到秦國，對秦穆公說：「晉國夷吾背叛秦國這個大主而忌恨對他有怨的人，人民是不會同意他的，征伐他，他一定會被趕出去。」秦穆公說：「夷吾如果失去眾多人的擁護，他還能殺了大臣嗎？大臣們都逃避災禍，還有誰能把他趕出晉國呢？」

❀ 秦輸粟於晉

題解

◆ 晉國發生了災荒，秦穆公不因晉國國君夷吾對秦國不友好而不援救，輸粟於晉國，賑救災荒。「其君是惡，其民何罪」，表現了秦穆公把君主和人民分開，重視人民的觀點。秦國將這次輸粟稱為「泛舟之役」。

○ 原文

冬，晉薦饑，使乞糴於秦①。秦伯謂子桑：「與諸乎？」對曰：「重施而報，君將何求？重施而不報，其民必攜②。攜而討焉，無眾必敗。」謂百里：「與諸乎？」對曰：「天災流行，國家代有，救災恤鄰，道也。行道有福。」鄭之子豹在秦，請伐晉。秦伯曰：「其君是惡，其民何罪？」秦於是乎輸粟於晉，自雍及絳相繼③，命之曰「泛舟之役」④。

注釋

① 糴（ㄉㄧˊ）：買進糧食。
② 攜：背離。
③ 雍：秦國國都，在今陝西鳳翔縣南。
④ 泛舟：指運送糧食的船隻。

譯文

（魯僖公十三年）冬天，晉國連年饑荒，派人向秦國請求購買糧食。秦穆公問秦國大夫公孫枝：「賣給他嗎？」回答說：「重大的施予會得到他們的報答，你還會有什麼要求呢？重大的施予得不到他們的回報，晉國的人民就會背離他們的君主，這時候討伐他，國君得不到大眾的擁護，一定會失敗。」秦穆公又問大夫百里奚：「賣給他嗎？」回答說：「天災流行，各國會更替著出現。救濟災荒，撫恤鄰邦，是道義的行為。推行道義，會帶來福氣。」鄭的兒子豹正在秦國，請求乘機進攻晉國。秦穆公說：「晉國君主不好，晉國人民有什麼罪過？」秦國於是運送糧食給晉國，船隻從秦國國都雍到晉國國都絳相繼不絕，名為「泛舟之役」。

❀ 秦乞糴於晉

題解

◆ 晉國發生災荒，秦國輸粟救濟。而秦國發生災荒，晉國國君夷吾卻不去援助秦國。意在說明夷吾一次次斷絕與鄰國的友好，必將給自己帶來禍害。

➲ 原文

冬，秦饑，使乞糴於晉，晉人弗與。慶鄭曰：「背施無親，幸災不仁，貪愛不祥，怒鄰不義。四德皆失，何以守國？」虢射曰：「皮之不存，毛將安傅①？」慶鄭曰：「棄信背鄰，患孰恤之？無信患作，失援必斃，是則然矣。」虢射曰：「無損於怨而厚於寇，

◎僖公

不如勿與。」慶鄭曰：「背施幸災，民所棄也^②。近猶讎之，況怨敵乎？」弗聽。退曰：「君其悔是哉！」

注釋

① 皮之不存，毛將安傅：傅，意思是附著。此句是指晉國原來答應送給秦國土地，後來又反悔，已是失掉了皮，現在給秦國糴（ㄉㄧˊ 買入穀物），也不過是細毛而已，不會得到什麼好處的。

② 棄：鄙棄，不同意。

譯文

（魯僖公十四年）冬天，秦國發生了饑荒，派人向晉國請求購買糧食，晉國不賣給。晉國大夫慶鄭說：「背棄恩施，就不會有親近者；以別人的災害為自己的幸運，是不仁義的行為；捨不得把自己的東西施與別人，是不會帶來吉祥的；使鄰居憤怒，就不合道義。四種道德都喪失了，還用什麼來守護國家呢？」大夫虢射說：「（不給秦國土地，已失去了對秦的友好，現在給他糧食，也微不足道。）既然沒有皮子的存在，毛還會有附著的地方嗎？」慶鄭說：「拋棄信義，背叛鄰邦，有災難時誰會來救助？既沒有信義，就會遭遇到災難；喪失了別人的支援，一定會死亡。事情一定是這樣的。」虢射說：「（借給他們糧食）並不一定能減損對我們的仇怨，只是給仇寇增加了物質，不如不給。」慶鄭說：「背叛恩施，幸災樂禍，這是人民所鄙棄的。眼前就會有人仇視你，更何況怨恨你的敵人了。」但晉惠公最終還是不聽慶鄭的話沒有借給。慶鄭退出朝堂時說：「君主你會為此後悔的！」

❀ 晉侯及秦伯戰於韓

題解

◆ 晉惠公多次積怨於秦，終於導致了秦、晉的韓原之戰。在

這次戰爭中，晉惠公因大臣對他的不滿而兵敗被俘，幸虧得到他的姐姐秦穆姬的保護，才免於被殺。

➲ 原文

晉侯之入也，秦穆姬屬賈君焉，且曰：「盡納群公子。」晉侯烝於賈君，又不納群公子，是以穆姬怨之。晉侯許賂中大夫，既而皆背之。賂秦伯以河外列城五，東盡虢略①，南及華山，內及解梁城②，既而不與。晉饑，秦輸之粟；秦饑，晉閉之糴，故秦伯伐晉。……

三敗及韓。晉侯謂慶鄭曰：「寇深矣，若之何？」對曰：「君實深之，可若何？」公曰：「不孫③。」卜右，慶鄭吉，弗使。步揚禦戎，家僕徒為右，乘小駟，鄭入也。慶鄭曰：「古者大事，必乘其產。生其水土，而知其人心；安其教訓，而服習其道，唯所納之，無不如志。今乘異產以從戎事，及懼而變，將與人易。亂氣狡憤④，陰血周作，張脈僨興⑤，外強中乾，進退不可，周旋不能，君必悔之。」弗聽。

九月，晉侯逆秦師，使韓簡視師，復曰：「師少於我，鬥士倍我。」公曰：「何故？」對曰：「出因其資，入用其寵，饑食其粟，三施而無報，是以來也。今又擊之，我怠秦奮，倍猶未也。」公曰：「一夫不可狃⑥，況國乎？」遂使請戰。曰：「寡人不佞，能合其眾不能離也。君若不還，無所逃命。」秦伯使公孫枝對曰：「君之未入，寡人懼之；入而未定列，猶吾憂也。苟列定矣，敢不承命。」韓簡退曰：「吾幸而得囚。」

壬戌，戰於韓原。晉戎馬還濘而止。公號慶鄭，慶鄭曰：「愎諫違卜⑦，固敗是求，又何逃焉？」遂去之。梁由靡禦韓簡，虢射為右，輅秦伯⑧，將止之。鄭以救公誤之，遂失秦伯。秦獲晉侯以歸。晉大夫反首拔舍從之⑨。秦伯使辭焉，曰：「二三子何其慼也。寡人之從晉君而西也，亦晉之妖夢是踐，豈敢以至？」晉大夫三拜稽首曰：「君履後土而戴皇天，皇天后土實聞君之言，群臣敢在下風。」

穆姬聞晉侯將至，以大子、弘與女簡璧登臺而履薪焉。使以免

服衰絰逆⑩，且告曰：「上天降災，使我兩君匪以玉帛相見，而以興戎。若晉君朝以入，則婢子夕以死；夕以入，則朝以死。唯君裁之！」乃舍諸靈台。

大夫請以入。公曰：「獲晉侯，以厚歸也。既而喪歸，焉用之？大夫其何有焉？且晉人慼憂以重我，天地以要我。不圖晉憂，重其怒也，我食吾言，背天地也。重怒難任，背天不祥，必歸晉君。」公子縶曰：「不如殺之，無聚慝焉。」子桑曰：「歸之而質其大子，必得大成。晉未可滅而殺其君，祇以成惡。且史佚有言曰：『無始禍，無怙亂⑪，無重怒。』重怒難任，陵人不祥。」乃許晉平。

注釋

① 虢略：晉地，當今河南靈寶市治。
② 解梁城：晉地，在今山西永濟市境。
③ 孫：恭敬。
④ 亂氣狡憤：指馬體內亂氣衝撞而變的憤怒。
⑤ 張脈僨（ㄈㄣˋ）興：血脈脹起而緊張興奮。
⑥ 狃：侮辱。
⑦ 愎（ㄅㄧˋ）諫：不接受勸諫。
⑧ 輅（ㄌㄨˋ）：本指車的橫轅，此處意思是以車的橫轅去迎。
⑨ 反首：回頭。　拔舍：拔起帳篷。
⑩ 免：通「絻」（ㄨㄣˋ）。喪服。衰絰（ㄘㄨㄟ ㄉㄧㄝˊ）：喪服，其當心處有長六寸、寬四寸的麻布謂之衰，圍於頭上的散麻繩謂之絰。
⑪ 怙（ㄏㄨˋ）：依靠，憑恃。

譯文

晉惠公在進入晉國的時候，秦穆姬曾經託付他關照申生的夫人賈君，並囑咐他：「全部接納晉國的公子們。」晉惠公回國後，姦淫賈君，又不收納公子們，所以秦穆姬埋怨他。他還答應給晉國中大夫們禮物，但不久就背棄了許諾。原說送給秦穆公黃河西岸的五

座城，東西包括虢略，南到華山，河內到達解梁城，但不久也不給了。晉國發生饑荒，秦送給糧食；而秦國發生饑荒，晉國卻關閉了購買糧食的關口。所以，秦穆公就征伐晉國。

（經過戰鬥，）晉國三次敗退，退到了韓原。晉惠公問慶鄭說：「敵寇深入到我們內地了，如何辦？」回答說：「這是你讓他深入的，能怎麼辦呢？」晉惠公說：「你太放肆。」讓占卜誰來擔任車右，占卜的結果是讓慶鄭來任晉惠公的車右，就吉利。但晉惠公不讓他擔任。由步揚為晉惠公駕車，家僕徒為他的車右，乘坐著四匹小馬駕的車子，這小馬是鄭國送來的。慶鄭對晉惠公說：「古代凡有戰爭大事，一定要乘坐本國所產的馬駕的車。因為這些馬生在本地的水土中，能夠懂得本地的人心；聽從人的訓導，熟悉國內的道路，想讓它到哪裡，沒有不聽從人的意志的。今天你乘坐著異地出產的馬駕的車，用它來從事戰爭，等到馬害怕了就要有變化，將要和人的意志相違背。到那時，這些馬身內亂氣衝撞而憤怒起來，全身血液迅速流動，血管暴脹而極度興奮，外表強壯內裡虛弱，你可是進退不可，周旋不得，你一定會後悔的。」可晉惠公不聽他的話。

這年九月，晉惠公迎戰秦國軍隊，讓韓簡去偵察秦軍的情況。韓簡回來報告說：「軍隊比我們少，戰鬥之士氣卻超過我們一倍。」晉惠公問：「什麼原因？」韓簡回答說：「你逃離晉國時得到了秦國資助，回到晉國是用的秦穆公寵姬的力量，你饑荒時吃了秦國的糧食，三次對你施恩都沒有報答，所以人家打來了。今天你又要攻擊他們，我們疲怠，秦國奮激，鬥志超過一倍還不止呢。」晉惠公說：「一個普通人尚不可侮辱，何況我們是國家呢？」遂讓韓簡去向秦軍挑戰。並讓韓簡對秦穆公說：「我不是有才能的人，只會把眾軍集合起來而不會讓他們離散。你如果不回去，那就沒有逃命的地方了。」秦穆公讓公孫枝在（回復的戰書上）對晉惠公說：「你沒有回晉國時，我是害怕你能否回去；回去之後沒有列入君位，還是我的憂慮。現在你的君位確定了，那我敢不承受你的命令？」韓簡退回晉軍陣地上說：「算我幸運，能回來得到囚禁了。」

壬戌（九月十四）日，秦、晉在韓原展開戰爭。晉惠公的戎車馬匹周旋在泥灘中走不動了。晉惠公呼叫慶鄭，慶鄭說：「你拒絕

勸諫，違背占卜結果不用我，固執地尋求失敗，又怎麼能逃呢？」於是離開了晉惠公。梁由靡為韓簡駕車，虢射為車右，上前擋住秦穆公，正要俘獲他的時候，慶鄭返回救晉惠公而耽誤了，於是使秦穆公走脫，秦軍俘虜了晉惠公而回去了。晉國隨軍出征的大夫們都返回頭去拔除了自己的軍帳而跟隨著秦軍西走。秦穆公派人阻止他們，說：「眾大夫有點過分憂慮了吧，我只是讓晉國的妖夢應驗罷了，哪裡敢有過分的舉動。」晉國大夫們向他三拜磕頭說：「你腳踏大地頭戴上天，上天大地都聽到了你的話語，我們甘居失敗而要等待處分。」

秦穆姬知道秦穆公俘虜了晉惠公並要帶他回國，帶著太子、弘和女兒簡璧登上高臺，腳踩柴草以示將要自焚，並讓人穿著喪服去迎接秦穆公，告訴秦穆公說：「上天降下災難，使兩位君主不能以互贈玉帛的形式相見，而動用戰爭。如果晉君早晨被帶回秦國，那我就在晚上去死；他晚上來，我就在第二天早上死去。全由君主你來選擇決定吧！」秦穆公聽到這些，就把晉惠公安置到秦都郊外的靈臺。

秦國的大夫們都請求秦穆公把晉惠公帶回國都，秦穆公說：「俘虜了晉君，本來帶著豐厚的戰利品回國，可不久就要辦喪事，這些戰利品還有什麼用？你們又能得到什麼呢？況且晉國的大夫們憂愁悲傷地給我施加重壓，天地都約束我。不考慮晉國大夫的憂愁，只能激起憤怒，我自食其言，也背叛了天地。激起憤怒，就難以抵擋；背叛天地，就沒有吉祥。一定要把晉君送回國去。」公子摯說：「不如把他殺掉，不要讓他再聚集更多的罪惡。」公孫枝說：「放他回去而把他的太子拿來作人質，一定會大有利於媾和。晉國是不會滅亡的，要是殺了他們的國君，只會造成兩國的交惡。況且史佚說過：『不要首先發動禍亂，也不要靠別人的禍亂取利，不要激起人的極度憤怒。』極度憤怒，就難以抵擋；欺侮人，就不會吉祥。」秦國於是答應與晉國媾和。

❀ 陰飴甥對秦伯

◆ 晉惠公被秦國俘虜後，晉國大臣團結一致，在國內「作爰田」、「作州兵」，改革土地制度，加強兵備，使晉國從戰敗中振興起來，為以後的強大奠定了一定的基礎。

⊃ 原文

晉侯使郤乞告瑕呂飴甥，且召之。子金教之言曰①：「朝國人而以君命賞。且告之曰：『孤雖歸，辱社稷矣，其卜貳圉也②。』」眾皆哭。晉於是乎作爰田③。

呂甥曰：「君亡之不恤，而群臣是憂，惠之至也，將若君何？」眾曰：「何為而可？」對曰：「征繕以輔孺子。諸侯聞之，喪君有君，群臣輯睦，甲兵益多。好我者勸，惡我者懼，庶有益乎。」眾說，晉於是乎作州兵④。

初，晉獻公筮嫁伯姬於秦，遇《歸妹》之《睽》⑤。史蘇占之，曰：「不吉，其繇曰：『士刲羊，亦無衁也⑥。女承筐，亦無貺也⑦。西鄰責言，不可償也。《歸妹》之《睽》，猶無相也。』《震》之《離》⑧，亦《離》之《震》。『為雷為火，為嬴敗姬，車說其輹⑨，火焚其旗，不利行師，敗於宗丘⑩。《歸妹》《睽》孤，寇張之弧。侄其從姑，六年其逋，逃歸其國，而棄其家，明年其死於高梁之虛⑪。』」

及惠公在秦，曰：「先君若從史蘇之占，吾不及此夫。」韓簡侍，曰：「龜，象也；筮，數也。物生而後有象，象而後有滋，滋而後有數。先君之敗德，及可數乎？史蘇是占，勿從何益？《詩》曰：『下民之孽，匪降自天。僔遝背憎⑫，職競由人。』」

……

十月，晉陰飴甥會秦伯，盟於王城⑬。

秦伯曰：「晉國和乎？」對曰：「不和。小人恥失其君而悼喪其親，不憚征繕以立圉也，曰：『必報仇，寧事戎狄。』君子愛其君而知其罪，不憚征繕以待秦命，曰：『必報德，有死無二。』以

此不和。」秦伯曰：「國謂君何？」對曰：「小人戚，謂之不免；君子恕，以為必歸。小人曰：『我毒秦，秦豈歸君？』君子曰：『我知罪矣，秦必歸君。貳而執之，服而舍之，德莫厚焉，刑莫威焉。服者懷德，貳者畏刑，此一役也，秦可以霸。納而不定，廢而不立，以德為怨，秦不其然。』」秦伯曰：「是吾心也。」改館晉侯，饋七牢焉⑭。

蛾析謂慶鄭曰：「盍行乎？」對曰：「陷君於敗，敗而不死，又使失刑，非人臣也。臣而不臣，行將焉入？」十一月，晉侯歸。丁醜，殺慶鄭而後入。

是歲，晉又饑，秦伯又餼之粟⑮，曰：「吾怨其君而矜其民。且吾聞唐叔之封也，箕子曰：『其後必大。』晉其庸可冀乎？姑樹德焉，以待能者。」

於是秦始征晉河東，置官司焉。

注釋

① 子金：瑕呂飴甥的字。

② 貳：指太子，太子古稱貳君。　圉（ㄩˇ）：太子圉。姓。如春秋時楚國有圉公陽。

③ 爰（ㄩㄢˊ）田：是晉國新創立的一種土地制度，其內容古今解說紛紜，此不詳列。

④ 州兵：晉國的兵賦制度，擴充軍隊。

⑤ 《歸妹》：《周易》六十四卦之一，兌下震上。王弼注：「妹者，少女之稱也。兌為少陰，震為長陽；少陰而乘長陽，說（悅）以動，嫁妹之象也。」　《睽》（ㄎㄨㄟˊ）：六十四卦之一，兌下離上。其象為「上火下澤」。

⑥ 刲（ㄎㄨㄟ）：屠殺。　衁（ㄏㄨㄤ）：血。

⑦ 貺（ㄎㄨㄤˋ）：賜與。

⑧ 《震》：卦象的一種，象徵雷。　《離》：卦象的一種，象徵火、日、電。

⑨ 說：即「脫」。輹（ㄈㄨˋ）：車廂下面掛住車軸的木頭。

83

⑩ 宗丘：韓原的別名。

⑪ 高梁：晉地，當在今山西臨汾市東。

⑫ 傅（ㄈㄨˋ）逯背憎：傅逯指聚眾議論，背憎即指背後相憎。

⑬ 王城：當在今陝西大荔縣東。

⑭ 七牢：是周代招待諸侯的禮節。一牢為一頭牛、一隻羊、一隻豬，並有糧食馬薪等。

⑮ 餼（ㄒㄧˋ）：贈送（食品）。

譯文

　　晉惠公讓郤乞回國告知國內的大夫瑕呂飴甥（要與秦國媾和），並召他到秦國。瑕呂飴甥教郤乞（在國內如何做時）說：「你要朝見國中之人而以君主的命令去獎勵他們，並要告訴他們說：『（國君說）他雖然能回國，但有辱國家社稷，請你們占卜立太子圉為國君吧。』」國人們聽了這個消息，都大哭起來。由此晉國在這個時候改變土地制度，創立「爰田」。

　　瑕呂飴甥對晉國人說：「國君倒不擔憂自己的性命，擔憂的是大臣們如何辦，國君仁惠到了極點，我們將如何對待國君呢？」大家說：「怎樣做就可以了？」瑕呂飴甥回答說：「微收賦役修繕甲兵用來輔佐幼小的太子。各國諸侯知道我們這樣做，國內喪失了君主還有君主，群臣團結和睦，甲兵增加得更多。與我友好的會勉勵我們，憎恨我們的會懼怕我們，這不是更有利於我們嗎？」大家聽了都很喜悅，晉國乘機又建立「州兵」制度。

　　當初，晉獻公卜筮要把他的姑娘嫁給秦穆公，遇《歸妹》（兌下，震上）裡的《睽》（兌下，離上）。主管卜筮的史蘇占卜說：「嫁過去不吉利。卜的兆辭說：『武士屠宰羊，也不見血。女的拿著筐子，但筐裡沒有東西可賜與。西面的鄰居多有指責，我們難以應付。《歸妹》裡的《睽》卦，更說的是兩不相助。』《震》卦變為《離》卦，也是《離》卦變為《震》卦。『不管是雷還是火，都表明嬴姓秦國要打敗姬姓的晉國。車子要拆脫車，大火會燒掉旗幟，不利於晉國出兵行師，最後要失敗在宗丘。《歸妹》中的《睽》卦，卦像

是離別孤單，意思是仇寇張開的弓。侄子要跟隨他的姑姑，六年之後就要逃歸。逃回自己的國家，而拋棄了他的家，則第二年他會死在高梁之地的丘墟中。』」

等到晉惠公被秦國俘虜，晉惠公說：「先君如果按照史蘇占卜的結果去做，我不會到這個地步了。」韓簡跟隨著他，對他說：「龜卜，是一種形象。筮卜，是數字推算。事物生成後才有形象，有形象而後滋生繁衍才能抽象出一種形象，滋生繁衍得多了才有數量可供推究。先君的喪敗道德，並非筮數能生出來，史蘇的占卜結果，服從它又會有什麼益處呢？《詩經》說：『下民們的災難，不是從天上降下來。聚眾吵嚷背後憎恨，都是由人決定的。』」

......

十月，晉國的瑕呂飴甥會見秦穆公，在王城盟誓。

秦穆公問瑕呂飴甥：「晉國國內和睦嗎？」回答說：「不和睦。地位低下的人為喪失君主而羞恥，為喪失親人而哀悼，不害怕征發賦役和兵甲而要立太子圉為國君，他們說：『一定要報仇，寧願服侍戎狄。』高尚的人愛自己的國君，但也知道國君的罪過，不害怕徵發賦役和兵甲以等待秦國的命令，他們說：『一定要報答秦國的恩德，為了報恩，死也可以，沒有第二種選擇。』因此國內不和睦。」秦穆公說：「你們國內對你們的君主說什麼？」回答說：「地位低下的人憂慮，說他一定不能免於死；高尚的人對他寬恕，認為他一定會回來。地位低下的人說：『我們冒犯了秦國，秦國哪裡會送回我們的君主？』高尚的人說：『我們認罪了，秦國一定會送回國君來。君主不服從秦國時，秦國拘禁了他；他要服從，秦國就會放回他。這樣，秦國的恩德再不能厚重了，處罰再沒有這樣威嚴了。服從他的人懷念他的恩德，不服他的人畏懼他的威刑，這一次戰役的進行，秦國就可以稱霸了。送回君主來不讓他的君位安定，廢掉他不把他再立起來，把恩德當作仇怨，秦國恐怕不是那樣的。』」秦穆公聽後說：「這正是我內心所想啊！」給晉惠公換了住處，讓他住到賓館中，以「七牢」來招待他。

晉國國內的大夫蛾析問慶鄭說：「為何還不出逃？」慶鄭回答說：「讓君主陷於失敗，失敗了我又不能為他去死，又讓他失掉對

我的懲罰，那就不是為人之臣了。為臣而不像臣的樣子，出逃又哪裡可以投奔呢？」十一月，晉惠公要回晉國，丁醜（二十九日），殺了慶鄭後才正式進入晉國。

這一年，晉國又發生了饑荒，秦穆公又贈送給糧食，說：「我怨恨他們的君主，而同情他們的人民。又且我聽過唐叔虞的受封，當時殷朝的箕子就說過：『他的後代一定會壯大。』晉國豈是能夠預料得了的？先對他樹立我們的恩德，用以等待他們國內能讓晉國壯大的人吧。」

這時秦國開始征服晉國的河東地區，在這裡設置了地方官來管理。

❀ 子魚論戰

題解

◆ 宋襄公不懂得戰爭是武力的殘酷較量，而在戰爭中施仁義，不擒「二毛」，結果被楚軍大敗，成為歷史笑料。

➲ 原文

楚人伐宋以救鄭。宋公將戰，大司馬固諫曰：「天之棄商久矣，君將興之，弗可赦也已。」弗聽。

冬十一月己巳朔，宋公及楚人戰於泓①。宋人既成列，楚人未既濟②。司馬曰：「彼眾我寡，及其未既濟也，請擊之。」公曰：「不可。」既濟而未成列，又以告。公曰：「未可。」既陳而後擊之，宋師敗績。公傷股，門官殲焉③。

國人皆咎公。公曰：「君子不重傷，不禽二毛④。古之為軍也，不以阻隘也。寡人雖亡國之餘，不鼓不成列⑤。」子魚曰：「君未知戰。勍敵之人⑥，隘而不列，天贊我也；阻而鼓之，不亦可乎？猶有懼焉。且今之勍者，皆吾敵也。雖及胡耇⑦，獲則取之，何有於二毛？明恥教戰，求殺敵也。傷未及死，如何勿重？若愛重傷，則如勿傷；愛其二毛，則如服焉。三軍以利用也，金鼓以聲氣也。

利而用之,阻隘可也;聲盛致志,鼓儳可也⑧。」

注釋

① 泓:水名,當在今河南柘城縣北。
② 既:盡,全。
③ 門官:衛士。
④ 禽:同「擒」。 二毛:頭髮花白的人。
⑤ 鼓:進攻。
⑥ 勃(ㄑㄧㄥˊ):強有力。
⑦ 耇(ㄍㄡˇ):年老。耇者:本指六十歲的老人,後為對老人的通稱。
⑧ 儳(ㄔㄢˋ):不整齊,指軍隊混亂,無佇列。

譯文

楚國派軍隊進攻宋國以解救鄭國。宋襄公正準備與楚國進行戰爭,大司馬公孫固進諫說:「上天遺棄了商朝(指宋國)很久了,你想要復興它,上天是不會赦免你的。」宋襄公不聽。

(魯僖公二十二年)冬十一月己巳初一,宋襄公與楚國在泓水旁展開戰爭。宋軍已經列好隊伍,楚軍還沒有全部渡過泓水。大司馬說:「對方軍多我方軍少,趁他們還沒有全部渡過河,趕快攻擊他們。」宋襄公說:「不可以。」楚軍渡河後還沒有列陣,大司馬又讓宋襄公出擊,宋襄公說:「還不行。」等楚軍列好陣宋軍才出擊,宋軍潰敗下來。襄公大腿被傷了,衛兵全陣亡了。

宋國的國人指責宋襄公。宋襄公說:「君子不使人受兩次傷,不擒獲花白頭髮的人。古來的打仗,不用險阻隘障,我雖然是殷商亡國的剩餘之人,也不會擊鼓進攻不成陣勢的軍隊。」宋國大夫子魚說:「君主不懂戰爭。強敵的軍隊,遇到隘障而又不列戰陣,正是上天幫助我們,利用險阻擊鼓進軍,不是正好嗎?這樣還害怕不能取勝呢。況且,現在這些強壯的人,都是我們的敵人,雖然追上他們中年老的人,但只要獲勝就要捉取他們,哪裡還顧及到什麼頭

髮花白不花白呢？辨明恥辱，訓練戰鬥，是爭取去殺敵的，打傷還
沒有到死，為什麼不再打？如果憐惜兩次受傷的人，那就應當不去
傷他；憐惜花白頭髮的人，那就應當不打仗而勸服他。三軍當在有
利的形勢下使用，鳴金擊鼓是用以鼓動士氣的，見利而用兵，利用
險阻打擊敵人是可行的，金鼓之聲大作鼓起戰士高昂的鬥志，擊鼓
進攻混亂的隊伍是必須的。」

❀ 晉懷公立

題解

◆ 晉懷公繼立為晉國國君後，公子重耳仍流亡在外，懷公害
怕重耳顛覆其政權，下令所有跟隨重耳的大臣都回國內，但這些人
並不服從他，這就預示著重耳將回國奪取政權。

➲ 原文

九月，晉惠公卒。懷公立，命無從亡人 ①，期 ②，期而不至，
無赦。狐突之子毛及偃從重耳在秦，弗召。冬，懷公執狐突，曰：「子
來則免。」對曰：「子之能仕，父教之忠，古之制也。策名委質 ③
，貳乃辟也 ④。今臣之子名在重耳，有年數矣。若又召之，教之貳
也。父教子貳，何以事君？刑之不濫，君之明也，臣之願也。淫刑
以逞，誰則無罪？臣聞命矣。」乃殺之。

蔔偃稱疾不出，曰：「《周書》有之：『乃大明，服。』己則不明，
而殺人以逞，不亦難乎？民不見德，而唯戮是聞，其何後之有？」

注釋

① 亡：流亡國外的人，指公子重耳。
② 期：約定回國時限。
③ 策名：古代開始出仕做官時，國家要把做官人的姓名寫在
簡策中，稱為策名。委質：指做官的人將信物委託給君主。另一解

是把自己當人質委託給君主。質,同「贄」。

④ 辟:罪戾、罪過。

譯文

（魯僖公二十三年）九月,晉惠公死去。晉懷公繼立為君主,命令晉國大臣不要跟隨逃亡的人,限定日期,到期不回來,就不會赦免。大夫狐突的兒子狐毛和狐偃跟隨著重耳在秦國,狐突不召他們回國。冬天,晉懷公拘捕了狐突,說:「你兒子回來就放你。」狐突回答說:「子弟們到能做官的時候,做父親的就教導他們要忠心,這是古來的制度。（既然在出仕時）就在簡策上寫上他的名字,把自己的信物委託給他的主人,那麼要不忠君就是罪過。現在我的兒子,名字在重耳的職官冊上,已經有些年頭了。如果又要從重耳那裡召他們回來,那是我教導他們不忠心。父親教育兒子不忠心,那還怎麼去侍奉君主呢?刑罰的不濫用,是君主的英明,也是為臣的願望。淫濫的刑罰得以施行,那誰會不犯罪呢?我聽到你的命令了。」晉懷公就殺了他。

卜偃稱病不出家門,說:「《周書》有這樣的話:『君主英明,臣民才會服從。』自己就不英明,而用殺人來逞能,不是很難維持嗎?老百姓看不見仁德,只能聽到殺人,他還會有什麼結果呢?」

❀ 晉公子重耳出亡

題解

◆ 晉公子重耳出亡十九年,備受艱難險阻,也取得了豐富的政治經驗,為日後振興晉國、成就霸業奠定了基礎。

⊃ 原文

晉公子重耳之及於難也,晉人伐諸蒲城。蒲城人欲戰,重耳不可,曰:「保君父之命而享其生祿,於是乎得人。有人而校,罪莫大焉。吾其奔也。」遂奔狄。從者狐偃、趙衰、顛頡、魏武子、司

空季子。狄人伐廧咎如①，獲其二女叔隗、季隗，納諸公子。公子取季隗，生伯儵、叔劉②，以叔隗妻趙衰，生盾。將適齊，謂季隗曰：「待我二十五年，不來而後嫁。」對曰：「我二十五年矣，又如是而嫁，則就木焉，請待子。」處狄十二年而行。

　　過衛，衛文公不禮焉。出於五鹿③，乞食於野人，野人與之塊④，公子怒，欲鞭之。子犯曰：「天賜也。」稽首受而載之。

　　及齊，齊桓公妻之，有馬二十乘，公子安之。從者以為不可。將行，謀於桑下。蠶妾在其上，以告姜氏。姜氏殺之，而謂公子曰：「子有四方之志，其聞之者，吾殺之矣。」公子曰：「無之。」姜曰：「行也！懷與安，實敗名。」公子不可。姜與子犯謀，醉而遣之。醒，以戈逐子犯。

　　及曹，曹共公聞其駢脅⑤，欲觀其裸。浴，薄而觀之⑥。僖負羈之妻曰：「吾觀晉公子之從者，皆足以相國；若以相，夫子必反其國，反其國，必得志於諸侯；得志於諸侯，而誅無禮，曹其首也。子盍蚤自貳焉⑦。」乃饋盤飧⑧，置璧焉。公子受飧反璧。

　　及宋，宋襄公贈之以馬二十乘。

　　及鄭，鄭文公亦不禮焉。叔詹諫曰：「臣聞天之所啟，人弗及也。晉公子有三焉，天其或者將建諸，君其禮焉。男女同姓，其生不蕃。晉公子，姬出也，而至於今，一也；離外之患⑨，而天不靖晉國，殆將啟之，二也；有三士足以上人，而從之，三也。晉鄭同儕，其過子弟，固將禮焉，況天之所啟乎？」弗聽。

　　及楚，楚子饗之，曰：「公子若反晉國，則何以報不穀？」對曰：「子女玉帛，則君有之，羽毛齒革，則君地生焉。其波及晉國者，君之餘也；其何以報君？」曰：「雖然，何以報我？」對曰：「若以君之靈，得反晉國，晉楚治兵，遇於中原，其辟君三舍。若不獲命，其左執鞭弭，右屬櫜鞬⑩，以與君周旋。」子玉請殺之。楚子曰：「晉公子廣而儉，文而有禮；其從者肅而寬，忠而能力。晉侯無親，外內惡之。吾聞姬姓唐叔之後，其後衰者也，其將由晉公子乎！天將興之，誰能廢之？違天，必有大咎。」乃送諸秦。

　　秦伯納女五人，懷嬴與焉。奉匜沃盥⑪，既而揮之。怒，曰：「秦晉匹也，何以卑我？」公子懼，降服而囚。

他日，公享之，子犯曰：「吾不如衰之文也，請使衰從。」公子賦《河水》，公賦《六月》。趙衰曰：「重耳拜賜！」公子降，拜，稽首，公降一級而辭焉。衰曰：「君稱所以佐天子者命重耳，重耳敢不拜？」

注釋

① 廧咎（ㄑㄧㄤˊ）如：春秋少數族赤狄的一種，活動於今山西太原市南。

② 伯鯈（ㄔㄡˊ）：人名。

③ 五鹿：衛地，當今河南濮陽縣南。

④ 塊：土塊。

⑤ 骿脅：脅骨中有兩根並為一而隆起者。

⑥ 薄：迫近，走近。

⑦ 蚤：同「早」。

⑧ 飧（ㄙㄨㄣ）：晚餐，引申為熟食。

⑨ 離：通「罹」，遭受。

⑩ 櫜（ㄍㄠ）：盛衣甲或弓箭的皮囊。　鞬（ㄐㄧㄢ）：馬上盛弓的器物。

⑪ 匜（ㄧˊ）：盥洗器，用來倒水。　盥（ㄍㄨㄢˋ）：澆水洗手，引申為洗漱。

譯文

晉公子重耳遭難的時候，晉獻公派人去蒲城攻打他。蒲城內的人們都要抵抗，重耳不允許，他說：「我是依靠君父的任命享受他的養生的俸祿，才得到了一批人。有了一批人後去跟他較量，罪惡莫大於這個了。我出逃就行了。」於是逃奔到狄人那裡去了。跟隨他的人有狐偃、趙衰、顛頡、魏武子、司空季子。狄人曾征伐廧咎如部落，俘獲了部落首領的兩個女兒叔隗、季隗，狄人把他們送給重耳。重耳娶了季隗，生了伯鯈、叔劉，把叔隗送給趙衰做妻子，生了趙盾。他們將要到齊國，重耳對季隗說：「你在這裡等待我

二十五年，我要不來你就改嫁。」季隗回答說：「我再過二十五年，像這樣再嫁，那就進入棺木中了，我就等待你吧。」重耳在狄人那裡生活了十二年以後才走。

他路過衛國，衛文公不禮遇他。他從衛國的五鹿東出，向村野裡的人要飯，一個鄉村人給了他一塊土，重耳惱怒，要鞭打這人，狐偃說：「這是上天賜予你土地。」重耳拱手低頭接受了這塊土並把它裝起來。

重耳到了齊國，齊桓公又為他娶了妻子，有二十乘馬四，重耳安心住在這裡，跟隨的人都不想這樣做。他們還要離開齊國，在一棵桑樹下策劃，一位養蠶採桑的小妾把策劃要走的情況告訴了重耳的妻子姜氏，姜氏就把這個人殺掉了。她對重耳說：「你有遠走四方的想法，知道你這個想法的人，我已經把她殺掉了。」重耳說：「我沒有這個想法。」姜氏說：「你走吧！懷戀妻室與安逸怕動，實在會敗壞名聲。」重耳不想走。姜氏與狐偃策劃，把他灌醉後送他離開。重耳酒醒後，用戈追著打狐偃。

重耳到了曹國，曹共公聽說重耳的肋骨連成一片，想看他的光身子，就讓重耳洗澡，他靠近洗澡處觀看重耳。曹國大夫僖負羈的妻子說：「我觀察晉公子的跟隨者，都可以當國相。如果讓這些人當他的國相，這位公子一定會返回他的國家，返回國後將來一定會使諸侯服從他，讓諸侯服從他，要誅罰對他無禮的人，曹國是他首要誅討的，你為什麼不早點對他親近？」僖負羈送給重耳一盒飯食，在飯食裡放進了玉璧。重耳接受了飯食送還他玉璧。

重耳到了宋國，宋襄公贈送給他二十乘馬四。

重耳到了鄭國，鄭文公也不禮遇他。鄭國大夫叔詹勸諫鄭文公說：「我聽說上天要贊助的事情，人力是不可扭轉的。晉公子有三方面的優勢。上天或許將要樹立他，你還是要以禮招待他。男女同姓而婚，生殖不會繁盛。但姬姓的晉公子重耳，卻也是姬姓女子所生，他能活到今天，這是第一。遭受到出逃的患難，在他遭難時上天不使晉國安寧，大概是贊助他，這是第二條。他身邊有三個謀士，足以成為人上人，而能跟隨著他，這是第三條。晉國、鄭國地位同等，來往的子弟應當以禮相待，何況上天所贊助呢！」鄭文公不聽

叔詹的話。

　　重耳到了楚國，楚成王以國君的禮儀招待他，請他赴宴，說：「公子如果返回晉國，那用什麼來報答我？」重耳回答說：「男女奴隸、金玉絲帛，君主都有，鳥羽、旄牛、象齒、皮革，你的土地上生長著，這些能流散到我們晉國的，都是你的剩餘物，那我用什麼來報答呢？」楚成王還是說：「儘管如此，你還是要用什麼來報答我吧？」重耳回答說：「如果靠你的威靈，能夠返回晉國，晉、楚兩國要訓練軍隊，在中原相遇，那時我會躲避你三舍之地，如果這樣做你還不答應，那我就只好左手執馬鞭、弓箭，右邊配著裝載武器的皮具，用來與你周旋了。」子玉讓楚成王殺掉重耳。楚成王說：「晉公子志氣遠大而作風儉樸，文雅有禮度。他的跟隨者肅敬而寬厚，忠於他而能為他出死力。晉懷公沒有親近者，國外和國內都討厭他。我聽說姬姓中唐叔的後代，是最後衰落的，這大概是由於公子重耳呀。上天將要興起他，誰能廢止他？違背上天，一定會有大的罪過。」於是把重耳送到秦國。

　　秦穆公送給重耳五名女子，懷嬴就在其中。懷嬴侍奉重耳洗漱，不久受到重耳的揮斥。懷嬴很生氣，說：「秦、晉是相等的國家，你為什麼要鄙棄我？」重耳害怕，脫去上衣自我囚禁起來。

　　後來有一天，秦穆公宴請重耳一行。狐偃說：「我比不上趙衰的文辭，請讓趙衰跟隨你赴宴吧。」重耳在宴會上誦了一首《河水》的詩，秦穆公誦了一首《六月》。趙衰說：「重耳趕快拜謝！」重耳走下堂，向秦穆公揖拜，磕頭，秦穆公走下一級臺階辭讓。趙衰說：「國君你誦的詩，意思是以輔佐天子的道理來教導重耳（聽你的輔佐），重耳敢不拜謝你！」

❀ 介之推不言祿

題解

　　◆ 晉公子重耳在秦國的幫助下回到晉國，奪取了政權。他不僅善用舊臣，而且起用一些原來的仇敵，收攏人心，穩定晉國，鞏

固了政治統治基礎。

⊃ 原文

二十四年春王正月，秦伯納之。不書，不告入也。

及河，子犯以璧授公子，曰：「臣負羈絏從君巡於天下[1]，臣之罪甚多矣，臣猶知之，而況君乎？請由此亡。」公子曰：「所不與舅氏同心者，有如白水！」投其璧於河。

濟河，圍令狐[2]，入桑泉[3]，取臼衰[4]。二月甲午，晉師軍於廬柳[5]。秦伯使公子縶如晉師。師退，軍於郇[6]。辛醜，狐偃及秦、晉之大夫盟於郇。壬寅，公子入於晉師。丙午，入於曲沃。丁未，朝於武宮。戊申，使殺懷公於高梁。不書，亦不告也。

呂、郤畏逼，將焚公宮而弒晉侯。寺人披請見，公使讓之，且辭焉，曰：「蒲城之役，君命一宿，女即至。其後余從狄君以田渭濱，女為惠公來求殺余，命女三宿，女中宿至。雖有君命，何其速也？夫袪猶在[7]，女其行乎！」對曰：「臣謂君之入也，其知之矣；若猶未也，又將及難。君命無二，古之制也。除君之惡，唯力是視。蒲人、狄人，余何有焉？今君即位，其無蒲、狄乎？齊桓公置射鉤而使管仲相。君若易之[8]，何辱命焉？行者甚眾，豈唯刑臣[9]？」公見之，以難告。三月，晉侯潛會秦伯於王城。己醜晦，公宮火。瑕甥、郤芮不獲公，乃如河上，秦伯誘而殺之。晉侯逆夫人嬴氏以歸。秦伯送衛於晉三千人，實紀綱之僕。

初，晉侯之豎頭須，守藏者也；其出也，竊藏以逃，盡用以求納之。及入，求見，公辭焉以沐。謂僕人曰：「沐則心覆，心覆則圖反，宜吾不得見也。居者為社稷之守，行者為羈絏之僕，其亦可也，何必罪居者？國君而仇匹夫，懼者其眾矣。」僕人以告，公遽見之。

狄人歸季隗於晉，而請其二子。文公妻趙衰，生原同、屏括、樓嬰。趙姬請逆盾與其母，子餘辭。姬曰：「得寵而忘舊，何以使人？必逆之！」固請，許之。來，以盾為才，固請於公，以為嫡子，而使其三子下之，以叔隗為內子[10]，而己下之。

晉侯賞從亡者，介之推不言祿，祿亦弗及。推曰：「獻公之子

九人，唯君在矣。惠、懷無親，外內棄之。天未絕晉，必將有主。主晉祀者，非君而誰？天實置之，而二三子以為己力，不亦誣乎？竊人之財，猶謂之盜，況貪天之功以為己力乎？下義其罪，上賞其奸，上下相蒙，難與處矣。」其母曰：「盍亦求之？以死誰懟⑪？」對曰：「尤而效之，罪又甚焉。且出怨言，不食其食。」其母曰：「亦使知之，若何？」對曰：「言，身之文也。身將隱，焉用文之？是求顯也。」其母曰：「能如是乎？與女偕隱。」遂隱而死。晉侯求之不獲。以綿上為之田⑫，曰：「以志吾過，且旌善人。」

注釋

① 羈絏（ㄒㄧㄝˋ）：羈為馬絡頭，絏為繫牲畜或人的繩索。
② 令狐：晉地，在今山西臨猗縣西。
③ 桑泉：晉地，在今臨猗縣臨晉鎮東北。
④ 臼衰：晉地，當在今運城市解州鎮西。
⑤ 廬柳：晉地，當在今臨猗縣境。
⑥ 郇（ㄒㄩㄣˊ）：西周封國，後屬晉，在今臨猗縣境內。
⑦ 袪（ㄑㄩ）：袖子。
⑧ 易：改變，違背。
⑨ 刑臣：寺人披自稱。
⑩ 內子：正妻。
⑪ 懟（ㄉㄨㄟˋ）：怨恨。
⑫ 綿上：晉地，在今山西介休市境內。

譯文

（魯僖公）二十四年周曆正月，秦穆公送重耳回國。《春秋》不記載，因為沒有向周朝報告重耳回國。

重耳一行到達黃河岸邊，狐偃把一塊玉璧歸還給重耳，說：「臣下牽馬負索跟隨您巡行天下，臣下的過錯很多了，我自己都知道，何況您呢？請讓我從此逃亡吧。」重耳說：「如不與舅舅一心，有這河水作見證！」隨著把玉璧投到河中。

　　重耳一行渡過黃河，（護送他們的秦軍）包圍了令狐，他們進入桑泉，又奪取了白衰。二月甲午日，晉國的軍隊佈置在廬柳阻擋。秦穆公派他兒子公子摯到晉軍中談判。晉軍後退，駐紮在郇地。辛醜日，狐偃和秦國、晉國的大夫們在郇地舉行了盟誓。壬寅日，重耳進入晉國的軍隊中。丙午日，進入曲沃。丁未日，又進入絳都在晉武宮的太廟內即位。戊申日，派人在高梁將晉懷公殺死。《春秋》不記載，也是因為未向周朝報告此事。

　　呂氏、郤氏畏懼重耳對他們鎮壓，陰謀要焚燒晉武公的宮殿，從而殺害重耳。寺人披要求進見重耳，重耳派人指責他，並教給指責的話，對他說：「你去攻打蒲城的那次，國君讓你一天一夜到達，你即刻就到了。這以後我跟隨狄人的君主要到渭河岸邊田獵，你接受惠公的命令來追殺我，惠公命令你三天三夜到達，你到第二天晚上就來了。雖然有君主的命令，為什麼要這樣來得快呢？你割下的我的袖口還在我這裡。你還是到別的地方去吧。」寺人披對來人說：「我原以為國君回來，很懂得為君之道，如果還不懂的話，還會遭受苦難的。君主的命令沒有第二道，這是古來的制度。為君主劇除禍害，只有用全力來看待。對蒲人、狄人來說，我心目中有他們的什麼呢？現在君主你即位了，也沒有把蒲人、狄人當回事吧。齊桓公把射中他的帶鉤放起來，而使射他的管仲為國相。如果把齊桓公的做法改變過來，那不是太汙損你的命令嗎？（如果你這樣做，）那該外出的人就很多了，哪裡只有我這一個受過閹刑的呢？」重耳因此接見了他，寺人披把將要發生的患難告訴給重耳。三月，重耳秘密地在王城會見了秦穆公。己醜這天天色陰暗，晉武公的宮殿起了大火，呂氏瑕甥、郤芮沒有拿獲到重耳，就到了黃河岸上等待，秦穆公把他們誘騙去殺掉了。重耳迎接夫人嬴氏回到晉國。秦穆公送給他衛士三千人，這些都是能維護紀綱的得力臣僕。

　　當初，重耳身邊有個未成年的奴僕叫頭須，是一個管理倉庫的人，（重耳外出後，）他外逃時，偷盜了倉庫財物，現在，又要送回這些財物要求接納他回國。等到他回國後，要求進見重耳。重耳托詞說他正在洗沐。頭須對重耳的僕人說：「人在洗沐時心就倒過去了，倒過去就想再倒過來，正好是我不能見的時候。留在國內

的是為國家保護，外出的是牽馬負載的僕人，都是應當的，有什麼必要責怪留守的人呢？作為國君而仇恨匹夫，那害怕的人就眾多了。」重耳的僕人把這些轉告給重耳，重耳急忙會見了他。

狄人把季隗送回到晉國，而請求留下她的兩個兒子。重耳又把她送給趙衰，後來生了原同、屏括、樓嬰。趙衰的這位妻子趙姬迎接趙盾和趙盾的母親，趙衰推辭不讓。趙姬說：「你得到寵貴就忘了舊事，還怎麼去使用人呢？一定要迎接他們母子。」她堅持請求，趙衰答應了。迎回來後，趙姬認為趙盾有才幹，又堅持向重耳請求，立為趙衰的嫡子，而讓她自己生的三個兒子居於趙盾之下，又以叔隗為嫡妻，自己居於她的下面。

重耳賞賜跟隨他的人，其中的介子推不聲言要祿位，祿位也沒有涉及到他。介子推說：「獻公的兒子共九人，只有國君重耳活著。惠公、懷公沒有親近者，國外國內都拋棄了他們。上天沒有滅絕晉國，它一定會有主持的人。主持晉國祖宗祭祀的，除了重耳還有誰呢？上天把重耳安排到君主的位置上，而一些大臣認為是他們自己的力量，這不很錯誤嗎？偷竊了別人的財物，還稱為盜賊，更何況貪占上天的功勞作為自己所有呢？在下的臣屬以罪過為正義，在上的君主賞賜奸偽的行為，上下互相隱瞞欺騙，這就很難與他們相處了。」他的母親說：「你為何不去要求賞賜呢？就這樣，死了又能怨誰呢？」介子推回答說：「知道求功是錯誤而要效法它，罪又大多了。又且口出怨言，不如不吃他的俸祿。」他母親說：「那也要讓他知道吧，你覺得如何？」介子推回答說：「言語，是身體的文彩。身體將要隱蔽，還用在身上加上文彩嗎？這樣做是追求顯達。」他母親說：「能歸隱嗎？如果要歸隱，我和你一起去。」於是隱居而死去。重耳尋找他沒有找到，把綿上這塊地方分封為介子推的田地。並說：「用這記下我的過失，且表彰善良的人。」

❀ 天王出居於鄭

題解

◆ 東周襄王因與鄭國有矛盾，不聽大臣勸諫，利用狄人的兵力進攻鄭國，結果使東周的一些大臣又用狄人的力量把襄王趕出國都。本篇通過此事，重點闡述了「內華夏、外夷狄」的思想，在當時維護華夏族統一、抵禦外民族侵擾方面是有進步意義的。但從整個歷史發展來看，亦有狹隘的民族主義思想傾向。

➲ 原文

鄭之入滑也①，滑人聽命。師還，又即衛。鄭公子士、洩堵俞彌帥師伐滑。王使伯服、游孫伯如鄭請滑。鄭伯怨惠王之入而不與厲公爵也，又怨襄王之與衛、滑也，故不聽王命而執二子。王怒，將以狄伐鄭。富辰諫曰：「不可。臣聞之：大上以德撫民，其次親親，以相及也。昔周公吊二叔之不咸，故封建親戚以蕃屏周。管、蔡、郕、霍、魯、衛、毛、聃、郜、雍、曹、滕、畢、原、酆、郇②，文之昭也。邘、晉、應、韓③，武之穆也。凡、蔣、邢、茅、胙、祭④，周公之胤也。召穆公思周德之不類，故糾合宗族於成周而作詩，曰：『常棣之華，鄂不韡韡⑤，凡今之人，莫如兄弟。』其四章曰：『兄弟鬩於牆⑥，外禦其侮。』如是，則兄弟雖有小忿，不廢懿親。今天子不忍小忿以棄鄭親，其若之何？庸勳、親親、昵近、尊賢，德之大者也。即聾、從昧、與頑、用嚚，奸之大者也。棄德、崇奸，禍之大者也。鄭有平、惠之勳，又有厲、宣之親，棄嬖寵而用三良，於諸姬為近，四德具矣。耳不聽五聲之和為聾，目不別五色之章為昧，心不則德義之經為頑，口不道忠信之言為嚚。狄皆則之，四奸具矣。周之有懿德也，猶曰『莫如兄弟』，故封建之。其懷柔天下也，猶懼有外侮；扞禦侮者，莫如親親，故以親屏周，召穆公亦云。今周德既衰，於是乎又渝周、召，以從諸奸，無乃不可乎？民未忘禍，王又興之，其若文、武何？」王弗聽，使頹叔、桃子出狄師。

夏，狄伐鄭，取櫟。

王德狄人，將以其女為后。富辰諫曰：「不可。臣聞之曰：『報者倦矣，施者未厭。』狄固貪惏⑦，王又啟之。女德無極，婦怨無終，狄必為患。」王又弗聽。

初，甘昭公有寵於惠后，惠后將立之，未及而卒。昭公奔齊，王復之，又通於隗氏。王替隗氏。頹叔、桃子曰：「我實使狄，狄其怨我。」遂奉大叔，以狄師攻王，王禦士將禦之，王曰：「先後其謂我何？寧使諸侯圖之。」王遂出。及坎欿⑧，國人納之。

秋，頹叔、桃子奉大叔以狄師伐周，大敗周師，獲周公忌父、原伯、毛伯、富辰。王出適鄭，處於氾⑨。大叔以隗氏居於溫。

注釋

① 滑：春秋小國，在今河南洛陽市偃師區南緱氏。

② 管：在今河南省鄭州市，春秋前已絕封，後屬鄭。　郕：在今山東汶上縣。　毛：初封在今陝西扶風縣，後遷於今河南洛陽市附近。　聃：一說在今河南開封市一帶。　郜：在今山東成武縣東南。　雍：在今陝西扶風縣。　原：在今河南濟原市。　酆：在今陝西咸陽市南。

③ 邘（ㄩˊ）：在今河南沁陽市境內。　應：在今河南寶豐縣西南。

④ 凡：在今河南輝縣市西南。　蔣：在今河南固始縣。　茅：在今山東金鄉縣。　胙：在今河南延津縣。　祭：在今河南中牟縣。

⑤ 韡韡（ㄨㄟˇ）：光明，美盛。

⑥ 閱（ㄒㄧˋ）：爭鬥。

⑦ 惏（ㄌㄢˊ）：同「婪」。

⑧ 坎欿（ㄎㄢˇ）：地名，約在今河南鞏（ㄍㄨㄥˇ）義市境。

⑨ 氾：地名，在今河南襄城縣境。

譯文

鄭國攻打進滑國以後，滑國服從了鄭國的命令。鄭國退兵後，滑國又投靠了衛國。鄭國的公子士、洩堵俞彌又率軍攻打滑國。東周襄王派大夫伯服、游孫伯到鄭國為滑國請命，請求鄭國不要進攻。鄭文公埋怨當年的周惠王靠鄭厲公回國卻不給鄭厲公封爵位，又埋怨周襄王讓滑國投靠衛國，所以不聽周襄王的命令，而拘禁了

伯服和游孫伯。周襄王對此惱怒，準備用狄人來攻打鄭國。大夫富辰勸諫他說：「這不可以。我聽說過，最好的是用仁德來安撫人民，其次則是親近所親的人，而以此推及疏遠的人。當年周公旦傷痛管叔、蔡叔叛亂不能有好的結果，所以分封建立諸侯國讓親戚們來維護屏障周室。管、蔡、郕、霍、魯、衛、毛、聃、郜、雍、曹、滕、畢、原、酆、郇等國，都是列在昭位上的周文王子弟的封國，邢、晉、應、韓等國，都是列在穆位上的周武王子弟的封國。凡、蔣、邢、茅、胙、祭等國，則是周公旦後代的封國。召穆公考慮到西周的道德還不盡完善，所以又收攏各姬姓宗族在成周製作詩章，說：『那小葉楊樹的花兒，倘沒有花萼的襯托，也不會發出曄曄光華。凡今天下的人們，最親的莫過於兄弟。』詩的第四章說：『兄弟們在自家院牆內雖有爭吵，但要一齊抵禦外來的侮辱。』這樣，就是說兄弟之間雖有小的意見，但不可拋棄相互的親緣。現在天子你不能容忍小的意見用以拋棄鄭國這門親情，要對他怎麼樣呢？賞酬功臣，親近親屬，愛護相近者，尊重賢良者，是仁德的最主要內容。靠近聾子，隨從暗昧者，同頑劣者相處，任用愚惡者，是最大的奸邪。拋棄仁德，追隨奸邪，就會帶來大禍。鄭國在周平王東遷、周惠王復國時是有功勳的，又有周厲王、周宣王的親情關係，在國內摒棄寵倖者而任用叔詹、堵叔、師說三位賢臣，在各姬姓封國中是與周室親近的，是具備了上述四種仁德的。耳不聽五聲（宮、商、角、徵、羽）配合起來的聲音為聾子，眼不能分辨五色的表現為暗昧，心中不以仁德道義為法則就是頑劣，嘴裡不講忠誠與可信的言辭為愚惡，這些狄人都以為法則，他們具備了四種奸偽。周朝是有美德的，但還要說『不如兄弟之間的親情』，所以還要分封建立諸侯。周以懷柔的方式統治天下，還擔心有外敵的侵侮，認為抵抗外敵侵侮的辦法，比不上親近親人，所以用親人作為周室的屏障。召穆公也是這樣說的。現在周朝的德性已經衰落，在這時又改變周公、召公的教誨，追求奸偽，不是不可以嗎？人民還沒有忘記禍亂，你又要把它興起來，還如何繼承周文王、周武王的功業呢？」周襄王不聽他的話，讓周大夫頹叔、桃子派出狄人的軍隊進攻鄭國。

　　夏天，狄人進攻鄭國，奪取了櫟邑。

◎僖公

周襄王感謝狄人，準備娶狄君的女兒做他的王后。富辰勸諫說：「不可以。我聽說過這樣的話：『報恩的已經很疲倦困頓了，原來施捨者還對這種報答感到不滿足。』狄人本來就貪婪，你又誘導他。女子的恩德是無窮無盡的，婦人的怨恨也是沒完沒了的，狄人一定會成為周室的禍亂。」周襄王又沒有聽他的。

當初，甘昭公在周惠王王后的面前很得寵，惠后要立他為周天子，但沒有來得及惠后就死了。因而甘昭公就逃奔到齊國，周襄王又讓他回來，但他又與周襄王所立的王后（狄君之女）隗氏通姦，周襄王就廢了隗氏。頹叔、桃子說：「我們曾出使狄人那裡，隗氏被廢，狄人會怨恨我們。」於是他們二人就打起擁立甘昭公的旗號用狄人的軍隊攻打周襄王，周襄王的衛士們正準備抵抗，周襄王說：「（要與甘昭公打仗，）地下的母后會說我什麼呢？寧願讓諸侯來對付他。」周襄王於是出逃，到了坎欿，當地人接納了他。

秋天，頹叔、桃子正式擁立甘昭公，用狄人的軍隊進攻東周軍隊，徹底打敗了東周軍隊，俘虜了周公忌父、原伯、毛伯、富辰。周襄王逃到鄭國住下來，處在氾地。甘昭公因隗氏在溫而居住在溫。

❀ 晉文公始啟南陽

題解

◆ 東周襄王被逐出國都，秦、楚、晉三大國都認為是一次勤王圖霸的機會，於是出兵援救周襄王。晉文公乘機取得了東周領土南陽的部分土地，開始了霸業的第一步。

⊃ 原文

秦伯師於河上，將納王。狐偃言於晉侯曰：「求諸侯，莫如勤王。諸侯信之，且大義也。繼文之業，而信宣於諸侯，今為可矣。」
……
晉侯辭秦師而下。三月甲辰，次於陽樊①，右師圍溫，左師逆王。夏四月丁巳，王入於王城。取大叔於溫，殺之於隰城②。

戊午，晉侯朝王。王享醴，命之宥。請隧，弗許，曰：「王章也，未有代德，而有二王，亦叔父之所惡也。」與之陽樊、溫、原、茅之田③。晉於是始啟南陽。

陽樊不服，圍之。蒼葛呼曰：「德以柔中國，刑以威四夷，宜吾不敢服也。此，誰非王之親姻，其俘之也？」乃出其民。

秋，秦、晉伐鄀④。楚鬥克、屈禦寇以申、息之師戍商密⑤。秦人過析⑥，隈入而系輿人，以圍商密，昏而傅焉⑦。宵，坎血加書，偽與子儀、子邊盟者。商密人懼，曰：「秦取析矣，戍人反矣。」乃降秦師。秦師囚申公子儀、息公子邊以歸。楚令尹子玉追秦師，弗及。遂圍陳，納頓子於頓。

冬，晉侯圍原，命三日之糧。原不降，命去之。諜出，曰：「原將降矣。」軍吏曰：「請待之。」公曰：「信，國之寶也，民之所庇也。得原失信，何以庇之？所亡滋多。」退一舍而原降。遷原伯貫於冀。趙衰為原大夫，狐溱為溫大夫。

……

晉侯問原守於寺人勃鞮，對曰：「昔趙衰以壺飧從，徑，餒而弗食⑧。」故使處原。

注釋

① 陽樊：東周屬地，在今河南濟源市東南。

② 隈城：東周屬地，在今河南武陟縣境。

③ 茅：東周屬地，當在今河南修武縣境。

④ 鄀（ㄖㄨㄛˋ）：春秋小國，在今河南內鄉縣與陝西商洛市商州區之間。

⑤ 申：春秋小國，後為楚所滅。在今河南唐河縣南。息：春秋小國，後為楚所滅。在今河南息縣。

⑥ 析：為鄀的屬邑，在今河南內鄉縣、淅川縣境。

⑦ 傅：靠近。

⑧ 餒：饑餓。

譯文

秦穆公率軍駐紮在黃河岸上,準備迎接周襄王從鄭國回歸。狐偃對晉文公說:「要爭取到諸侯的擁護,不如對王事勤勞有效,諸侯會因此而信賴你,而且這也是大的義舉。繼承先人晉文侯的業績,在諸侯當中顯示你對王事的忠誠,現在正是可為的時機。」

……

晉文公辭別了秦軍,率師沿河而下,(魯僖公二十五年)三月甲辰(十九)日,進到陽樊。他的右路軍去包圍溫地,左路軍迎接周襄王。夏季四月丁巳(三)日,周襄王進入王城。晉軍在溫地捉拿了甘昭公,帶到隰城殺了他。

(四月)戊午(四)日,晉文公朝拜周襄王。周襄王用醴酒宴請他,在宴會上命令送給他禮品。晉文公請求允許他死後以埋葬天子之禮埋葬他,在墓中修築隧道,周襄王不答應,說:「那種葬禮是周王的象徵,你還沒有代替周王擁有天下的道德,而在天下出現兩個天子,也是叔父你所不喜歡的。」封給晉文公陽樊、溫、原、茅地方的土地。晉國從這時開始開闢南陽地區。

陽樊的人民不服從晉國,晉文公用兵包圍了那裡。陽樊人蒼葛在城上呼喊說:「仁德是用來懷柔華夏國家的,兵刑是用來威懾四方夷狄的。(你這樣對我們用兵,)正說明我們應當不敢服從你。我們這裡,哪個不是周天子的親姻,豈能讓你俘虜他們?」就把城裡的人民放出去讓他們到別的地方。

秋天,秦國、晉國進攻鄀國。楚國的鬥克、屈禦寇用申縣、息縣的軍隊守衛鄀國都邑商密。秦國軍隊經過鄀國領地析,沿著河岸進入析城的時候把自己軍中的一些人捆綁起來,帶這些人包圍了商密,黃昏時靠近了商密城。夜晚,掘坑殺牲滴血並把盟書放在坑上,造成楚的鬥克、屈禦寇與秦軍盟誓出賣商密的假像。商密人看到後害怕了,說:「秦國已經奪取了析,保衛商密的軍隊返歸秦軍了。」就投降了秦軍。秦軍俘虜了申邑長官儀、息邑長官邊而回去了。楚國令尹子玉率軍追趕秦軍,沒有趕上。於是包圍了陳國,把被陳國進攻而逃到楚國的頓國國君送還國內。

冬季,晉文公又包圍了原,命令軍隊只帶三天的糧食。三天

後，原人還不投降，晉文公命令圍軍撤退。這時，原城內有間諜出來，說：「原就要投降了。」軍中的官吏們說：「那就別撤兵等待他們投降吧。」晉文公說：「說話算數，是治國之寶，人民所以用它作為庇護。得到原而失去信用，用什麼去保護他們？恐怕失掉的要更多。」圍軍後退一舍之地後，原城人投降了。晉文公把原地的大夫原伯貫遷到了冀地。趙衰擔任了原邑的大夫，狐溱擔任了溫邑的大夫。

……

晉文公向寺人勃鞮詢問誰可去守原地，勃鞮回答說：「當年趙衰背著水壺乾糧跟隨你在外，走在偏僻小路上，但餓了也不吃。」於是讓趙衰領受原邑。

❀ 展喜犒師

題解

◆ 魯僖公二十六年（西元前 634 年），齊國侵犯魯國，魯國大夫展喜遵照展禽的囑咐，以巧妙的外交辭令迫使齊國退兵。其詞不卑不亢，委婉而強硬，是《左傳》外交辭令的又一佳作。

➲ 原文

二十六年春王正月，公會莒茲公、寧莊子盟於向，尋洮之盟也 ①。

齊師侵我西鄙，討是二盟也。

夏，齊孝公伐我北鄙。衛人伐齊，洮之盟故也。

公使展喜犒師，使受命於展禽。齊侯未入竟，展喜從之，曰：「寡君聞君親舉玉趾，將辱於敝邑，使下臣犒執事。」齊侯曰：「魯人恐乎？」對曰：「小人恐矣，君子則否。」齊侯曰：「室如縣罄②，野無青草，何恃而不恐？」對曰：「恃先王之命。昔周公、大公股肱周室③，夾輔成王。成王勞之而賜之盟，曰：『世世子孫無相害也！』載在盟府④，大師職之⑤。桓公是以糾合諸侯，而謀

其不協，彌縫其闕，而匡救其災，昭舊職也。及君即位，諸侯之望曰：『其率桓之功！』我敝邑用不敢保聚⑥，曰：『豈其嗣世九年，而棄命廢職？其若先君何？君必不然。』恃此以不恐。」齊侯乃還。

注釋

① 尋：重申（前盟或舊約）。

② 縣罄（ㄑㄧㄥˋ）：懸掛著的中空器物。縣，同「懸」；罄，同「磬」。

③ 股肱：輔佐。

④ 盟府：保存盟約的庫房。

⑤ 大師：即太師。　職：司職，保管。

⑥ 用：因此。　保聚：設置堡壘，積聚民眾。保，通「堡」。

譯文

魯僖公二十六年春正月，魯僖公會見莒公茲、寧莊子在向盟誓，重申去年在洮的盟約。

齊國侵犯魯國的西部邊疆，因魯國的這兩次會盟而對魯國討伐。

夏季，齊國的孝公率兵侵犯魯國的北部邊疆。衛國人進攻齊國，是因為衛與魯有洮地、向地的盟約。

魯僖公讓展喜去犒勞齊國軍隊，行前讓他先到展禽那裡接受具體指令。齊國軍隊沒有進入魯國國境，展喜就出境跟隨著齊孝公，對齊孝公說：「我們君主聽到您親自抬起貴足，將要受辱到我們這裡來，特派低下的臣子我犒賞你們諸位管事的人。」齊孝公說：「魯國人恐慌嗎？」展喜回答說：「小人們恐慌了，君子們不恐慌。」齊孝公說：「你們的室內空空，像懸掛著的中空器物，田野裡連青草都沒有，憑靠什麼而不恐慌？」展喜回答說：「憑靠的是先王的命令。過去周公旦、太公呂望像股肱一樣輔佐周室，兩面輔佐成王。成王慰勞他們，賜給他們二人盟約，盟約說：『兩家世代子孫不得互相侵害。』收藏在存放盟約的府庫中，由周朝太史管理著。齊桓

公用這個盟約來收聚諸侯，而考慮調解他們的不協調，彌補他們之間的隔閡，而救助他們的災難，這是發揚光大齊國舊有的職責。等到你即位後，各諸侯的希望是：『他要遵循齊桓公的功績。』我們這裡因此不敢設堡聚眾，都說：『他哪裡會在繼承君位九年的時候，而拋棄先人的命令廢除自己的職責呢？那他會怎樣面對他的先君呢？您一定不會那樣做。』君子們憑靠這些就不恐慌。」齊孝公便率軍回國了。

❀ 楚子圍宋

題解

◆ 魯僖公二十七年（西元前 633 年），楚國因宋國叛楚服晉而包圍宋國，晉文公乘機征伐楚國的盟國，以解救宋國。篇中敘述了晉文公為取得霸業採取的一系列政治措施，同時與楚國的政治進行對比，說明晉國的「文教」勝於楚國。

➲ 原文

楚子將圍宋，使子文治兵於睽①，終朝而畢，不戮一人。子玉復治兵於蒍②，終日而畢，鞭七人，貫三人耳。國老皆賀子文，子文飲之酒。賈尚幼，後至，不賀。子文問之，對曰：「不知所賀。子之傳政於子玉，曰：『以靖國也。』靖諸內而敗諸外，所獲幾何？子玉之敗，子之舉也。舉以敗國，將何賀焉？子玉剛而無禮，不可以治民，過三百乘，其不能以入矣。苟入而賀，何後之有？」

冬，楚子及諸侯圍宋。宋公孫固如晉告急。先軫曰：「報施救患，取威定霸，於是乎在矣。」狐偃曰：「楚始得曹而新昏於衛，若伐曹、衛，楚必救之，則齊、宋免矣。」於是乎蒐於被廬③，作三軍，謀元帥。趙衰曰：「郤縠可，臣亟聞其言矣，說禮、樂而敦《詩》、《書》。《詩》、《書》，義之府也；禮、樂，德之則也；德、義，利之本也。《夏書》曰：『賦納以言，明試以功，車服以庸。』君其試之。」乃使郤縠將中軍，郤溱佐之；使狐偃將上軍，

◎僖公

讓於狐毛而佐之；命趙衰為卿，讓於欒枝、先軫；使欒枝將下軍，先軫佐之。荀林父禦戎，魏犨為右。

晉侯始入而教其民，二年，欲用之。子犯曰：「民未知義，未安其居。」於是乎出定襄王，入務利民，民懷生矣。將用之。子犯曰：「民未知信，未宣其用。」於是乎伐原以示之信。民易資者，不求豐焉，明征其辭。公曰：「可矣乎？」子犯曰：「民未知禮，未生其共。」於是乎大蒐以示之禮，作執秩以正其官。民聽不惑，而後用之。出谷戍，釋宋圍，一戰而霸④，文之教也。

注釋

① 睽（ㄎㄨㄟ ˊ）：楚地，今地不詳。
② 蔿（ㄨㄟ ˇ）：楚地，今地不詳。
③ 被廬：晉地，今地不詳。
④ 一戰：指城濮之役。

譯文

楚成王將要包圍宋國，讓前任令尹子文在睽地訓練軍隊，練兵一早晨，連一個士兵也不羞辱。令尹子玉又在地訓練軍隊，練兵一天后，鞭打過七人，用箭貫穿了三人的耳朵。已經退休的卿大夫們都去向子文慶賀，子文送酒給他們喝。賈當時還年幼，遲後些來到子文那裡，對他不表示慶賀。子文問他為什麼不慶賀，回答說：「不知道要慶賀什麼。你把政事傳給子玉，說過：『用來安定國家。』安定了內部而失敗於外部，收穫有多少呢？子玉的失敗，是由你推舉的。你推舉他讓他搞壞國事，還有什麼可慶賀的呢？子玉武斷而不懂禮儀，不能夠治理人民，如果讓他率領的軍隊超過三百乘，他就不能讓這支軍隊回到國內。假如他能全軍回來我再祝賀，還有什麼遲後的呢？」

冬季，楚成王帶領陳、蔡、鄭、許等諸侯的軍隊包圍了宋國。宋國的公孫固來到晉國告急。晉大夫先軫說：「報答施予，拯救患

難，取得威名，確立霸業，就在這次行動。」狐偃說：「楚國剛剛得到曹國的擁護，而新近與衛國聯姻，如果我們要進攻曹國、衛國，楚國必定救他們，那樣齊國、宋國就避免了楚國的攻打。」於是，晉國就在被廬整頓訓練軍隊，建立了三支軍隊，計畫確定領軍元帥。趙衰說：「郤縠可以擔任元帥。我多次聽到關於他的言論了，他喜歡禮、樂，崇尚《詩經》、《尚書》。《詩經》、《尚書》是道義的府庫，禮、樂是道德的準則；而道德、道義，是成功和利益的根本所在。《夏書》說：『廣泛地聽取接納人們的言論，明確地以事功來考驗，用車馬衣服酬報他的功勞。』你可照這樣試試他。」就讓郤縠統率中軍，讓郤溱為副統帥；讓狐偃統率上軍，狐偃讓給狐毛，他自己為副；任命趙衰為上卿，趙衰讓給欒枝、先軫；讓欒枝統率下軍，先軫為副。荀林父為晉文公駕馭戎車，魏犨擔任車右。

晉文公剛回國時就教育訓練人民，到第二年，就想用他們征伐。狐偃說：「人民還不懂得道義，還不安心於他們的居處。」因此在這時出去幫助周襄王恢復王位，回國後積極謀求有利於人民的事情，這就使人民依戀他們的生產生活。這時，晉文公又要征伐他們，狐偃說：「人民還不懂得信義。沒有顯示出他們的可用。」於是晉文公在討伐原的時候讓人民看到了信義。人民有交換物資的，不追求物資的豐厚，說給多少就是多少。晉文公說：「可以用了嗎？」狐偃說：「人民還不懂得禮儀，還沒有產生恭敬的心理。」因此晉文公又以整頓訓練軍隊讓人民看到禮儀，制定了管理官吏的制度整頓吏治，人民聽從他而不懷疑，這樣才徵發人民。出外戍守谷地，解救了被圍困的宋國，通過一次戰爭就取得了霸權，這是有文教的結果。

❀ 晉侯及楚人戰於城濮

題解

◆ 城濮之戰是春秋時期晉、楚兩國間發動的規模較大的一次戰役，以晉國獲勝、楚國失敗而告終。晉國通過這次戰役，確立了

◎僖公

在中原的霸主地位。篇中以簡練的語言，生動形象地描繪了戰爭的
場面，指揮者及參戰者的計謀、心理活動，是《左傳》描繪戰爭的
佳篇。

○ 原文

二十八年春，晉侯將伐曹，假道於衛。衛人弗許。還，自南河
濟，侵曹、伐衛。正月戊申，取五鹿。二月，晉郤縠卒。原軫將中
軍，胥臣佐下軍，上德也。晉侯、齊侯盟於斂盂①。衛侯請盟，晉
人弗許。衛侯欲與楚，國人不欲，故出其君以說於晉。衛侯出居於
襄牛②。

公子買戍衛，楚人救衛，不克。公懼於晉，殺子叢以說焉③
。謂楚人曰：「不卒戍也。」

晉侯圍曹，門焉④，多死。曹人屍諸城上，晉侯患之。聽輿
人之謀，稱「舍於墓」，師遷焉。曹人凶懼，為其所得者棺而出之。
因其凶也而攻之。三月丙午，入曹。數之以其不用僖負羈而乘軒者
三百人也，且曰「獻狀」。令無入僖負羈之宮，而免其族，報施也。
魏犨、顛頡怒，曰：「勞之不圖，報於何有？」爇僖負羈氏⑤。魏
犨傷於胸。公欲殺之而愛其材，使問，且視之。病，將殺之。魏犨
束胸見使者，曰：「以君之靈，不有寧也。」距躍三百⑥，曲踊
三百⑦。乃舍之。殺顛頡以徇於師，立舟之僑以為戎右。

宋人使門尹般如晉師告急。公曰：「宋人告急，舍之則絕。告
楚不許，我欲戰矣，齊、秦未可，若之何？」先軫曰：「使宋舍我
而賂齊、秦，藉之告楚。我執曹君而分曹、衛之田以賜宋人。楚愛
曹、衛，必不許也。喜賂怒頑，能無戰乎？」公說，執曹伯，分曹、
衛之田以畀宋人。

楚子入居於申，使申叔去谷，使子玉去宋，曰：「無從晉師。
晉侯在外十九年矣，而果得晉國。險阻艱難，備嘗之矣；民之情偽，
盡知之矣。天假之年，而除其害。天之所置，其可廢乎？《軍志》
曰：『允當則歸。』又曰：『知難而退。』又曰：『有德不可敵。』
此三志者，晉之謂矣。」子玉使伯棼請戰，曰：「非敢必有功也，
願以間執讒慝之口。」王怒，少與之師，唯西廣、東宮與若敖之六

卒實從之。

子玉使宛春告於晉師曰：「請複衛侯而封曹，臣亦釋宋之圍。」子犯曰：「子玉無禮哉！君取一，臣取二，不可失矣。」先軫曰：「子與之。定人之謂禮，楚一言而定三國，我一言而亡之，我則無禮，何以戰乎？不許楚言，是棄宋也；救而棄之，謂諸侯何？楚有三施，我有三怨，怨讎已多，將何以戰？不如私許複曹、衛以攜之，執宛春以怒楚，既戰而後圖之。」公說。乃拘宛春於衛，且私許複曹、衛，曹、衛告絕於楚。

子玉怒，從晉師。晉師退。軍吏曰：「以君辟臣，辱也，且楚師老矣，何故退？」子犯曰：「師直為壯，曲為老，豈在久乎？微楚之惠不及此，退三舍辟之，所以報也。背惠食言，以亢其讎，我曲楚直，其眾素飽，不可謂老。我退而楚還，我將何求？若其不還，君退臣犯，曲在彼矣。」退三舍。楚眾欲止，子玉不可。

夏四月戊辰，晉侯、宋公、齊國歸父、崔夭、秦小子憖次於城濮⑧。楚師背鄐而舍⑨，晉侯患之。聽輿人之誦曰：「原田每每，舍其舊而新是謀。」公疑焉。子犯曰：「戰也，戰而捷，必得諸侯。若其不捷，表裡山河，必無害也。」公曰：「若楚惠何？」欒貞子曰：「漢陽諸姬，楚實盡之。思小惠而忘大恥，不如戰也。」晉侯夢與楚子搏，楚子伏己而盬其腦⑩，是以懼。子犯曰：「吉，我得天，楚伏其罪，吾且柔之矣。」

子玉使鬥勃請戰，曰：「請與君之士戲，君馮軾而觀之，得臣與寓目焉。」晉侯使欒枝對曰：「寡君聞命矣。楚君之惠，未之敢忘，是以在此。為大夫退，其敢當君乎？既不獲命矣，敢煩大夫謂二三子，戒爾車乘，敬爾君事，詰朝將見。」

晉車七百乘，韅靷鞅靽⑪。晉侯登有莘之虛以觀師，曰：「少長有禮，其可用也。」遂伐其木，以益其兵。

己巳，晉師陳於莘北，胥臣以下軍之佐當陳、蔡。子玉以若敖之六卒將中軍，曰：「今日必無晉矣。」子西將左，子上將右。胥臣蒙馬以虎皮，先犯陳、蔡。陳、蔡奔，楚右師潰。狐毛設二旆（ㄆㄟ）而退之。欒枝使輿曳柴而偽遁，楚師馳之，原軫、郤溱以中軍公族橫擊之。狐毛、狐偃以上軍夾攻子西，楚左師潰。楚師敗績。

子玉收其卒而止,故不敗。

晉師三日館穀,及癸酉而還。甲午,至於衡雍⑫,作王宮於踐土⑬。

鄉役之三月,鄭伯如楚致其師。為楚師既敗而懼,使子人九行成於晉。晉欒枝入盟鄭伯。五月丙午,晉侯及鄭伯盟於衡雍。

丁未,獻楚俘於王,駟介百乘,徒兵千。鄭伯傅王,用平禮也。己酉,王享醴,命晉侯宥。王命尹氏及王子虎、內史叔興父策命晉侯為侯伯,賜之大輅之服,戎輅之服,彤弓一,彤矢百,旅弓矢千⑭,秬鬯一卣⑮,虎賁三百人。曰:「王謂叔父,『敬服王命,以綏四國,糾逖王慝⑯。』」晉侯三辭,從命,曰:「重耳敢再拜稽首,奉揚天子之丕顯休命。」受策以出。出入三覲。

衛侯聞楚師敗,懼,出奔楚,遂適陳,使元咺奉叔武以受盟。癸亥,王子虎盟諸侯於王庭,要言曰:「皆獎王室,無相害也。有渝此盟,明神殛之,俾隊其師,無克祚國,及而玄孫,無有老幼。」君子謂是盟也信,謂晉於是役也,能以德攻。

初,楚子玉自為瓊弁玉纓,未之服也。先戰,夢河神謂己曰:「畀余,余賜女孟諸之麋。」弗致也。大心與子西使榮黃諫,弗聽。榮季曰:「死而利國,猶或為之,況瓊玉乎?是糞土也。而可以濟師,將何愛焉?」弗聽。出告二子曰:「非神敗令尹,令尹其不勤民,實自敗也。」既敗,王使謂之曰:「大夫若入,其若申、息之老何?」子西、孫伯曰:「得臣將死,二臣止之,曰:『君其將以為戮。』」及連穀而死。

晉侯聞之而後喜可知也。曰:「莫餘毒也已。呂臣實為令尹,奉己而已,不在民矣。」

注釋

① 斂盂:衛地,在今河南濮陽縣東南。
② 襄牛:衛地,當在今山東範縣境。
③ 子叢:公子買,字子叢。
④ 門:用為動詞,攻打城門。

⑤ 爇（ㄖㄨㄛˋ）：點燃，放火焚燒。

⑥ 距躍：原地跳高。

⑦ 曲踴：屈腿前跳。

⑧ 城濮：衛地，在今山東範縣境。

⑨ 鄖（ㄒㄧ）：丘陵險阻。

⑩ 鹽（ㄍㄨˇ）：啜食。

⑪ 轙（ㄒㄧㄢˇ）：馬肚帶。　鞗（ㄧㄣˋ）：「靳」字之誤，馬胸套。　靷：馬頸所束皮子。　鞁：絆馬繩索。

⑫ 衡雍：鄭地，當在今河南原陽縣西。

⑬ 踐土：鄭地，在今河南原陽縣境。

⑭ 旅（ㄌㄨˊ弓）：黑色的弓。

⑮ 秬：黑黍。　鬯（ㄔㄤˋ）：祀祭用酒。　卣（ㄧㄡˇ）：酒器。

⑯ 糾逖（ㄊㄧˋ）王慝：糾察治理天子的惡人。

譯文

（魯僖公）二十八年春天，晉文公將要進攻曹國，要從衛國借道，衛國不允許。他又率軍返回，從黃河的南河段渡河，侵入曹國，攻打衛國。正月戊申（九）日，奪取了衛地五鹿。二月，晉國中軍統帥郤縠死去，先軫統率了中軍，胥臣為下軍副統帥，這個任命是以道德為準則的。晉文公、齊昭公在斂盂舉行了盟會。衛成公請求參加盟會，晉國不允許。衛成公想投靠楚國，國人們不願意，所以把他趕出國都，用來取悅於晉國。衛成公由國都出去居留在襄牛。

魯國的公子買為楚國戍守衛國，楚國出兵援救衛國，沒有成功。魯僖公害怕晉國的勢力，殺了公子買來取悅晉國。他對楚國說：「公子買沒有完成戍守衛國的任務。」

晉文公率軍包圍了曹國，攻打曹國國都的城門，晉軍士卒死得很多。曹國軍士把晉軍戰死士卒的屍體堆到城牆上，晉文公害怕起來。他聽從跟隨隊伍的人們的計謀，這計謀是讓晉軍駐紮到曹國宗族的墓地裡。於是晉軍遷移到了曹國宗族墓地上。晉軍在墓地上掘開墓葬，連棺材都掘出來，利用曹國人害怕挖掉祖墳的恐慌情緒而

向曹國進攻。三月丙午日就打進曹國國都。晉文公指責曹共公不任用僖負羈，而濫施爵賞讓數百人享受乘坐軒車的上大夫的待遇。並說到曹共公當年觀察他的裸體，等於讓他獻出狀貌。下令不讓進入僖負羈的宮院，並赦免他的族人，報答僖負羈對他的施與飯食。魏犨、顛頡對此很惱火，說：「有功勞的他不想報答，報答這些人有什麼用？」二人放火燒了僖負羈的宗族。魏犨因放火而傷了胸部。晉文公想要殺他，但愛他的力氣，派人給他送去食品，並觀察他的病情。如果傷得嚴重，就要殺掉他。魏犨包紮住胸部接見來人，對來人說：「憑國君的福靈保佑，我不會因病死而感到安寧。」他離地高跳數百下，屈腿前跳數百下（以示自己還可以打仗）。於是晉文公就赦免了他。殺掉顛頡來警告將士。而後讓舟之僑擔任了他的車右。

宋國派門尹般到達晉國報告國家的危急。晉文公說：「宋國人來報告危急，捨棄他而不去援救就斷絕了兩國關係，請楚國撤圍不會得到同意。我們要是與楚國打仗，齊國、秦國又不會答應，該怎麼辦呢？」先軫說：「讓宋國不要同我們來往而去賄賂齊國、秦國，借此請楚國退兵。我們再拘拿曹國國君，把曹國、衛國的土地劃分給宋國。楚國愛護曹國、衛國，一定不會允許我們這樣做，這樣，我們與楚國能不打仗嗎？」晉文公聽後很高興，拘拿了曹共公，把曹國、衛國的土地分出來送給宋國。

楚成王從圍宋的軍中回到申縣，派申叔去谷地，派令尹子玉去宋國。告訴他們說：「不要追擊晉國軍隊。晉文公在外十九年了，結果能得到晉國。險阻艱難，都已經歷了；民情的真偽，都已瞭解了。上天給了他年歲，使他除掉禍害，上天所安排的，哪裡能廢棄呢？《軍志》上說：『適宜就可回師。』又說：『知難而退。』又說：『有仁德的人是不可勝過的。』這三個要點，正說的是晉國。」子玉派伯棼向楚成王請戰，說：「不敢一定要建立功勞，只希望通過這次戰爭能堵塞說我壞話的人的口。」楚成王聽後十分不滿，不多給他軍隊，只有西廣、東宮太子和若敖生前的親兵六部卒乘跟隨著他。

令尹子玉派宛春對晉國軍隊說：「請讓衛君回國，恢復曹國封

地，我也撤除對宋國的包圍。」狐偃說：「子玉太無禮啦，我們的君主獲取了一個，他為臣的就獲取了兩個。這正是我們不可喪失的機會。」先軫說：「你就答應他。安定別人就稱為禮，楚一句話就安定了三個國家，我們說一句話就把這三個國家滅亡了。我們就不講理了，用什麼來打仗呢？不答應楚國說的，是拋棄了宋國。援救它而又拋棄它，怎麼面對諸侯呢？楚國這樣做對三國都是施與，我們不答應這個條件就會有三國的埋怨，怨恨的人多了，又怎樣能與楚國打仗呢？不如私下答應恢復曹國、衛國而用來離間他們與楚國的關係，把宛春拘禁起來用以激怒楚軍，等到開戰之後再作打算。」晉文公聽後很高興，就把宛春拘留在衛國。並且私下答應恢復曹國、衛國，這樣，曹、衛與楚國斷絕了關係。

子玉被激怒了，帶領包圍宋國的楚軍追擊晉軍。晉軍向後撤退。晉軍的將領們說：「以君主的身份退避臣下，這是恥辱；又且楚軍已疲憊了，為什麼要後退呢？」狐偃說：「理直的軍隊就雄壯，理屈的就是疲憊，哪裡在於時間長呢？如果沒有楚國當年的恩惠，我們不能有今天這種形勢，後退三舍之地躲避他們，用以報答楚國的恩惠。忘記人家的恩惠而自食其言，以保護楚國的仇敵，是我方理曲楚方理直，楚軍向來士氣飽滿，不可說疲憊。我們撤退而楚軍回國，那我們還要求什麼呢？如果他們不回國，我們君主退避，他臣下來進犯，理曲在他們一方。」晉軍後退三舍之地後，楚軍大眾就要停下來不追趕，但子玉卻不允許。

夏四月戊辰，晉文公、宋成公、齊國的大夫國歸父、崔夭、秦國公子慭（一ㄣˋ）駐紮在城濮。楚軍背靠丘陵地帶紮營，晉文公對此有點害怕。晉文公聽到隨軍的人們吟誦說：「原野野草茂盛，我們又要捨棄舊地而圖謀這塊新地了。」晉文公聽後感到疑惑。狐偃說：「打吧！打了取得勝利，一定會得到諸侯的擁護。如果這仗打不勝，我們國家內外都有河山險阻，也一定不會有人敢侵害。」晉文公說：「與楚國打仗怎樣對待楚國的恩惠呢？」欒枝說：「漢水以北的各姬姓國家，楚國都滅亡盡了。考慮小恩小惠而忘記這樣大的恥辱，不如與它打。」晉文公夢見與楚成王搏鬥，楚成王壓在他身上啜食他的腦袋，因而感到害怕。狐偃說：「這個夢很吉利。

說明我們得了上天，楚國服罪了，並說明我們對他們是懷柔的。」

子玉派鬥勃向晉軍請戰，對晉文公說：「請求同國君的武士們進行一場角力戲。你可靠著車的橫木觀看，我子玉就可以與你一起觀看。」晉文公讓欒枝對鬥勃說：「我已聽到你的命令了。楚君的恩惠，沒有敢忘記，所以退到這裡。為子玉大夫後退了，豈敢阻擋君主呢？既然沒有收到他退兵的命令，請麻煩你，告訴你們的人們：『裝備好你們的車乘，認真去做你們君主要做的事，明天一早咱們相見。』」

晉軍擁有戰車七百乘，車馬所用的肚帶、胸套、靷革、韁絆樣樣齊備。晉文公登上莘國的故址觀看自家的軍隊，說：「年輕的年老的都有禮法，都可以用以戰鬥了。」於是砍伐莘國故址的樹木，用來增加軍隊的兵器。

己巳日，晉軍列陣在莘墟的北面，胥臣以下軍副統帥率軍阻擋陳、蔡兩國的軍隊。楚軍統帥子玉用若敖的六卒軍統領中軍，說：「今天一定沒有晉國了。」子西率領楚的左軍，鬥勃率領楚的右軍。胥臣把軍隊的馬匹用虎皮蒙在身上，先進擊陳、蔡兩國軍隊，陳、蔡軍逃奔，楚國右路軍也潰散了。狐毛用二路前軍擊退楚的右路軍。欒枝讓隨軍者拉著柴火假裝逃遁，楚軍追趕這些假裝逃遁的人，先軫、郤溱用中軍內公族子弟兵攔腰橫擊追過來的楚軍。狐毛、狐偃用上軍兩面進攻子西的軍隊，子西率領的左軍潰散了。楚軍全軍潰敗。子玉收攏士卒停止了戰鬥，所以還不算全軍覆沒。

晉國軍隊在楚軍的軍帳裡住了三天，吃他們留下的糧食。到癸酉日才往回返。甲午日，到達鄭地衡雍，在踐土修築了東周天子的王宮。

城濮戰役的前三月，鄭文公曾到楚軍中送去鄭國的軍隊。到這時他因為楚軍已經失敗而懼怕晉國，派子人九到晉軍求和。晉國派欒枝到鄭國與鄭文公會見。五月丙午日，晉文公同鄭文公在衡雍訂立了盟約。

丁未日，晉文公把楚軍的俘虜獻給周襄王，有披甲的駟馬駕馭的戰車一百乘，步兵一千人。鄭文公擔任周襄王的上相，用周平王策命晉文侯時的禮儀接待晉文公。己酉日，周襄王設醴酒宴席招待

晉文公，送給晉文公禮物。周襄王命令尹氏、太宰王子虎和內史叔興父給晉文公侯伯的爵位，並把這一命令寫在簡策上。又賜予晉文公乘坐天子車輛的服裝，乘坐戰車的服裝，紅色弓一張，紅色箭百枝，黑色弓箭各一千，黑黍釀製的宴酒一缸，強悍的衛士三百人，加封他的命辭說：「周天子對叔父晉文公說：『恭敬認真地服從周天子的命令，用來安定四方諸侯國家，糾察趕走周天子所憎惡的奸邪。』」晉文公表示三次辭讓，接受了對他的加封，對周襄王說：「重耳再次拜謝磕頭，一定敬奉光大天子的大而光明的賜命。」接受了命策退出來。之後又三次入朝見周襄王。

衛成公聽說楚軍失敗，感到害怕，向楚國逃奔，路過住在陳國，讓大夫元咺擁立叔武為君以接受晉文公的同盟。癸亥日，東周的王子虎在王室內讓各諸侯訂立盟約，盟約說：「都要成就王室，互相不得侵害。有改變這一盟誓的人，明神誅殺他，使他軍隊散失，不能享有國家，懲罰延續到他的子孫後代，不論其老幼。」君子稱這次盟會是講信用的，說晉國在城濮之戰中能用仁德攻破別國。

當初，楚國的子玉自己製作了用玉裝飾的馬的帽子和以玉串成的纓子，但沒有給馬佩戴上。戰爭發生前，他夢見黃河神對他說：「你把這些馬冠馬纓給我，我賜給你孟諸湖澤中的麋。」但子玉沒有把這些送給河神。他的兒子大心和子西讓榮黃勸他把這些送給河神，他不聽。榮黃說：「如果死是為了國家利益，那還要去死，更何況是要丟掉一些瓊玉之物呢，那簡直不過是糞土而已，卻可以讓軍隊打勝仗，有什麼可愛的呢？」子玉不聽，榮黃出來，告訴大心和子西說：「不是神要使令尹失敗了，令尹對人民的事情不看重，他是自己要使自己失敗。」楚軍失敗之後，楚成王派使者對子玉說：「大夫如果要回國的話，你怎樣對待申縣、息縣的父老呢？」子西、大心說：「子玉本來要去死，我們兩人制止了他，對他說：『國君將要對你處以刑戮。』」在返回連谷時子玉自殺了。

晉文公聽到子玉死的消息後喜形於色，說：「再沒有人能害我了。楚國的呂臣當了令尹，他只會顧自己而已，不會管老百姓的。」

◎僖公

❀ 晉人復衛侯

題解

◆ 城濮之戰後，晉國征服了衛國，在恢復衛成公的國君地位後又廢掉他，立衛國的公子瑕為君。這反映了當時大國對小國事務的操縱。

⊃ 原文

或訴元咺於衛侯曰：「立叔武矣。」其子角從公，公使殺之。咺不廢命，奉夷叔以入守。

六月，晉人複衛侯。寧武子與衛人盟於宛濮①，曰：「天禍衛國，君臣不協，以及此憂也。今天誘其衷，使皆降心以相從也。不有居者，誰守社稷？不有行者，誰扞牧圉②？不協之故，用昭乞盟於爾大神以誘天衷。自今日以往，既盟之後，行者無保其力，居者無懼其罪。有渝此盟，以相及也。明神先君，是糾是殛。」國人聞此盟也，而後不貳。

衛侯先期入，寧子先，長牂守門，以為使也，與之乘而入。公子歂犬、華仲前驅，叔孫將沐，聞君至，喜，捉發走出，前驅射而殺之。公知其無罪也，枕之股而哭之。歂犬走出，公使殺之。元咺出奔晉。

……

衛侯與元咺訟，寧武子為輔，莊子為坐，士榮為大士。衛侯不勝。殺士榮，刖莊子③，謂寧俞忠而免之。執衛侯，歸之於京師，置諸深室。寧子職納橐焉④。元咺歸於衛，立公子瑕。

注釋

① 宛濮：衛地，在今河南長垣市西南。
② 牧圉：養牛為牧，養馬為圉，這裡是指養牛馬的場所。
③ 刖（ㄩㄝˋ）：古代酷刑，砍腳。
④ 橐（ㄊㄨㄛˊ）：橐為盛物器；為稠粥，意思是裝在器物

中的粥。

譯文

有人向衛成公告元咺的狀說：「他立叔武為君了。」元咺（丁ㄩㄢˇ）的兒子角跟隨著衛成公，衛成公就派人殺了角。但元咺沒有背棄衛成公的囑託仍然侍奉著叔武回國守衛。

（魯僖公二十八年）六月，晉國允許衛成公回國復位。衛國的寧武子與衛國大夫在宛濮會盟，寧武子說：「上天給衛國降下災禍，使衛國內部君臣不協調，以至於有這樣的憂愁。現在上天啟發了衛國的善良之心，使我們都能拋棄成見互相依從。不是有留守的人，誰來守衛國家呢？不是有在外出行的人，誰來捍衛守護邊疆的畜牧呢？因為衛國君臣不協調的緣故，所以公開乞求偉大的神靈盟誓，以便喚起我們善良的天性。自今以後，既然舉行了盟誓，在外出行的人不要依恃自己的功勞，在家居守的人不要害怕自己犯有的罪過。如果違背這個盟誓，相互以惡對待，有明神和先朝的國君來監視，任他們糾舉和殺戮。」衛國的國人聽到這個盟約後，以後就不再分裂為衛成公與叔武兩個派別了。

衛成公沒有按約定的回國日期而提前回國，寧武子還走在他前面。衛國大夫長牂守衛城門，以為寧武子是衛成公派回的使者，就同他一起乘車進了國都城門。公子歂犬、華仲為衛成公的前驅，叔武正準備在家中洗沐，聽說衛成公回到國中，十分高興，手握著頭髮跑出來迎接，公子歂犬、華仲用箭射死了他。衛成公知道叔武沒有罪，枕在他的大腿上哭他。歂犬走出來，衛成公讓人殺掉了他。輔佐叔武的元咺逃奔到晉國。

......

衛成公到晉國同元咺打官司，寧武子為衛成公的輔助者，莊子代替衛成公受審，士榮代表衛成公與晉國的審判官員辯理，衛成公沒有勝訴，晉國殺掉了士榮，砍去了莊子的足，認為寧武子對他的主人忠心而赦免了他。晉國把衛成公拘禁起來，把他送到了東周國都，囚禁在深深的囚室中，讓寧武子負責用橐囊裝上稠粥給衛成公吃。元咺回到衛國，立公子瑕為衛國國君。

❀ 燭之武退秦師

題解

◆ 魯僖公三十年（西元前630年），秦、晉出兵包圍鄭國，鄭國大臣燭之武出面去見秦穆公，分析了秦軍幫助晉軍消滅鄭國，只能有利於晉國，擴大晉國的領土，而對秦國形成威脅。於是秦軍主動撤退，晉軍也退走了。

➲ 原文

九月甲午，晉侯、秦伯圍鄭，以其無禮於晉，且貳於楚也①。晉軍函陵②，秦軍氾南③。

佚之狐言於鄭伯曰：「國危矣，若使燭之武見秦君，師必退。」公從之。辭曰：「臣之壯也，猶不如人，今老矣，無能為也已。」公曰：「吾不能早用子，今急而求子，是寡人之過也。然鄭亡，子亦有不利焉。」許之。夜，縋而出④。見秦伯曰：「秦、晉圍鄭，鄭既知亡矣。若亡鄭而有益於君，敢以煩執事。越國以鄙遠⑤，君知其難也，焉用亡鄭以陪鄰⑥？鄰之厚，君之薄也。若舍鄭以為東道主，行李之往來，共其乏困，君亦無所害。且君嘗為晉君賜矣，許君焦、瑕，朝濟而夕設版焉，君之所知也。夫晉何厭之有？既東封鄭，又欲肆其西封，不闕秦，將焉取之？闕秦以利晉，惟君圖之。」秦伯說，與鄭人盟，使杞子、逢孫、楊孫戍之，乃還。

子犯請擊之。公曰：「不可。微夫人之力不及此。因人之力而敝之，不仁；失其所與，不知；以亂易整，不武。吾其還也。」亦去之。

注釋

① 貳：親近，投靠。
② 函陵：鄭地，在今河南新鄭北十三裡。
③ 氾南：即水之南，東氾在今中牟南，今湮。
④ 縋（ㄓㄨㄟ ˋ）：用繩子拴在腰間從高處送下來。

⑤ 鄙：用為動詞，把 …… 當作邊境地區。

⑥ 陪：增益。

（魯僖公三十年）九月甲午日，晉文公、秦穆公率軍包圍了鄭國，因為鄭國曾對晉文公無禮，而且又投靠楚國。晉國的軍隊駐紮在函陵，秦國軍隊駐紮在水南岸。

鄭國大夫佚之狐對鄭文公說：「國家危險了，如果讓燭之武去見秦穆公，這些軍隊一定會退走。」鄭文公聽從了他的建議。燭之武推辭說：「我在壯年的時候，還不如別人；現在已經老了，什麼事情也不能做了。」鄭文公說：「我不能早用你，現在著急了才來求你，是我的過錯。可是如果鄭國滅亡了，你也不會有什麼利益呀。」燭之武答應他。夜晚，從城牆上把燭之武吊著放下來，見到了秦穆公。燭之武對秦穆公說：「秦國、晉國包圍了鄭國，鄭國已經知道要亡國了。如果滅亡鄭國對你有益，那就麻煩你滅亡它吧。越過別的國家以遠地為你國的邊疆之地，你知道這是很難做到的，為什麼要用滅亡鄭國來增強你的鄰國呢？鄰國土地的增加，意味著你的土地的減少。如果你能舍了鄭國把鄭國作為你出行東方的主人，鄭國供給你旅途中所缺乏的東西，你也沒有什麼害處。況且你曾經對晉國國君有所施予，他們答應給你焦、瑕，可早晨渡過黃河，晚上就築起城牆抵禦你，這是你知道的。那個晉國，哪裡有滿足呢？他們既然要向東把鄭國作為他們的封土，又要擴大西面的封土。如果不使秦國的土地有損失，他將去哪裡掠取土地呢？使秦國受損害而有利於晉國，那請你考慮吧。」秦穆公同意他的看法，同鄭國結成同盟，讓杞子、逢孫、楊孫留下守衛鄭國，他帶大軍回國了。

狐偃要求進擊秦軍，晉文公說：「不可以。如果沒有秦穆公的力量我們不會達到現在這個地步。用人家的力量而又傷害人家，是不仁義的；失掉同盟，是不聰明的；用戰亂去代替和平，不是用武之道。我們回去吧。」也撤退了。

◎僖公

❁ 蹇叔哭師

題解

◆ 魯僖公三十二年（西元前 628 年），晉文公去世，秦國適在此時接到留守鄭國的杞子的報告，說他掌管鄭國北門的啟閉，讓秦國偷襲鄭國。秦國大臣蹇叔預料晉國必在中途邀擊秦軍，秦軍一定大敗。本篇是下篇的前奏。

➲ 原文

冬，晉文公卒。庚辰，將殯於曲沃①。出絳，柩有聲如牛。卜偃使大夫拜，曰：「君命大事，將有西師過軼我②，擊之，必大捷焉。」

杞子自鄭使告於秦曰：「鄭人使我掌其北門之管③，若潛師以來，國可得也。」穆公訪諸蹇叔④。蹇叔曰：「勞師以襲遠，非所聞也。師勞力竭，遠主備之，無乃不可乎？師之所為，鄭必知之，勤而無所，必有悖心。且行千里，其誰不知？」公辭焉。召孟明、西乞、白乙，使出師於東門之外。蹇叔哭之，曰：「孟子⑤！吾見師之出而不見其入也。」公使謂之曰：「爾何知？中壽⑥，爾墓之木拱矣。」蹇叔之子與師，哭而送之，曰：「晉人禦師必於殽⑦，殽有二陵焉。其南陵，夏後皋之墓也⑧；其北陵，文王之所辟風雨也。必死是間，餘收爾骨焉。」秦師遂東。

注釋

① 殯：停放靈柩。
② 軼：突然出現。
③ 管：開啟城門的鑰匙。
④ 訪：諮詢，請教。
⑤ 孟子：指秦軍三帥之一孟明。
⑥ 中壽：各家解釋不一，或稱八十歲以下、六十歲以上為中壽。
⑦ 殽（一ㄠˊ）：即殽山，在今河南澠池縣西南。

⑧ 夏後皋：夏朝帝王，夏桀之祖父。

譯文

　　（魯僖公三十二年）冬天，晉文公去世了。庚辰日，將要把他的靈柩送往曲沃停放，出了絳都，靈柩發出像牛叫的聲音。卜偃讓大夫們叩拜，說：「國君有大事下命令，將有西方軍隊經過我國領土，進攻他們，必定取得大捷。」

　　留守鄭國的秦國將領杞子從鄭國派人報告秦國說：「鄭國讓我掌管他們北城門的鑰匙，如果秘密派軍來，鄭國國都就可被我們奪取。」秦穆公接到報告後，去請教蹇叔。蹇叔說：「勞動師旅以襲擊遠方，不是我所聽說過的。軍隊奔勞力盡，遠方的君主防備它，不是不應當出動嗎？軍隊的行動，鄭國一定會知道，咱們軍隊辛勤奔走而沒有結果，必然會產生背離之心。況且要走一千多裡，誰會不知道呢？」秦穆公不接受他的話，告辭了。秦穆公召集孟明、西乞、白乙，讓他們朝東門之外的方向進軍。蹇叔為他們痛哭，說：「孟明啊，我看見軍隊的出去而看不見他們回來了。」秦穆公讓人對蹇叔說：「你懂得什麼？你如果活到六十歲就死掉，你墓上的樹木早應該用兩手合抱了。」蹇叔的兒子參加了軍隊，蹇叔哭著送他，說：「晉國防禦秦軍一定在殽山，殽山有二座陵阜，它的南陵，是夏朝帝王皋的墓地，它的北陵，是周文王用來防避風雨的地方，你一定會死在它們中間，我去收你的屍骨吧。」秦國軍隊於是向東開走。

❀ 晉人及姜戎敗秦師於殽

題解

◆ 此篇承續上篇，敘述秦穆公不聽蹇叔勸告，出師襲擊鄭國，被晉國邀擊而大敗。秦、晉殽之戰，是互相爭奪東方領土的一次戰爭，通過這次戰爭，晉國阻擋了秦國向東發展。

➲ 原文

三十三年春，秦師過周北門，左右免冑而下，超乘者三百乘。王孫滿尚幼，觀之，言於王曰：「秦師輕而無禮，必敗。輕則寡謀，無禮則脫①，入險而脫，又不能謀，能無敗乎？」

及滑，鄭商人弦高將市於周，遇之，以乘韋先②，牛十二犒師，曰：「寡君聞吾子將步師出於敝邑，敢犒從者。不腆敝邑③，為從者之淹，居則具一日之積，行則備一夕之衛。」且使遽告於鄭④。

鄭穆公使視客館，則束載、厲兵、秣馬焉。使皇武子辭焉，曰：「吾子淹久於敝邑⑤，唯是脯資、餼牽竭矣⑥，為吾子之將行也，鄭之有原圃⑦，猶秦之有具囿也⑧，吾子取其麋鹿以閑敝邑，若何？」杞子奔齊，逢孫、楊孫奔宋。

孟明曰：「鄭有備矣，不可冀也。攻之不克，圍之不繼，吾其還也。」滅滑而還。

……

晉原軫曰：「秦違蹇叔而以貪勤民，天奉我也。奉不可失，敵不可縱。縱敵患生，違天不祥。必伐秦師。」欒枝曰：「未報秦施，而伐其師，其為死君乎？」先軫曰：「秦不哀吾喪而伐吾同姓，秦則無禮，何施之為？吾聞之：『一日縱敵，數世之患也。』謀及子孫，可謂死君乎？」遂發命，遽興薑戎。子墨衰絰⑨，梁弘禦戎，萊駒為右。

夏四月辛巳，敗秦師於殽，獲百里孟明視、西乞術、白乙丙以歸。遂墨以葬文公。

文嬴請三帥，曰：「彼實構吾二君，寡君若得而食之，不厭。君何辱討焉？使歸就戮於秦，以逞寡君之志。若何？」公許之。先軫朝，問秦囚。公曰：「夫人請之，吾舍之矣。」先軫怒，曰：「武夫力而拘諸原，婦人暫而免諸國⑩，墮軍實而長寇讎，亡無日矣。」不顧而唾。公使陽處父追之，及諸河，則在舟中矣。釋左驂，以公命贈孟明。孟明稽首曰：「君之惠，不以累臣釁鼓，使歸就戮於秦，寡君之以為戮，死且不朽。若從君惠而免之，三年將拜君賜。」

秦伯素服郊次，鄉師而哭，曰：「孤違蹇叔，以辱二三子，孤之罪也。」不替孟明，曰：「孤之過也，大夫何罪？且吾不以一眚

123

掩大德。」

① 脫：簡易，疏忽。

② 乘韋：乘為數詞，即四，韋指熟皮，乘韋即指四張熟牛皮。

③ 腆：豐厚。

④ 遽：迅速。

⑤ 淹：久留。

⑥ 脯資：脯為乾肉，資即糧食，脯資即食品。　餼牽：活著的牲畜為餼，牽為可牽行的牲畜，都是活畜。

⑦ 原圃：即圃田澤，是鄭國境內的湖澤。

⑧ 具囿：秦國境內的湖澤，亦稱陽紆藪、楊陓，在今陝西華陰南、潼關西。

⑨ 子：指晉襄公。其父晉文公未葬，故稱子。墨：染黑。

⑩ 暫：讀為漸，欺詐。

譯文

　　（魯僖公）三十三年春天，秦國軍隊經過東周國都的北城門，將士們都脫去頭盔下車步行，過後有三百乘的士卒又跳躍上車。東周的王孫滿還年幼，看著秦軍通過，對周襄王說：「秦國軍隊輕佻而沒有禮度，一定要失敗。輕佻就缺乏謀略，沒有禮度就會疏忽大意。進入危險的殽山地帶而疏忽大意，又沒什麼謀略，能不失敗嗎？」

　　秦軍到滑國的時候，鄭國的商人弦高要去東周做買賣，遇到了秦軍，弦高先送給秦軍四張熟牛皮，又送給十二頭牛犒勞秦軍，對他們說：「我們君主聽說你們將行軍通過我們這破地方，我就犒勞行軍的人。我們這不豐厚的地方，可以作為你們長久的駐地，你們要住的話可以供應一天的積糧，走的話可以為你預備一晚上的防衛。」並且讓人儘快向鄭國報告。

　　鄭穆公讓人去檢查秦國將領杞子、逢孫、楊孫住在鄭國的旅館，看到這些人已經把物資裝載到車上，兵器都已磨礪，馬匹已經餵飽了。鄭穆公就派皇武子去道歉，對他們說：「各位久住在我們這裡，只是我們的乾肉物資、活的牲畜都沒有了，因為各位就要離開了，鄭國有塊湖沼叫原圃，像秦國的具圃一樣，各位可以到那裡打些麋鹿，也好讓我們得一些閒暇，怎麼樣？」三人聽後，杞子逃奔到了齊國，逢孫、楊孫逃奔到了宋國。

　　孟明（遇到弦高後）說：「鄭國有了防備了，沒什麼希望了。進攻它不能取勝，包圍它我們又沒有後繼部隊，我們還是回去吧。」消滅了滑國後就往回開。

　　……

　　晉國的先軫說：「秦國不聽蹇叔的勸說，而無休止地勞苦百姓，這是上天給我們的機會。給予的不可丟失，敵人不可放縱。放縱敵人，就要產生禍患；違背天意，就沒有好處。一定要進攻秦軍。」欒枝說：「還沒有報答秦國對咱們的恩施，就要進攻秦軍，心目中還有死去的國君嗎？」先軫說：「秦國不為我國的喪事而哀傷，而要進攻我們的同姓，秦國就沒有道理，有什麼要向他們報恩的事可做呢？我聽說過：『一日放縱敵人，會造成數代的禍害。』謀劃長遠，想到子孫後代，可以這樣對死去的君主交代了吧？」於是就發佈命令，很快整頓薑戎。晉文公的嫡子全身穿起黑色孝服，梁弘為他駕馭戎車，姜戎的將領萊駒為他的車右。

　　夏季四月辛巳日，晉軍在殽山打敗了秦軍，俘虜了孟明、西乞、白乙回國。於是，將士們穿上黑色的孝服埋葬了晉文公。

　　晉文公的夫人文嬴向晉襄公要孟明、西乞、白乙三個被俘的秦軍將帥，說：「這些人實際上是挑撥晉、秦兩位君主關係的人，如果我的君主（秦穆公）獲得他們把他們吃掉也不滿足，哪裡用得著你去懲辦他們呢？讓他們回秦國接受殺戮，用來滿足我的君主的心願，怎麼樣？」晉襄公答應了。先軫上朝，問起秦國的這三個囚徒，晉襄公說：「夫人要他們，我已經放了他們了。」先軫聽後大怒，說：「武夫們用盡全力在戰場上捉住他們，婦人憑欺詐就把他們赦免在國中，這是摧毀軍隊的實力而增長仇敵的氣焰，我們滅亡沒有

多少日子了。」不管晉襄公在前就向前唾了一口。晉襄公派陽處父追趕這三個人，到達黃河邊，這些人已經坐在河裡的船上了。陽處父解下車上的套馬，以晉襄公的命令贈送給孟明。孟明在船上低頭下拜說：「你們國君的恩惠，不把我這被俘的人殺掉用血來祭鼓，使回去接受秦國的殺戮，我的君主如果把我殺了，那我是死而不朽；如果依照你的恩惠赦免了我，那麼三年後我將拜謝你的賜予。」

秦穆公穿著白衣服在國都郊外等待，向著秦軍大哭，說：「我不聽蹇叔的話，使各位受了屈辱，是我的罪過啊。」不廢掉孟明，說：「是我的過錯，大夫有什麼罪？況且我不會因為一次過錯就掩蓋了一個人的全部優點。」

❀ 晉侯敗狄於箕

題解

◆ 這篇以晉國俘獲狄人首領為引子，追敘晉文公的使賢任能，並敘述晉襄公繼承父業，任用良臣，使晉國保持強盛。

⊃ 原文

狄伐晉，及箕①。八月戊子，晉侯敗狄於箕。郤缺獲白狄子②。

先軫曰：「匹夫逞志於君而無討，敢不自討乎？」免冑入狄師，死焉。狄人歸其元③，面如生。

初，臼季使，過冀，見冀缺耨，其妻饁之④，敬，相待如賓。與之歸，言諸文公曰：「敬，德之聚也，能敬必有德。德以治民，君請用之。臣聞之：出門如賓，承事如祭，仁之則也。」公曰：「其父有罪，可乎？」對曰：「舜之罪也殛鯀，其舉也興禹。管敬仲，桓之賊也，實相以濟。《康誥》曰：『父不慈，子不祗，兄不友，弟不共，不相及也。』《詩》曰：『采葑采菲⑤，無以下體。』君取節焉可也。」文公以為下軍大夫。

反自箕，襄公以三命命先且居將中軍，以再命命先茅之縣賞胥臣，曰：「舉郤缺，子之功也。」以一命命郤缺為卿，複與之冀，

◎僖公

亦未有軍行。

注釋

① 箕：晉地，今地不確。約在黃河東岸。
② 白狄子：白狄（狄族一支）首領。
③ 元：首級，頭。
④ 饁（一ㄝˋ）：給在田耕作的人送飯。
⑤ 葑（ㄈㄥ）：蔓菁。　菲：似蔓菁的菜。

譯文

　　狄人侵伐晉國，到達了箕地。（魯僖公三十三年）八月戊子日，晉襄公率軍在箕地打敗了狄人。郤缺俘虜了白狄的首領。

　　先軫說：「我這個匹夫曾在君主面前肆意發洩不滿情緒，君主對我不加討伐，我還敢不自我懲罰嗎？」脫去頭盔沖入狄人的軍中，戰死了。狄人把他的頭顱送還給晉國，他的面色像活著時一樣。

　　當初，胥臣奉命出使，路過冀地，見住在這裡的郤缺在田裡鋤草，他的妻子給他送飯，兩人相互恭敬，像對待賓客似的。胥臣就帶著郤缺回到國都，告訴晉文公這些情況，說：「恭敬，是道德的集中表現。能相敬一定有道德。道德是用來治理人民的，請你起用他吧！我聽說過：外出時就像要接見貴賓一樣莊重，承辦事情的時候要像進行祭祀那樣誠心，這是仁的準則。」晉文公說：「郤缺的父親是有罪的，能用他嗎？」胥臣對他說：「舜懲罰鯀的罪過而把他流放到遠方，卻推舉鯀的兒子禹使他興盛起來。管仲，是傷害齊桓公的人，齊桓公給了他相的職位以使齊國成功。《康誥》裡說：『父親不慈愛，兒子不恭敬，兄長不友好，弟弟不敬順，但各是各的罪，不能相互連帶。』《詩經》說：『採掘蔓菁採掘菲菜，不要以為下部是根子就拋棄。』你節取他可用的地方就行了。」晉文公任命郤缺為下軍的一名大夫。

　　晉軍從箕地返回，晉襄公用發佈三次命令的方式命先且居統率中軍，以發佈兩次命令的方式命令把先茅這一縣地賞給胥臣，對他

說：「推薦郤缺，是你的功勞。」以發佈一次命令的方式任命郤缺為卿大夫，又給了他冀地，只是沒有給他軍隊裡的職位。

◎文　公

❀ 楚世子商臣其君

題解

◆ 楚成王在確立繼承者的問題上，猶疑不定，終於導致太子商臣作亂，自身遭到殺害。

⊃ 原文

初，楚子將以商臣為大子，訪諸令尹子上。子上曰：「君之齒未也，而又多愛，黜乃亂也。楚國之舉，恒在少者。且是人也，蜂目而豺聲，忍人也①，不可立也。」弗聽。既，又欲立王子職而黜大子商臣。商臣聞之而未察，告其師潘崇曰：「若之何而察之？」潘崇曰：「享江芊而勿敬也②。」從之。江芊怒曰：「呼！役夫！宜君王之欲殺女而立職也。」告潘崇曰：「信矣。」潘崇曰：「能事諸乎？」曰：「不能。」「能行乎？」曰：「不能。」「能行大事乎？」曰：「能。」

冬十月，以宮甲圍成王。王請食熊蹯而死③，弗聽。丁未，王縊。謚之曰「靈」，不瞑，曰「成」，乃瞑。

穆王立，以其為大子之室與潘崇，使為大師，且掌環列之尹④。

注釋

① 忍：狠心，殘忍。
② 江芊（ㄇㄧˇ）：芊是楚國的一種姓氏。江芊，為楚成王之

128

◎文公

妹,嫁在江國。

③ 熊蹯:熊掌。煮熟熊掌需很長時間,楚成王意在拖延時間,等待救兵。

④ 環列之尹:掌管宮廷侍衛的長官。

譯文

當初,楚成王準備以商臣為太子,與令尹子上商量。子上說:「君王的年紀還不大,還有很多寵倖的姬妾,廢去太子就會發生動亂。楚國的確立太子,常常是選擇最年少的公子。況且商臣這個人,眼睛像蜜蜂眼睛而聲音像豺狼號叫,是一個殘忍的人,不可立為太子。」楚成王不聽他的話。不久,楚成王想立王子職為太子,而要廢掉太子商臣。商臣聽到傳聞但還沒有得到證實,就把這消息告訴了他的老師潘崇,問:「如何才能把這消息證實?」潘崇說:「你去宴請成王的妹妹江芈但要戲弄她。」商臣照他的話去做。江芈受他戲弄而大怒,說:「哎呀!你這賤役之人,難怪君王要殺你而立王子職為太子呢!」商臣回來告訴潘崇說:「消息可靠。」潘崇問他:「你能去侍奉王子職嗎?」回答說:「不能。」又問:「你能出逃嗎?」回答說:「不能。」最後問:「能舉行大事嗎?」回答:「能。」

(魯文西元年)冬十月,商臣用他宮中的兵包圍了成王。成王請求吃一隻熊掌再死,商臣不答應。丁未這天,楚成王自縊。大臣們為他定諡為「靈王」,他不閉眼;改為「成王」,才閉上了眼。

商臣立為楚穆王,把他當太子時室內的財物用品都給了潘崇,任潘崇為太師,讓他掌管環列宮廷的警衛。

❀ 晉侯及秦師戰於彭衙

題解

◆ 魯文公二年(西元前625年),秦國進攻晉國,戰於彭衙,又被晉國擊敗。但秦穆公沒有責怪兩次率兵失敗的孟明視,專一地

任其主持國政，終使秦國強大起來。

⊃ 原文

殽之役，晉人既歸秦帥，秦大夫及左右皆言於秦伯曰：「是敗也，孟明之罪也，必殺之。」秦伯曰：「是孤之罪也。周芮良夫之詩曰[1]：『大風有隧，貪人敗類[2]，聽言則對[3]，誦言如醉[4]。匪用其良，覆俾我悖。』是貪故也，孤之謂矣。孤實貪以禍夫子，夫子何罪？」複使為政。

二年春，秦孟明視帥師伐晉，以報殽之役。二月，晉侯禦之，先且居將中軍，趙衰佐之。王官無地禦戎，狐鞫居為右。甲子，及秦師戰於彭衙[5]，秦師敗績。晉人謂秦「拜賜之師」。

戰於殽也，晉梁弘禦戎，萊駒為右。戰之明日，晉襄公縛秦囚，使萊駒以戈斬之。囚呼，萊駒失戈，狼瞫取戈以斬囚，禽之以從公乘，遂以為右。箕之役，先軫黜之，而立續簡伯。狼瞫怒。其友曰：「盍死之？」瞫曰：「吾未獲死所。」其友曰：「吾與女為難。」瞫曰：「《周志》有之：『勇則害上，不登於明堂。』死而不義，非勇也。共用之謂勇，吾以勇求右，無勇而黜，亦其所也。謂上不我知，黜而宜，乃知我矣。子姑待之。」及彭衙，既陳，以其屬馳秦師，死焉。晉師從之，大敗秦師。

君子謂：「狼瞫於是乎君子。《詩》曰：『君子如怒，亂庶遄沮[6]。』又曰：『王赫斯怒，爰整其旅。』怒不作亂，而以從師，可謂君子矣。」

秦伯猶用孟明。孟明增修國政，重施於民。趙成子言於諸大夫曰：「秦師又至，將必辟之。懼而增德，不可當也。《詩》曰：『毋念爾祖，聿修厥德。』孟明念之矣。念德不怠，其可敵乎？」

注釋

① 芮良夫：周厲王時卿士。
② 類：善。指善良的人。
③ 聽言：道塗的話。

◎文公

④ 誦言：誦讀《詩》、《書》的話。

⑤ 彭衙：秦地，當今陝西白水縣東北四十裡的彭衙堡。

⑥ 亂庶遄（ㄔㄨㄢˊ）沮：意思是亂可以很快阻止。遄，疾速，很快；沮，阻止。

譯文

　　殽山戰役後，晉國把被俘的秦國將帥放回不久，秦國的大夫們和秦穆公的左右臣僚都進言於秦穆公說：「這次失敗，是孟明的罪過，一定要殺掉他。」秦穆公說：「是我的罪過。周朝的芮良夫作的詩裡說：『大風迅疾地吹來，像是貪婪的人要把良善者敗壞；那貪婪者憑藉道塗就來應對，聽到《詩》、《書》誦讀之語則昏昏如醉。居上者不用別人的良言，反使自己有悖逆的行為。』失敗是貪婪的緣故，這詩正是說的我。我確實是貪圖人家的土地而使孟明遭禍，孟明有什麼罪呢？」仍然使孟明執掌政務。

　　（魯文公）二年春天，秦國的孟明視率領軍隊進攻晉國，用以報復殽山戰役之仇。二月，晉襄公率軍抵禦。先且居為中軍統帥，趙衰為副統帥。王官無地為晉襄公駕馭戎車，狐鞫居為車右。甲子日，與秦軍在彭衙展開戰爭，秦軍沒有取得進展。晉國人稱秦的軍隊為「拜謝晉國恩賜的軍隊。」

　　在殽的戰役中，晉襄公的戎車由梁弘駕馭，萊駒為車右。戰役的第二天，晉襄公綁縛了秦國的俘虜，讓萊駒用戈去斬殺他們。俘虜們呼叫起來，萊駒害怕地丟掉了戈，狼瞫撿起戈來斬殺了囚徒，捉拿了萊駒跟在晉襄公的戎車後，於是就以狼瞫為車右。到晉國與狄人在箕地作戰時，晉軍將領先軫又廢掉狼瞫的車右職務，而讓狐鞫居來擔任。狼瞫很惱怒。狼瞫的朋友對他說：「你為什麼不去死？」狼瞫說：「我沒有去死的地方。」他的朋友說：「我和你一起作亂。」狼瞫說：「《周志》裡說：『勇敢而謀害上司，死後就進不了明堂配享。』死了卻不合道義，不是勇敢的表現。生命為國家所用才稱為勇敢，我是以這樣的勇敢來求當車右的，沒有這樣的勇敢而被廢掉，那也是我應得到的結果。如果認為上司還不瞭解我，廢掉我，我覺得合適，那他就瞭解我了。你就等待著吧。」到

彭衙戰爭時，晉軍列好陣後，狼瞫率領自己的部屬衝擊秦軍，戰死了。晉軍緊跟著他衝擊，打敗了秦軍。

君子稱：「狼瞫真夠得上是位君子。《詩經》說：『君子如果發怒，禍亂就會很快被阻止。』又說：『天子赫然發怒，於是就整旅而征討。』狼瞫發怒而不去作亂，用惱怒來從軍打仗，可以稱得上君子了。」

秦穆公仍然重用孟明。孟明加強了國政的整頓，施行對百姓有重大利益的措施。趙衰對晉國的大夫們說：「秦國軍隊要再來的話，一定要避開他們。警懼失敗因而增強道德，那是不可阻擋的。《詩經》說：『懷念你的祖先，修養你的道德。』孟明是經常想到這些的。經常想到修養道德而不懈怠，哪裡可以勝過他呢？」

❀ 秦穆公卒

題解

◆ 秦穆公死後，仍舊實行人殉，用三位良臣為他殉葬。這種行為受到《左傳》作者的激烈批判，認為秦穆公不能稱霸，原因就在於他不肯放棄腐朽的制度，並預料秦國如此下去，將不會有所發展。這說明《左傳》作者有進步的歷史觀。

⊃ 原文

秦伯任好卒，以子車氏之三子奄息、仲行、虎為殉，皆秦之良也。國人哀之，為之賦《黃鳥》①。

君子曰：「秦穆之不為盟主也宜哉！死而棄民。先王違世，猶詒之法②，而況奪之善人乎？《詩》云：『人之云亡，邦國殄瘁③。』無善人之謂。若之何奪之？古之王者知命之不長，是以並建聖哲，樹之風聲，分之采物，著之話言④，為之律度，陳之藝極⑤，引之表儀，予之法制，告之訓典，教之防利，委之常秩，道之禮則，使毋失其土宜，眾隸賴之，而後即命⑥。聖王同之。今縱無法以遺後嗣，而又收其良以死，難以在上矣。」君子是以知秦之不復

東征也。

① 《黃鳥》：《詩經·秦風》的一篇。其《序》說：「《黃鳥》，哀三良也。國人刺穆公以人從死而作是詩也。」

② 詒：留給，留下。

③ 殄瘁：殄，盡；瘁，病。意思是都受病困。

④ 話言：善言。

⑤ 藝極：準則。

⑥ 即命：死的別稱。

秦穆公任好死去，用子車氏的三個兒子奄息、仲行、虎為他殉葬，這三個人都是秦國的良臣。秦國人民哀傷他們被殺殉葬，為他們作了一首名為《黃鳥》的詩。

君子評論說：「秦穆公作不了盟會的主人是應該的。他死去就把人民拋棄了。先代的帝王在離開人世的時候，還要留給後人法規，哪裡會奪走善良的賢臣呢？《詩經》說：『一個英才的死亡，全國都困難了。』是指國家沒有善人的意思。既然這樣為何還要奪去善人呢？古代統治天下的人知道自己的性命不會長久，所以廣泛地搜羅賢能之人，為他們樹立風化聲教，分給他們表明上下尊卑等級的物品，把遺留給他們的善言著在竹帛上，為他們制定規章制度，為他們公開展示準則，用自己的表現來引導他們，給予他們法則和制度讓他們來應用，告訴給他們先代帝王的典籍，教給他們防止私利，委派給他們長期的職務，教導給他們應遵守的禮度法則，使他們不要丟掉適合當地實行的制度，讓大家都能隸屬和依賴他，然後死去。最高尚的帝王也是這樣做的。今天秦穆公縱使沒有法規留給後人，怎麼又能收聚國中賢良的人為他送死，他就很難與君主高高在上的地位相稱了。」君子這就知道秦國再不能向東方征伐了。

❀ 晉蒐於夷

題解

◆ 魯文公六年（西元前 621 年），晉國因前任軍帥的去世，整編軍隊，任用新的統帥，舉行大型軍事演習。通過這次演習，趙盾主持了國政，實行一系列政治改革，強化了晉國的統治。

➲ 原文

六年春，晉蒐於夷①，舍二軍。使狐射姑將中軍，趙盾佐之。陽處父至自溫，改蒐於董②，易中軍。陽子，成季之屬也，故黨於趙氏，且謂趙盾能，曰：「使能，國之利也。」是以上之。宣子於是乎始為國政③，制事典，正法罪，辟獄刑，董逋逃④，由質要⑤，治舊洿⑥，本秩禮，續常職，出滯淹。既成，以授大傅陽子與大師賈佗，使行諸晉國，以為常法。

注釋

① 夷：晉地，今地不詳。
② 董：晉地，在今山西萬榮縣境內。
③ 宣子：趙盾諡號。
④ 董：督察追捕。
⑤ 由：用。　質：契約。　要：帳目。
⑥ 洿：貪污腐敗。

譯文

（魯文公）六年春，晉在夷地整頓訓練軍隊，裁去兩個軍。任狐射姑為中軍統帥，趙盾為副統帥。陽處父從溫地返回，晉軍又改到董地訓練，換了中軍統帥的正、副之職。陽處父，是趙衰管轄下的一名大夫，所以他屬於趙氏的黨羽，而且他稱趙盾有能力，他說：「用有能力的人，是為了國家的利益。」所以把趙盾提到狐射姑之上。趙盾於是開始執掌國家政務。他制定了興辦國家大事的典

◎文公

章條例，規定出處罰罪犯的法律條文，決斷已有的犯罪案件，督促追捕避罪逃亡的犯人，採用契約帳目加強財物管理，治理國家原有的腐朽狀況，恢復了原有的貴賤等級秩序，補足職官的空缺，起用滯留在民間的賢能之人。制定出一系列制度後，把這些政務交給太傅陽處父和太師賈佗執行，使之推行到晉國全國，作為長期的施政原則。

❀ 晉殺其大夫陽處父

題解

◆ 晉襄公死後，晉國大夫在確定繼位者的問題上發生鬥爭，主持晉國國政的趙盾極力來調和這種鬥爭，使晉國安定。篇中借臾駢的話，頌揚趙盾，說明他在晉國的威望。

➲ 原文

八月乙亥，晉襄公卒。靈公少，晉人以難故，欲立長君。趙孟曰：「立公子雍。好善而長，先君愛之，且近於秦。秦，舊好也。置善則固，事長則順，立愛則孝，結舊則安。為難故，故欲立長君。有此四德者，難必抒矣。」賈季曰：「不如立公子樂。辰嬴嬖於二君，立其子，民必安之。」趙孟曰：「辰嬴賤，班在九人①，其子何震之有②？且為二君嬖，淫也。為先君子，不能求大，而出在小國，辟也③。母淫子辟，無威；陳小而遠，無援；將何安焉？杜祁以君故④，讓偪姞而上之⑤，以狄故，讓季隗而己次之，故班在四。先君是以愛其子，而仕諸秦，為亞卿焉。秦大而近，足以為援，母義子愛，足以威名。立之不亦可乎？」使先蔑、士會如秦，逆公子雍。賈季亦使召公子樂於陳，趙孟使殺諸郫⑥。

賈季怨陽子之易其班也，而知其無援於晉也，九月，賈季使續鞫居殺陽處父。書曰，「晉殺其大夫」，侵官也。

冬十月，襄仲如晉葬襄公。

十一月丙寅，晉殺續簡伯。賈季奔狄。宣子使臾駢送其帑⑦

135

。

夷之蒐，賈季戮臾駢，臾駢之人欲盡殺賈氏以報焉。臾駢曰：「不可。吾聞前志有之曰：『敵惠敵怨，不在後嗣。忠之道也。』夫子禮於賈季，我以其寵報私怨，無乃不可乎？介人之寵⑧，非勇也。損怨益仇，非知也。以私害公，非忠也。釋此三者，何以事夫子？」盡具其帑與其器用財賄，親帥扞之，送致諸竟⑨。

注釋

① 班：位次。
② 震：威信。
③ 辟：同「僻」，偏僻。
④ 杜祁：公子雍之母，杜國祁姓之女。
⑤ 偪姞（ㄐㄧˊ）：晉襄公之母，偪國姞姓之女。
⑥ 郫（ㄆㄧˊ）：晉地，即今河南濟源市之邵源鎮。
⑦ 帑（ㄋㄨˇ）：同「孥」，妻子，兒女。
⑧ 介：因，憑藉。
⑨ 竟：同「境」。

譯文

（魯文公六年）八月乙亥日，晉襄公死去。晉靈公還很小，晉國人因有國難的緣故，想要立年長的君主。趙盾說：「立公子雍（即被廢太子）吧。他愛好行善而排行又長，先君文公喜愛他，而且他與秦國親近。秦國，是我們原來的友好國家。用善良的人能穩固，服侍年長者順當，立立公喜愛的人也是對他的孝敬，結交舊友就會安寧。因為國難的緣故，所以應該立一個年長的君主。有這樣四種德性的人，國難一定得到緩解。」狐射姑（賈季）說：「不如立公子樂為君。公子樂的母親辰嬴有寵於懷公和文公，立她的兒子為君，人民一定會安定。」趙盾說：「辰嬴地位卑賤，排在文公妃妾中的第九位，她的兒子會有什麼威信呢？又且她受到兩位君主的寵愛，說明她淫蕩。作為文公的兒子，我們不去尋找年長的，而要

找尋一個小國女子所生的人,那裡偏僻不為人所知。母親淫蕩而兒子又在偏僻小國,是沒有威信的;陳國小而離我們又遠,是得不到它的援助的。將來用什麼來安定國家呢?當時公子雍的母親杜祁因為襄公為偪姞所生的緣故,所以她把自己的地位讓給偪姞而使偪姞居於她之上,又為了交好狄人,杜祁再次讓位於文公的姬妾狄人的女兒季隗,而自己處在季隗之下,所以杜祁才排到第四位的。文公因此愛杜祁所生的雍,而雍又在秦國擔任官職,成為秦國的亞卿。秦是大國,離我們又近,足以援助我們;母親講道義兒子又受到喜愛,足以在人民中樹起威信。立公子雍為君,不也是可以的嗎?」趙盾就派先蔑、士會去秦國迎接公子雍。狐射姑也派人到陳國召公子樂,趙盾派人把公子樂殺死在郫地。

　　狐射姑本來就怨恨陽處父把他的中軍統帥的職位換下來,而且知道他在晉國沒有援助的人了,九月,他派了續鞫居殺害了陽處父。《春秋》寫道,「晉國殺了他們的大夫」,意思是說因為陽處父侵奪官權。

　　冬季十月,魯國的大夫襄仲到晉國參加晉襄公的葬禮。

　　十一月丙寅日,晉國殺了續鞫居。狐射姑逃奔到狄人那裡。趙盾讓史駢把狐射姑的妻兒給他送去。

　　在夷地舉行軍事訓練的時候,狐射姑侮辱了史駢。這時,史駢的部屬準備殺盡狐射姑一家以報復。史駢對他們說:「不行。我聽過以前的志書裡說過:『一個人與對方的恩惠或仇怨,不要延及到他的後代。這才是忠實之道。』趙盾夫子對狐射姑很禮敬,我因為受趙盾夫子的寵倖去報復私怨,那不是不可以嗎?借用別人對自己的寵倖,不是勇敢;減除自己的怨恨而增加他人對自己的仇恨,不是聰明;因為私事而損害公家的利益,不是忠誠。捨棄勇敢、聰明、忠誠,用什麼來對待趙盾夫子呢?」就把狐射姑的家屬財產器物都放在車上,親自護送,送到邊境。

❀ 晉人及秦人戰於令狐

◆ 晉國本來已確定立晉襄公的庶弟公子雍為君，但由於襄公夫人穆姬的強求，改立襄公之子為君。並派兵阻擋秦國護送公子雍回國，雙方在令狐發生了戰爭。此後，晉靈公即位，晉國政治開始敗壞。

➲ 原文

秦康公送公子雍於晉。曰：「文公之入也無衛，故有呂、郤之難。」乃多與之徒衛。

穆嬴日抱大子以啼於朝①，曰：「先君何罪？其嗣亦何罪？舍嫡嗣不立，而外求君，將焉置此？」出朝，則抱以適趙氏，頓首於宣子，曰：「先君奉此子也而屬諸子，曰：『此子也才，吾受子之賜；不才，吾唯子之怨。』今君雖終，言猶在耳，而棄之，若何？」宣子與諸大夫皆患穆嬴，且畏逼，乃背先蔑而立靈公，以禦秦師。

箕鄭居守，趙盾將中軍，先克佐之；荀林父佐上軍；先蔑將下軍，先都佐之。步招禦戎，戎津為右。及堇陰②。宣子曰：「我若受秦，秦則賓也；不受，寇也。既不受矣，而復緩師，秦將生心。先人有奪人之心，軍之善謀也。逐寇如追逃，軍之善政也。」訓卒，利兵，秣馬，蓐食③，潛師夜起。戊子，敗秦師於令狐④，至於刳首⑤。

己醜，先蔑奔秦，士會從之。

先蔑之使也，荀林父止之，曰：「夫人、大子猶在，而外求君，此必不行。子以疾辭，若何？不然將及。攝卿以往，可也，何必子？同官為寮，吾嘗同寮，敢不盡心乎？」弗聽。為賦《板》之三章⑥，又弗聽。及亡，荀伯盡送其帑及其器用財賄於秦，曰：「為同寮故也。」

士會在秦三年，不見士伯。其人曰：「能亡人於國，不能見於此，焉用之？」士季曰：「吾與之同罪，非義之也，將何見焉？」及歸，遂不見。

注釋

① 大子：太子，夷皋（晉靈公）。
② 堇陰：晉地，當在今山西臨猗縣東。
③ 蓐（ㄖㄨˋ）：厚。蓐食指吃飽。
④ 令狐：晉地，今山西臨猗縣猗氏鎮。
⑤ 刳（ㄎㄨ）首：晉地，在臨猗縣境廢臨晉縣治。
⑥《板》：《詩經·大雅》篇名，其第三章說：「我雖異事，及爾同寮。我即爾謀，聽我囂囂……」

譯文

　　秦康公準備把公子雍送回晉國，說：「晉文公回國的時候沒有護衛，所以發生了呂飴甥、郤芮謀殺他的事件。」就給公子雍很多的步兵護衛。

　　晉襄公的夫人穆嬴每天抱著太子在朝堂上嚎哭，說：「先君有什麼罪過？他的兒子又有什麼罪過？舍去嗣位的嫡子不立，而要從外面尋找一個國君，要把我們母子放到什麼地方？」她從朝堂出來，便抱著太子到趙盾家中，向趙盾磕頭，對趙盾說：「先君曾抱著這個兒子託付給你，說：『這孩子如果成才，我就等於受了你的恩賜；如果他不成才，我就只能埋怨你了。』現在君主雖然去世了，但他說的話還像在耳旁，你就把這話拋棄了，想要幹什麼？」趙盾和大夫們都很頭疼穆嬴，又害怕她的步步緊逼，就背著去秦國接公子雍的先蔑而確定立穆嬴的兒子，並準備抵抗護送公子雍的秦國軍隊。

　　讓箕鄭留守國都，趙盾統率中軍，先克為副統帥；荀林父為上軍副統帥，已先回國的先蔑統率下軍，先都為副統帥。步招為中軍統帥趙盾駕馭戎車，戎津為車右。軍隊到達堇陰。趙盾對大家說：「我們如果接受秦國護送的公子雍，秦軍就是我們的賓客；如果我們不接受，那秦軍就是我們的敵寇。現在既然我們決定不接受他了，如果我們延緩軍隊的行進，秦國就會用武力強制我們接納公子雍。比他們先走一步就會在心理上壓倒他們，這是行軍打仗的最好謀略。驅逐仇寇如同追捕逃犯，這是打仗的最好方策。」在堇陰加

強士卒訓練，磨利兵器，喂好馬匹，讓士卒吃得飽飽的，在晚上悄悄起兵行動。戊子日，在令狐打敗了護送公子雍的秦軍，並追趕到刳首。

己醜日，先蔑投奔到秦國，士會也跟隨著他。

先蔑出使秦國的時候，荀林父曾阻止他，說：「晉襄公的夫人、太子都還在國內，而要到外面尋找一個國君，這一定不能去。你假稱得病推辭掉，怎麼樣？不這樣做的話，將給你帶來危害。讓一個代理卿大夫的人去就行了，何必一定你去呢？一起做官就是同僚，我們曾經是同級的官吏，我哪敢對你不盡心考慮呢？」先蔑不聽他的話。荀林父又誦《板》詩的第三節勸說他，先蔑又沒有聽。等到先蔑逃亡時，荀林父又把先蔑的妻子兒女和家裡器物用度財產全部送到秦國，說：「因為我們是同僚的緣故。」

士會在秦國居住了三年，也沒有見過先蔑。他的隨從人們說：「他能和我們一起從晉國逃亡，倒不能在這裡見一面，哪裡用得著這樣？」士會說：「我和他是一樣的罪過，我又不覺得他正當，有什麼可見的呢？」及至兩人都回到晉國，士會從不去看先蔑。

❀ 晉侯使解揚歸匡、戚之田於衛

題解

◆ 魯文公七年（西元前 620 年），晉國在奪取了衛國的一些領土後決定歸還給它，目的是「示威示懷」，即大國對小國既要用武力威脅，又用「德義」懷柔，使小國總由大國擺佈。這是春秋時期大國征服小國的兩面手段。

➲ 原文

晉郤缺言於趙宣子曰：「日衛不睦①，故取其地。今已睦矣，可以歸之。叛而不討，何以示威？服而不柔，何以示懷？非威非懷，何以示德？無德，何以主盟？子為正卿，以主諸侯，而不務德，將若之何？《夏書》曰②：『戒之用休，董之用威③，勸之以《九歌》，

勿使壞。』九功之德皆可歌也，謂之《九歌》。六府、三事，謂之九功。水、火、金、木、土、穀，謂之六府，正德、利用、厚生，謂之三事。義而行之，謂之德、禮。無禮不樂，所由叛也。若吾子之德，莫可歌也，其誰來之？盍使睦者歌吾子乎？」宣子說之。

八年春，晉侯使解揚歸匡、戚之田於衛，且複致公婿池之封，自申至於虎牢之境④。

譯文

晉國的郤缺對趙盾進言說：「往日衛國跟我們不友好，所以我們奪取了他們的一些土地。現在他們跟我們友好了，可以歸還這些土地了。背叛了而不加討伐，怎麼顯示威力呢？歸服了而不加撫綏，怎麼顯示恩德呢？沒有威力也沒有恩德，怎麼顯示德行呢？沒有德行，怎麼主持盟會呢？你是正卿，用這個身份做各國的盟主，而不急於提倡德行，將要怎麼辦？《夏書》說：『用善道告誡人，用威刑去督促人，用《九歌》來勸導人，不要使他們敗壞。』九種事功的德行都是可以歌頌的，稱之為《九歌》。六府、三事，稱為九功。水、火、金、木、土、穀等物質，稱為六府，修正德行、開發有用物資、加厚民生所需，稱為三事。見義而實行，稱為德行、禮數。沒有德行、禮數就不會快樂，所以要引起叛變。如果你的德行、禮度，沒有可歌頌的地方，那有誰會來歸服呢？為何不讓對我們友好的人們來歌頌你呢？」趙盾很高興他這番話。

（魯文公）八年春季，晉靈公派解揚把匡地、戚地歸還給衛國。並且又送給鄭國當年公婿池所劃定的地方，從申地到達虎牢邊境的地方。

❀ 楚子、蔡侯次於厥貉

◆ 楚國準備進攻宋國，宋國自知力量弱小，不能抵抗，便邀請楚穆公到宋遊覽、圍獵。在圍獵中，宋昭公違反楚王的命令，楚國的左司馬就鞭打他的僕人來警告他，實際是以此威脅宋國。表明大國對小國的頤指氣使。

⊃ 原文

陳侯、鄭伯會楚子於息。冬，遂及蔡侯次於厥貉①，將以伐宋。宋華禦事曰：「楚欲弱我也，先為之弱乎？何必使誘我？我實不能，民何罪？」乃逆楚子，勞且聽命。遂道以田孟諸②。宋公為右盂，鄭伯為左盂。期思公複遂為右司馬③，子朱及文之無畏為左司馬，命夙駕載燧。宋公違命，無畏抶其僕以徇④。

或謂子舟曰：「國君不可戮也。」子舟曰：「當官而行，何強之有？《詩》曰：『剛亦不吐，柔亦不茹⑤。』『毋縱詭隨⑥，以謹罔極⑦』。是亦非辟強也。敢愛死以亂官乎？」

注釋

① 厥貉：宋國邊地，當在今河南項城市境內。
② 孟諸：古代湖澤，在宋國境內。
③ 期思：楚國縣邑，在今河南固始縣西北。
④ 抶（彳）：笞打，鞭打。
⑤ 茹：吃，吞。這裡二句引自《詩經·大雅·烝民》。次序顛倒。
⑥ 詭隨：詭詐欺騙。
⑦ 極：標準。罔極，放蕩胡來。這裡二句引自《詩經·大雅·民勞》。

譯文

陳共公、鄭穆公與楚穆王在息地相會。（魯文公十年）冬天，三位又同蔡莊公停留在厥貉，準備進攻宋國。

　　宋國大夫華禦事說：「楚國要削弱我們，我們是否先就讓他看得軟弱些？何必讓他來誘逼我們？我們這些當官的實在無能，可咱們的老百姓有什麼罪呢？」於是就把楚穆王迎到國內，慰勞他並且聽從他的指令。引導楚穆王等到孟諸澤中去遊獵。宋昭公在右面的圓形獵陣上，鄭穆公在左面的圓形獵陣上。楚國期思公複遂擔任右司馬，楚國的子朱和文之無畏為左司馬。命令早晨要駕車啟程並裝上取火的燧木。宋昭公違反命令沒有這樣做，文之無畏就鞭打了他的車夫來警示眾人。

　　有人質問文之無畏說：「國君是不能侮辱的。」文之無畏說：「擔當官職就要按職務做事，管什麼誰的地位高呢？《詩經》說：『剛硬的東西不吐出來，柔軟的東西不吃下去。』『不要放縱詭詐欺哄的行為，用來警戒那些沒有準則的行為。』這都是說的不要躲避強者。我敢怕死而放棄自己的職守嗎？」

❀ 晉人、秦人戰於河曲

題解

　　◆ 魯文公十二年（西元前615年），秦國在令狐之役失敗後，再次向晉國進攻。為秦國出謀劃策的是晉國人士會。這次戰爭雙方都未取勝，但晉國由此感到秦國對自己的威脅。

➲ 原文

　　秦為令狐之役故，冬，秦伯伐晉，取羈馬①。晉人禦之。趙盾將中軍，荀林父佐之。郤缺將上軍，臾駢佐之。欒盾將下軍，胥甲佐之。範無恤禦戎，以從秦師於河曲。

　　臾駢曰：「秦不能久，請深壘固軍以待之②。」從之。

　　秦人欲戰。秦伯謂士會曰：「若何而戰？」對曰：「趙氏新出其屬曰臾駢，必實為此謀，將以老我師也③。趙有側室曰穿，晉君之婿也，有寵而弱，不在軍事，好勇而狂，且惡臾駢之佐上軍也。若使輕者肆焉，其可。」秦伯以璧祈戰於河。

十二月戊午，秦軍掩晉上軍。趙穿追之，不及。反，怒曰：「裹糧坐甲，固敵是求。敵至不擊，將何俟焉？」軍吏曰：「將有待也。」穿曰：「我不知謀，將獨出。」乃以其屬出。宣子曰：「秦獲穿也，獲一卿矣。秦以勝歸，我何以報？」乃皆出戰，交綏。

秦行人夜戒晉師曰：「兩君之士皆未憖也④，明日請相見也。」臾駢曰：「使者目動而言肆，懼我也，將遁矣。薄諸河，必敗之。」胥甲、趙穿當軍門呼曰：「死傷未收而棄之，不惠也。不待期而薄人於險，無勇也。」乃止。秦師夜遁。複侵晉，入瑕。

注釋

① 羈馬：晉地，在今山西永濟縣南。
② 深壘：高築營壘。
③ 老：使 ...... 因相持長久而疲憊厭戰。
④ 憖（一ㄣˋ）：滿意。

譯文

秦國因為令狐戰役失敗的緣故，又於（魯文公十二年）冬季，（在秦康公的率領下）進攻晉國，奪取了晉國的羈馬。晉國抵抗秦國的進攻。趙盾統率中軍，荀林父為副。郤缺統率上軍，臾駢為副。欒盾統率下軍，胥甲為副。范無恤為趙盾駕馭戎車，率軍追擊秦軍到達河曲。

臾駢說：「秦軍不能持久，我們高築壁壘把軍隊固定下來等待他們。」趙盾聽從了他的建議。

秦人想要發動戰鬥，秦康公對士會說：「用什麼辦法來戰呢？」士會回答說：「趙盾新近提拔了他的下屬臾駢，一定是臾駢出的這個計策，將用來使我們的軍隊長時間停留導致疲憊。趙盾有一庶出兄弟叫趙穿，是晉襄公的女婿，他受趙盾寵倖而年少，不懂得軍事，好勇而狂妄，並且怨恨臾駢擔任上軍副統帥。如果讓一些輕捷的戰士進行挑戰，晉軍一定會出戰。」秦康公用玉璧向河神祈求獲勝。

（魯文公十二年）十二月戊午，秦軍掩襲晉國的上軍而迅速

撤退。趙穿追擊秦軍，沒有追上，返回來，憤怒地說：「裝起軍糧披甲而坐，固定在這裡等待敵人。敵人來了不攻打，將要等待什麼？」軍吏說：「將軍待他們的疲憊。」趙穿說：「我不懂得計謀，我要單獨出擊。」就帶著他的部屬出擊。趙盾說：「秦軍若俘虜趙穿，就是俘虜一個卿大夫了。秦軍以勝利回國，我們拿什麼報答國人？」就全軍出戰，雙方都退了兵。

秦軍派到晉國的行人在晚上告訴晉軍說：「兩位國君的戰士都不願意撤退，明日請再相見。」臾駢說：「秦國的使者眼珠亂轉言語失態，說明畏懼我們，就要偷跑了。把他們逼迫到河邊，一定會打敗他們。」胥甲、趙穿擋住營門呼叫說：「死的傷的還沒有收留就拋棄他們，沒有恩惠。不等待約好的戰期逼迫人家到險境，太不勇敢了。」晉軍就停下了。秦軍就在當晚逃遁了。後來，再次侵犯晉國，進入瑕地。

❀ 晉六卿相見於諸浮

題解

◆ 晉國為緩和秦國對自己的威脅，執政的六卿秘密相會，決定用計策誘使士會回國，以爭奪謀士。這一計謀成功，士會後來又成為晉國的主要謀臣。

⊃ 原文

十三年春，晉侯使詹嘉處瑕，以守桃林之塞①。

晉人患秦之用士會也，夏，六卿相見於諸浮②。趙宣子曰：「隨會在秦③，賈季在狄，難日至矣，若之何？」中行桓子曰：「請復賈季，能外事，且由舊勳。」郤成子曰④：「賈季亂，且罪大，不如隨會。能賤而有恥，柔而不犯，其知足使也。且無罪。」

乃使魏壽余偽以魏叛者，以誘士會。執其帑於晉，使夜逸。請自歸於秦，秦伯許之。履士會之足於朝。秦伯師於河西，魏人在東。壽餘曰：「請東人之能與夫二三有司言者，吾與之先。」使士會，

145

士會辭，曰：「晉人，虎狼也，若背其言，臣死，妻子為戮，無益於君，不可悔也。」秦伯曰：「若背其言，所不歸爾帑者，有如河！」乃行。繞朝贈之以策，曰：「子無謂秦無人，吾謀適不用也。」既濟，魏人噪而還，秦人歸其帑。其處者為劉氏。

注釋

① 桃林：指今河南靈寶西至陝西潼關一帶。
② 諸浮：晉國國都郊外之地。
③ 隨會：即士會，因采邑在隨、範，又稱隨會、範會。
④ 郤成子：郤缺。

譯文

（魯文公）十三年春，晉國國君派詹嘉到瑕地駐守，以便防守秦國東部的桃林關塞。

晉國憂慮秦國任用士會而圖謀侵害晉國，夏季，六位卿大夫秘密在絳都郊外的諸浮相會。趙盾說：「士會在秦國，狐射姑在狄人那裡，我們的災難每日都有可能到來，有什麼辦法能對付呢？」荀林父說：「請讓狐射姑再回來，他懂得外境的事情，而且他父親狐偃是原來的功勳。」郤缺說：「狐射姑好作亂，罪惡又大，不如士會。士會能做到處於卑賤而懂得恥辱，性格和順但不可侵犯，他的智慧也足夠用，又沒有罪。」

這樣，晉國就讓魏邑的魏壽余假裝成魏邑的叛徒，（跑到秦國）來誘騙士會回晉國。晉國公開地拘禁了魏壽余的妻子，又在晚上放開了她。（魏壽余到秦國後，）說他要把魏邑和當地人民都歸到秦國，秦康公答應了。魏壽餘又跟著士會上朝暗中踩一下他的腳來示意。秦康公帶領軍隊在黃河西岸接應魏邑人民到秦國，魏邑人都站在黃河東岸，魏壽余對秦康公說：「請你讓在秦國的晉國人能與對岸魏邑幾個管事的說上話的人過去，我帶他先過去接應魏人。」秦康公就讓士會去。士會推辭不去，說：「晉國人，都是虎狼。如果他們反悔了，我就會死去，留在秦國的妻兒也會被你殺死，

這對君主你是沒有好處的，你不要因為我去了辦不成後悔啊。」秦康公說：「如果魏邑的人反悔了，而我不歸還你的妻子，有河神來監視。」於是魏壽餘和士會就起身過河。秦國大夫繞朝贈給士會策書，對士會說：「你不要以為秦國就沒有人才，只是我的計謀正好沒有被採用。」士會和魏壽餘過河之後，魏邑的人帶著他們喊一聲回去了，秦國也把士會的妻兒送回晉國，士會家族留在秦國的就改為劉姓。

❀ 楚人、秦人、巴人滅庸

題解

◆ 魯文公十六年（西元前 611 年），楚國發生嚴重的饑荒，它的屬國乘機背叛，並聯合起來向它發動進攻。楚國人民團結一致，庸國卻驕傲輕敵，終於被楚國消滅了。

➲ 原文

楚大饑，戎伐其西南 ①，至於阜山 ②，師於大林 ③。又伐其東南，至於陽丘，以侵訾枝 ④。

庸人帥群蠻以叛楚 ⑤，麇人率百濮聚於選 ⑥，將伐楚。於是申、息之北門不啟。

楚人謀徙於阪高 ⑦，賈曰：「不可。我能往，寇亦能往，不如伐庸。夫麇與百濮，謂我饑不能師，故伐我也。若我出師，必懼而歸。百濮離居，將各走其邑，誰暇謀人？」乃出師。旬有五日，百濮乃罷。

自廬以往 ⑧，振廩同食 ⑨。次於句澨 ⑩。使廬戢梨侵庸，及庸方城 ⑪。庸人逐之，囚子揚窗。三宿而逸，曰：「庸師眾，群蠻聚焉，不如複大師，且起王卒，合而後進。」師叔曰 ⑫：「不可。姑又與之遇以驕之。彼驕我怒，而後可克。先君蚡冒所以服陘隰也 ⑬。」又與之遇，七遇皆北，唯裨、鯈、魚人實逐之 ⑭。

庸人曰：「楚不足與戰矣。」遂不設備。楚子乘馹 ⑮，會師

於臨品⑯，分為二隊，子越自石溪，子貝自仞以伐庸⑰。秦人、巴人從楚師。群蠻從楚子盟，遂滅庸。

注釋

① 戎：指楚國南部地區居住於山間的少數族，亦稱山戎。

② 阜山：楚地，當在今湖北房縣南。

③ 大林：楚地，當在今湖北荊門市西北。

④ 訾枝：楚地，在今湖北鐘祥市境內。

⑤ 庸：國名，今湖北竹山縣境內上庸故城為其都邑所在地。

⑥ 麇：國名，即今湖北十偃市鄖陽區。百濮：楚國周邊地區分散的少數族的總稱，主要集中於長江、漢水之間。　選：楚地，當在今湖北枝江市境內。

⑦ 阪高：楚地，在今湖北襄陽市境內。

⑧ 廬：楚地，在今湖北南漳縣東。

⑨ 振：發，開。

⑩ 滋（ㄕˋ）：楚地，在今湖北丹江口市均縣廢治西。

⑪ 庸方城：庸國邊疆防護設施。高士奇《春秋地名考略》稱：「今竹山縣東四十五里有方城，山上平坦，四面險固，山南有城周十餘里，即春秋時庸方城也。」

⑫ 師叔：楚國大夫潘尪。

⑬ 陘隰：一說為春秋時小國，為楚所滅。一說為區域名，即指荊州以東山險地區。

⑭ 裨：庸國所屬的部落，今地不詳。鯈：庸國所屬部落名，今地不詳。魚：庸國所率部落名，在今重慶奉節縣東。

⑮ 駬（ㄖˋ）：行路用的車子。

⑯ 臨品：楚與庸交界地，在今湖北丹江口市境。

⑰ 石溪、仞：均在今湖北丹江口市境。

譯文

（魯文公十六年夏天），楚國遭受了嚴重的饑荒，山戎族乘機

侵伐楚國的西南地區，進入到阜山，楚國派軍在大林防禦。山戎又侵伐楚國的東南部，進入到陽丘，進一步侵入訾枝。

庸國也乘機率領各蠻族背叛楚國，麋國人又率領百濮聚集於選地，都準備進攻楚國。這時，（楚國為防止北方諸侯的入侵，）它的北邊防守重地申、息都不敢開啟北城門了。

楚國內部正在計畫遷都到阪高。楚大夫蒍賈說：「不能遷都。我們能去的地方，敵寇也能去，不如向庸國進攻。麋國和百濮人，都認為我們遭饑荒而不能出兵，所以要進攻我們。如果我們出兵，他們一定害怕而退回去。百濮各部屬分散地居處，將會各歸各的處所，誰還顧得了管別人呢？」於是楚國出了兵，經過一旬又五天，百濮就散去了。

楚國從廬地向庸國進軍，沿途地方打開倉庫平均分配將士糧食，到句澨停留下來。讓廬地人廬戢梨率兵侵犯庸國，到達庸國的方城。庸國軍隊把他們驅逐出去，並俘虜了前去的子揚窗。過了三天三夜，子揚窗逃脫回到楚軍中，他說：「庸國軍隊很多，各蠻人部落都聚集在他那裡，咱們不如再調大部隊，並且調動國王親兵，匯合而後進兵。」楚國大夫師叔說：「不可以。暫且還由小部隊與庸人遭遇使他們驕傲，他們驕傲我們憤怒，然後就可戰勝他們，這是先君蚡冒戰服陘隰的辦法。」於是楚軍又向庸國進軍，但進攻七次都偽裝敗退下來，只有裨、儵、魚等部落實際在追趕楚國軍隊的進攻。

庸國人說：「楚國經不住我們跟他打了。」因而不設置防禦工事。楚穆王坐著普通的傳車，率兵在臨品與楚軍會合，將軍隊分為兩部分，一部分由子越率領，從石溪出發，一部分由子貝率領，由仞出發，同時進攻庸國。秦國、巴國的軍隊跟隨著楚軍，各蠻族部落首領又同楚穆王結成聯盟，於是消滅了庸國。

❀ 宋人弒其君杵臼

題解

◆ 宋昭公當政後，國內貴族之間的鬥爭仍在繼續。魯文公十六年（西元前611年），其弟公子鮑聯合一部分貴族，殺死宋昭公，自己當了國君。

⊃ 原文

宋公子鮑禮於國人。宋饑，竭其粟而貸之。年自七十以上，無不饋詒也①，時加羞珍異。無日不數於六卿之門。國之材人，無不事也。親自桓以下，無不恤也。公子鮑美而豔，襄夫人欲通之，而不可，乃助之施。昭公無道，國人奉公子鮑以因夫人。

於是華元為右師，公孫友為左師，華耦為司馬，鱗為司徒，蕩意諸為司城，公子朝為司寇。初，司城蕩卒，公孫壽辭司城，請使意諸為之。既而告人曰：「君無道，吾官近，懼及焉。棄官，則族無所庇。子，身之貳也，姑紓死焉，雖亡子，猶不亡族。」

既，夫人將使公田孟諸而殺之。公知之，盡以寶行。蕩意諸曰：「盍適諸侯？」公曰：「不能其大夫至於君祖母以及國人②，諸侯誰納我？且既為人君，而又為人臣，不如死。」盡以其寶賜左右而使行。

夫人使謂司城去公。對曰：「臣之而逃其難，若後君何？」

冬十一月甲寅，宋昭公將田孟諸，未至，夫人王姬使帥甸攻而殺之③。蕩意諸死之。書曰「宋人弒其君杵臼」，君無道也。

文公即位，使母弟須為司城。華耦卒，而使蕩虺為司馬。

注釋

① 饋詒：即饋贈。

② 能：跟……和睦相處。

③ 帥甸：有三種解釋，一說為管理公田的大夫；一說為主管公族刑獄的官；一說為管理軍役的官。今從第二種解釋。

譯文

宋國的公子鮑對國人恭敬優待。宋國發生饑荒，他竭盡家中糧

食，借貸給他們，國人年紀在七十以上的，他都把食品贈送給他們，經常還給他們增添一些珍肴美味。沒有一天不去六卿的門上拜謁，國內有才幹的人，他都虛心對待。親戚們自桓公以下的人，他都體恤救濟。公子鮑長得漂亮而且光彩照人，宋襄公的夫人想要和他通姦，公子鮑不同意，夫人就幫助公子鮑給國人施捨。宋昭公荒淫無道，國人擁護公子鮑以回應宋襄公的夫人。

當時華元為右師，公孫友為左師，華耦為司馬，鱗為司徒，蕩意諸為司城，公子朝為司寇。當初，司城蕩死去，他的兒子公孫壽辭掉了司城的職務，請求讓自己的兒子蕩意諸做司城。不久公孫壽對人說：「國君荒淫無道，我的職位使我經常在他身邊，我害怕禍難也會危及到我。棄官不做，那宗族就得不到保護。兒子，是我身子的另一部分，他代我做官雖然死了，還不至於滅亡了宗族。」

不久，宋襄公的夫人就準備讓宋昭公到孟諸澤中游獵而殺掉他。宋昭公瞭解到宋襄公夫人的計畫，把全部寶物都準備帶出去。蕩意諸對他說：「為什麼不到其他國家呢？」宋昭公說：「不能跟大夫們以至於自己的祖母、國人合得來，別國誰會容納我？又且既然當了人君，到別國做人家的人臣，不如一死。」把寶物都分賜給他的左右讓他們出逃。

宋襄公夫人派人告訴司城蕩意諸離開宋昭公。蕩意諸對使者說：「為臣的逃避國君的災難，怎麼對待以後的君主呢？」

（魯文公十六年）十一月甲寅，宋昭公就要到孟諸澤去遊獵，還沒有到達，宋襄公的夫人就派管理公族的帥甸帶領徒兵攻打而殺死了他。蕩意諸也為宋昭公而死去了。《春秋》寫道，「宋人殺了他們的國君杵臼」，意思是說國君荒淫無道。

次年公子鮑即位，為宋文公。讓他的同母弟弟須做了司城。華耦死去，使蕩意虺做了司馬。

❀ 鄭子家告趙宣子

題解

◆ 晉靈公當政後，晉國仍保持霸主的地位，蔑視欺壓鄭國。因此，鄭國大臣就寫信提出質問，並義正詞嚴地說，如果這樣對待鄭國，鄭國定會「鋌而走險」，反抗晉國。這封信迫使晉國與鄭國訂立了和約。

⊃ 原文

晉侯蒐於黃父①，遂復合諸侯於扈②，平宋也。公不與會，齊難故也。書曰「諸侯」，無功也。

於是晉侯不見鄭伯，以為貳於楚也。鄭子家使執訊而與之書，以告趙宣子，曰：「寡君即位三年，召蔡侯而與之事君。九月，蔡侯入於敝邑以行。敝邑以侯宣多之難，寡君是以不得與蔡侯偕。十一月，克減侯宣多而隨蔡侯以朝事於執事③。十二年六月，歸生佐寡君之嫡夷，以請陳侯於楚而朝諸君。十四年七月，寡君又朝以蕆陳事④。十五年五月，陳侯自敝邑往朝於君。往年正月，燭之武往，朝夷也。八月，寡君又往朝。以陳、蔡之密邇於楚，而不敢貳焉，則敝邑之故也。雖敝邑之事君，何以不免？在位之中，一朝於襄，而再見於君。夷與孤之二三臣相及於絳。雖我小國，則蔑以過之矣。今大國曰：『爾未逞吾志。』敝邑有亡，無以加焉。古人有言曰：『畏首畏尾，身其餘幾？』又曰：『鹿死不擇音。』小國之事大國也，德則其人也；不德則其鹿也，鋌而走險，急何能擇？命之罔極，亦知亡矣。將悉敝賦待於鯈⑤，唯執事命之。文公二年六月壬申，朝於齊。四年二月壬戌，為齊侵蔡，亦獲成於楚。居大國之間，而從於強令，豈其罪也？大國若弗圖，無所逃命。」

晉鞏朔行成於鄭，趙穿、公婿池為質焉⑥。

注釋

① 黃父：晉地，亦名黑壤。即今山西翼城東北的烏嶺。

② 扈：鄭地，當在今河南原陽縣西。

③ 減：同「鹹」，消滅。

④ 蕆（ㄔㄢˇ）：辦成事情。

⑤ 儵：晉國與鄭國交界之處，今地不詳。
⑥ 質：人質。

譯文

　　晉靈公在黃父舉行大型軍事訓練，於是借機又召集各國諸侯在鄭國的扈地會合，目的是要與宋國談和。魯文公沒有來參加，因為有齊國侵伐魯國的患難。《春秋》寫道「諸侯會於扈」，意思是說這次會合沒有效果。

　　當時晉靈公拒絕與鄭穆公見面，認為鄭國既服從晉國又投靠楚國。鄭國大夫子家就派一位送信的官員到晉國送了一封信，信寫給趙盾，信中說：「我們君主即位的第三年，就邀請蔡莊公一起服從你們君主。這年九月，蔡莊公來到我國準備同我們國君一起去晉國，但因為我國發生了侯宣多恃寵專權的患難，我們君主因此而不能與蔡莊公一起去。這年十一月，戰勝滅絕了侯宣多，我們君主就與蔡莊公相隨朝見服事於你這位執政。我們君主即位後第十二年六月，歸生輔佐我們君主的太子夷，為了向楚國請求他們與陳靈公講和，特地去朝見了你們君主。十四年七月，我們君主又以完成了陳國的事情朝見你們。十五年五月，陳靈公從我國去朝見你們君主。去年正月，燭之武去，陪同太子夷去朝見你們。八月，我們君主又去。作為陳、蔡，與楚國如此親密相近，卻不敢投靠楚國，那是有我們的緣故。雖然我們如此對待貴國君主，卻為何不免得到你們的責罰呢？你們在位的君主當中，我們朝見過晉襄公一次，而朝見過在位君主兩次。太子夷與我們國君的一些臣僚一個接一個地去到絳都。雖則我們是小國，這樣做也沒有哪個國家能超過了吧。現在你作為大國說：『你們還做得不快我們的心意。』我國（要像這麼被要求）就只有滅亡，再不能增加什麼了。古人有言說：『頭也害怕尾也害怕，留下身子還能剩餘多少不害怕呢？』又說：『鹿要死也就不管自己的聲音了。』小國服侍大國，大國以仁德對待它，它就是人；不用仁德對待它，它就是一隻鹿，著急了就會疾速走入險境，著急了還能選擇嗎？大國無準則地下命令，我們也知道要滅亡了，只能把我國的全部軍資集中起來在儵地等待了，任憑你執政命令我

們吧。我們文公即位的第二年六月壬申，到齊國朝見。四年二月壬戌，因為齊國侵伐蔡國，我們也只得與楚國談和。處在大國之間，都要求我們服從強者的命令，難道成了我們的罪過？你們大國如果不考慮這些，那我們就無處逃避性命了。」

（趙盾看到信後）派鞏朔到鄭國和談，趙穿、公婿池也到鄭國做了人質。

❀ 魯文公夫人姜氏歸於齊

> **題解**

◆ 魯文公死後，公室大夫操縱政權，廢嫡立庶，使魯國的君權逐漸削弱，為卿大夫專政提供了條件。

⟳ 原文

六月，葬文公。

秋，襄仲、莊叔如齊 ①，惠公立故，且拜葬也。

文公二妃，敬嬴生宣公 ②。敬嬴嬖，而私事襄仲。宣公長，而屬諸襄仲，襄仲欲立之，叔仲不可。仲見於齊侯而請之。齊侯新立，而欲親魯，許之。

冬十月，仲殺惡及視，而立宣公。書曰「子卒」，諱之也。

仲以君命召惠伯，其宰公冉務人止之，曰：「入必死。」叔仲曰：「死君命可也。」公冉務人曰：「若君命，可死；非君命，何聽？」弗聽，乃入，殺而埋之馬矢之中 ③。公冉務人奉其帑以奔蔡，既而複叔仲氏。

夫人姜氏歸於齊，大歸也 ④。將行，哭而過市，曰：「天乎！仲為不道，殺嫡立庶。」市人皆哭。魯人謂之哀姜。

> **注釋**

① 襄仲：魯公子遂。莊叔：魯臣叔孫得臣。

　　② 敬嬴生宣公：按：楊伯峻《春秋左傳注》引《史記‧魯世家》、劉文淇《春秋左傳疏證》謂，此句上有脫文，應為：「文公二妃，元妃齊姜，生惡及視；次妃敬嬴，生宣公。」

　　③ 矢：通「屎」。

　　④ 大歸：返回祖國，再不回夫家來。

譯文

　　（魯文公十八年）六月，埋葬魯文公。

　　秋季，魯國的襄仲、莊叔到了齊國，是因為齊惠公剛即位的緣故，同時答謝齊國參加魯文公的葬禮。

　　魯文公有兩個夫人，第二個夫人敬嬴生了宣公。敬嬴受到魯文公的寵倖，而又與襄仲勾結。宣公長大以後，敬嬴就把他託付給襄仲。襄仲想要把宣公立為君主，叔仲不同意。襄仲去齊國見到齊惠公請求援助。齊惠公剛剛即位，想與魯國親善，就答應了。

　　冬季十月，襄仲殺害了魯文公的第一個夫人齊姜的兒子惡及視，立宣公。《春秋》寫道「子卒」，是為這件事隱諱。

　　襄仲（在叔仲不知道惡及視已死的情況下）假借惡的命令讓叔仲來，叔仲家中管理家臣的人公冉務人不讓他去，說：「去了一定要死。」叔仲說：「為君命而死就行了。」公冉務人說：「如果是君命的話，那可以去死；不是君命的話，為什麼要聽從呢？」叔仲不聽勸告，就去了，襄仲把他殺死埋在了馬糞之中。公冉務人帶著叔仲的妻子出逃到蔡國。不久，襄仲又讓叔仲的兒子繼承了他父親的職位。

　　魯文公的元妃齊姜回到齊國，再不會回魯國了。即將離開魯國的時候，哭著走過市區，說：「上天啊，襄仲太沒有道義了，殺了嫡長子而立起庶子。」街市上的人們都哭了。魯國人稱她為哀姜。

❀ 季文子使大史克對

題解

◆ 魯文公十八年（西元前609年），莒國太子僕殺了其父紀公而逃奔到魯國，魯宣公讓給他一處地方，而魯國國相季文子則命令把他趕出國境，並讓太史向魯宣公說明驅逐太子僕的原因，是太子僕不孝敬、不忠誠，「莫可則也」。從中可以看到季文子對西周禮法的極力維護。

⊃ 原文

莒紀公生大子僕，又生季佗。愛季佗而黜僕，且多行無禮於國。僕因國人以紀公，以其寶玉來奔，納諸宣公。公命與之邑，曰：「今日必授。」季文子使司寇出諸竟 ①，曰：「今日必達 ②。」公問其故，季文子使大史克對曰：

「先大夫臧文仲教行父事君之禮，行父奉以周旋，弗敢失隊。曰：『見有禮於其君者，事之，如孝子之養父母也；見無禮於其君者，誅之，如鷹鸇之逐鳥雀也 ③。』先君周公制《周禮》曰：『則以觀德，德以處事，事以度功，功以食民。』作《誓命》曰：『毀則為賊，掩賊為藏。竊賄為盜，盜器為奸。主藏之名，賴奸之用，為大凶德，有常無赦。在九刑不忘。』行父還觀莒僕，莫可則也。孝敬忠信為吉德，盜賊藏奸為凶德。夫莒僕，則其孝敬，則君父矣；則其忠信，則竊寶玉矣。其人，則盜賊也；其器，則奸兆也。保而利之，則主藏也。以訓則昏，民無則焉。不度於善，而皆在於凶德，是以去之。

「昔高陽氏有才子八人，蒼舒、隤敳、檮戭、大臨、尨降、庭堅、仲容、叔達 ④，齊、聖、廣、淵、明、允、篤、誠，天下之民謂之八愷 ⑤。高辛氏有才子八人，伯奮、仲堪、叔獻、季仲、伯虎、仲熊、叔豹、季狸，忠、肅、共、懿、宣、慈、惠、和，天下之民謂之八元。此十六族也，世濟其美，不隕其名。以至於堯，堯不能舉。舜臣堯，舉八愷，使主後土，以揆百事，莫不時序，地平天成；舉八元，使布五教于四方，父義、母慈、兄友、弟共、子孝，內平外成。

「昔帝鴻氏有不才子，掩義隱賊，好行凶德，丑類惡物，頑嚚不友，是與比周。天下之民謂之渾敦 ⑥。少皞氏有不才子，毀信廢忠，崇飾惡言，靖譖庸回，服讒蒐慝，以誣盛德，天下之民謂之窮

◎文公

奇⑦。顓頊氏有不才子，不可教訓，不知話言；告之則頑，舍之則嚚，傲很明德，以亂天常，天下之民謂之檮杌⑧。此三族也，世濟其凶，增其惡名，以至於堯，堯不能去。縉雲氏有不才子，貪於飲食，冒於貨賄，侵欲崇侈，不可盈厭，聚斂積實，不知紀極，不分孤寡，不恤窮匱，天下之民以比三凶，謂之饕餮⑨。舜臣堯，賓於四門，流四凶族，渾敦、窮奇、檮杌、饕餮，投諸四裔，以禦螭魅。是以堯崩而天下如一，同心戴舜，以為天子，以其舉十六相，去四凶也。故《虞書》數舜之功，曰『慎徽五典，五典克從』，無違教也。曰『納於百揆，百揆時序』，無廢事也。曰『賓於四門，四門穆穆』，無凶人也。

「舜有大功二十而為天子，今行父雖未獲一吉人，去一凶矣，於舜之功，二十之一也。庶幾免於戾乎⑩？」

注釋

① 季文子：魯國當時的執政大臣季孫行父，諡號文。
② 達：做到。
③ 鷹鸇（ㄓㄢ）：鷹、鸇皆為兇猛的鳥，食肉。
④ 敱（ㄞ∕）：人名。 檮（ㄊㄠ∕）戭（一ㄢˇ）：人名。
尨降：人名。
⑤ 愷（ㄎㄞˇ）：和樂。
⑥ 渾敦：不開通的樣子。
⑦ 窮奇：貧乏而怪異的樣子。
⑧ 檮杌：凶頑沒有可比的樣子。
⑨ 饕餮（ㄊㄠ ㄊ一ㄝˋ）：貪財的樣子。
⑩ 戾：罪惡。

譯文

莒國的紀公生了太子僕，又生了季佗，他喜愛季佗廢了僕的太子位，同時又在國內做了很多不守禮法的事。太子僕就利用國人的

勢力把紀公殺掉了，帶著國內的寶物逃奔到魯國，把這些寶器送給魯宣公。魯宣公命令給太子僕一處地方，說：「今天必須授給他。」魯大夫季文子讓司寇把太子僕逐出魯國，說：「今天必須把他趕出境外。」魯宣公問季文子為什麼這樣做。季文子讓太史克對魯宣公說：

「先頭去世的大夫臧文仲教導季文子對待君主的禮法，季文子奉行這些禮法服務於君主面前，不敢有缺失和丟棄。這些禮法是：『看到對待君主有禮度的人，就服侍他，好像孝子對父母的贍養；看到對待自己君主不守禮度的人，就誅罰他，要像鷹鸇一類兇猛的鳥追捕小鳥雀一樣。』我們的祖先周公制定《周禮》時說：『禮法的原則是用來衡量觀察德性的，德性是用來處理事務的，事務是用來衡量功績的，功績是用來供養人民的。』他作《誓命》說：『毀棄禮法就是賊子，隱藏賊人就是窩贓；偷竊財物就是盜寇，盜竊國家寶器就是竊取君位。擔當窩贓的名聲，依恃奸賊的器用，都是大的兇惡的德性，都在常刑無赦的範圍，用九種刑法的任一種處理都不過分。』季文子回顧這些原則用來觀察莒國僕的行為，沒有一點是可以效法的。孝敬、忠信都是善良美好的德性，盜賊、窩贓都是兇惡的德性。那個僕，如果效法他的孝敬，那麼他殺了他的君父；如果效法他的忠信，那麼他盜竊了國家的寶玉。看他的人，那就是一個盜賊；看他的器物，那就是竊奪君位的象徵。保護他並以他的器物為利，就是窩贓的主人。用他的行為來訓導人民就會昏亂，人民就沒有準則可以效法。他的行為都不屬於善德，而都屬於凶德，所以驅逐了他。

「過去高陽氏有賢良的兒子八人，稱為蒼舒、隤敳、檮戭、大臨、尨降、庭堅、仲容、叔達，（他們有八種美德：）舉措都合禮法的『齊』、寬博通達的『聖』、度量寬宏的『廣』、思慮深遠的『淵』、洞見幽微的『明』、言行相符的『允』、交遊厚道的『篤』、秉心純直的『誠』，天下的人民稱他們是八位和樂的人。高辛氏也有賢良的兒子八人，叫伯奮、仲堪、叔獻、季仲、伯虎、仲熊、叔豹、季狸，（他們也有八種美德：）謹心奉上的『忠』、臨事勤敏的『肅』、治身唯謹的『共』、行為精粹的『懿』、思慮周詳的『宣』、

善良友愛的『慈』、拯救貧乏的『惠』、與物無爭的『和』，天下人民稱他們為八位善良的人。這十六個族系，每一代都繼承著美德，不使美名隕落。一直延續到堯統治天下，堯不能推舉他們的後代為官。舜做堯的臣子，推舉八位和樂之人的後代做官，讓他們管理土地，從而管理國家各種事務，使各種事務都能依時完成而有條不紊，達到土地平整上天和順。舜又推舉八位善良的人的後代，讓他們傳佈聲教於全國，使全國做到為父者有恩義，為母者有慈愛，為兄者友愛，為弟者恭順，為子者孝敬，家國內外和睦親切。

　　「過去帝鴻氏有沒有賢才的兒子，掩蔽仁義隱藏盜賊，喜好做兇惡的事，與兇惡的東西相比類，頑劣不講友好，與他們的同類者互相聯屬，天下人民稱他們為不開通的渾敦。少暤氏也有沒有賢才的兒子，他們毀滅信義廢棄忠誠，掩飾惡言，安於聽讒言，信用邪僻之人，施行讒佞隱藏罪惡，用來誣衊盛德，天下人民稱他們為窮乏而怪異的人。顓頊氏有沒有賢才的兒子，不可教育訓導，不懂得善言，教訓他頑劣不通，捨棄了他，他更頑劣，踐踏光明的德行，用來擾亂上天規定的秩序，天下的人民稱他們是再不能凶頑的人了。這三個族系，世代繼承了兇惡，不斷增加他們的惡名。到堯統治天下的時候堯不能把他們去掉。縉雲氏有沒有賢才的兒子，貪吃飲食，貪占財物，沒有滿足，聚積搜刮糧食財物，不知有限度，不管孤貧寡弱，不體恤窮乏的人，天下人民把他們與以上三個凶族相比，稱他們為無限貪婪之人。舜做堯的臣子，敞開四門以接納賓客，流放了四家凶族，渾敦、窮奇、檮杌、饕餮，都被投放到四方荒遠之地，讓他們去抵禦山神怪物。所以當堯死後天下人團結如一，同心擁戴舜，讓他做天子，因為他推舉了十六個輔佐國家的人，去掉了四家凶族。所以《虞書》歷數舜的功勞，說：『敬重宣揚父義、母慈、兄友、弟恭、子孝的五種道德，使五種道德都得以推行。』這是說舜不背棄教化。又說：『事情都各有各的管理，都做到有條不紊。』是說他沒有廢棄一切事情。又說：『在四門接待賓客賢才，遠方的諸侯都恭恭敬敬地來到。』是說國內沒有兇惡的人。

　　「舜建立的大功有二十項才做了天子，現在季文子雖然還沒有得到一個善人，但去掉了一個凶人，與舜的功勞相比，只有二十分

之一，這總可有望免去罪過了吧？」

◎宣　公

❀ 宋、鄭戰於大棘

◆　魯宣公二年（西元前 607 年），鄭國接受楚國的命令，進攻宋國。宋國將領狂狡將已掉入井中的鄭國軍士救出來，使自己被俘；宋國將領內部不團結而導致全軍覆沒。這次戰爭，再次說明宋國一些大臣不懂得戰爭，也缺乏為國犧牲的精神。

⊃ 原文

二年春，鄭公子歸生命於楚，伐宋。宋華元、樂呂禦之。二月壬子，戰於大棘。宋師敗績。囚華元，獲樂呂，及甲車四百六十乘，俘二百五十人，馘百①。

狂狡輅鄭人②，鄭人入於井，倒戟而出之，獲狂狡。君子曰：「失禮違命，宜其為禽也。戎，昭果毅以聽之之謂禮。殺敵為果，致果為毅。易之，戮也。」

將戰，華元殺羊食士，其御羊斟不與。及戰，曰：「疇昔之羊，子為政；今日之事，我為政。」與入鄭師，故敗。君子謂：「羊斟，非人也，以其私憾，敗國殄民，於是刑孰大焉？《詩》所謂『人之無良』者，其羊斟之謂乎！殘民以逞。」

宋人以兵車百乘、文馬百駟，以贖華元於鄭。半入，華元逃歸。立於門外，告而入。見叔牂，曰：「子之馬然也？」對曰：「非馬也，其人也。」既合而來奔。

宋城，華元為植，巡功。城者謳曰：「睅其目③，皤其腹④

，棄甲而復。於思於思⑤，棄甲復來。」使其驂乘謂之曰：「牛則有皮，犀兕尚多⑥，棄甲則那？」役人曰：「從有其皮⑦，丹漆若何？」華元曰：「去之！夫其口眾我寡。」

注釋

① 馘（ㄍㄨㄛˊ）：指戰爭中割取的敵人的左耳。
② 輅（ㄌㄨˋ）：迎戰。
③ 睅（ㄏㄢˋ）：眼球突出。
④ 皤（ㄆㄛˊ）：腹大的樣子。
⑤ 於思：鬍鬚多的樣子。
⑥ 犀兕（ㄙˋ）：犀牛。兕為犀牛的雌者。
⑦ 從：同「縱」。

譯文

　　（魯宣公）二年春，鄭國的公子歸生受楚國的命令進攻宋國，宋國的華元、樂呂率軍抵抗。二月壬子日，在大棘展開戰爭。宋軍被打敗了。俘虜了華元，樂呂戰死被收回鄭國。鄭國還俘虜了宋國的兵車四百六十乘，俘虜兵士二百五十人，打死宋軍而割下左耳一百個。

　　宋國的狂狡迎戰鄭國軍隊，鄭軍士卒落入田野的井中，狂狡倒過戰戟讓這些人抓住戟柄上來，鄭軍俘獲了狂狡。君子評論說：「狂狡失掉禮法違背命令，正應當被擒獲。兵戎，是要發揚果毅精神並把這種精神存在心內表現在外，才稱得上禮法。殺傷敵人為勇敢，把勇敢用來立功就為強毅，反過來，就應遭到刑戮。」

　　就要打仗的時候，華元殺了羊給戰士吃，為他駕車的羊斟卻不分給吃。到打起來的時候，羊斟說：「前日的羊，是你主管；今天的事情，是我主管。」就把華元的戎車駕到鄭國軍隊中，所以失敗了。君子說：「羊斟不是人，因為私人的怨恨，敗壞國家殘害人民，對他該用多大的刑罰呀？《詩經》所說『人沒有好德行』的話，說的不正是羊斟嗎？他殘害人民以快自己的心意。」

　　宋國用兵車百乘、毛色華麗的馬四百匹去鄭國贖華元，兵車、

馬匹已經有一半進入鄭國，華元逃回來了。他站立在城門外，讓人通告了才進去。華元見到了羊斟，問他：「你駕馭的馬要跑到鄭軍那裡去嗎？」回答說：「不是馬要去，是人讓去的。」華元從羊斟這裡證實他的被俘是羊斟幹的，羊斟就害怕了，出逃到魯國。

宋國築城垣，華元為主管，出去巡察工程。築城的人唱道：「鼓起他的眼睛，挺起他的大肚，丟棄了衣甲又回來了。絡腮鬍子呀絡腮鬍子，丟棄了衣甲又回來了。」華元讓他的護車武士回答築城的人說：「牛皮是有的，犀牛的皮子更多，棄甲又怎麼樣？」築城的人回答他說：「縱然有犀牛的皮子，油漆弓箭的丹漆又從哪裡來呢？」華元說：「離開他們，他們口多我少。」

❀ 晉靈公不君

題解

◆ 晉靈公暴虐殘忍，不聽勸諫，終被臣下殺死。《春秋》引孔子的話，讚賞主張殺靈公的趙盾是「良大夫」，說明對此事是贊同的。

↻ 原文

晉靈公不君，厚斂以雕牆；從臺上彈人，而觀其辟丸也。宰夫胹熊蹯不熟①，殺之，置諸畚，使婦人載以過朝。趙盾、士季見其手，問其故而患之。將諫，士季曰：「諫而不入，則莫之繼也。會請先，不入，則子繼之。」三進，及溜②，而後視之，曰：「吾知所過矣，將改之。」稽首而對曰：「人誰無過，過而能改，善莫大焉。《詩》曰：『靡不有初，鮮克有終③。』夫如是，則能補過者鮮矣。君能有終，則社稷之固也，豈惟群臣賴之。又曰：『袞職有闕④，惟仲山甫補之。』能補過也。君能補過，袞不廢矣。」

猶不改。宣子驟諫，公患之。使鉏麑賊之⑤。晨往，寢門辟矣，盛服將朝，尚早，坐而假寐⑥。麑退，歎而言曰：「不忘恭敬，民之主也。賊民之主，不忠；棄君之命，不信，有一於此，不如死也。」觸槐而死。

◎宣公

秋九月，晉侯飲趙盾酒，伏甲將攻之。其右⑦提彌明知之，趨登，曰：「臣侍君宴，過三爵，非禮也。」遂扶以下。公嗾夫獒焉⑧，明搏而殺之。盾曰：「棄人用犬，雖猛何為？」鬥且出，提彌明死之。

初，宣子田於首山⑨，舍於翳桑。見靈輒餓，問其病，曰：「不食三日矣。」食之，舍其半。問之，曰：「宦三年矣，未知母之存否，今近焉，請以遺之。」使盡之，而為之簞食與肉，置諸橐以與之。既而與為公介⑩，倒戟以禦公徒而免之。問何故，對曰：「翳桑之餓人也。」問其名居，不告而退，遂自亡也。

乙丑，趙穿殺靈公於桃園。宣子未出山而複。大史書曰：「趙盾其君。」以示於朝。宣子曰：「不然。」對曰：「子為正卿，亡不越竟，反不討賊，非子而誰？」宣子曰：「嗚呼！詩曰：『我之懷矣，自詒伊慼。』其我之謂矣。」孔子曰：「董孤，古之良史也，書法不隱。趙宣子，古之良大夫也，為法受惡。惜也，越竟乃免。」

宣子使趙穿逆公子黑臀於周而立之。壬申，朝於武宮。

初，麗姬之亂，詛無畜群公子，自是晉無公族。及成公即位，乃宦卿之適而為之田，以為公族。又宦其餘子，亦為餘子，其庶子為公行。晉於是有公族、餘子、公行。

趙盾請以括為公族，曰：「君姬氏之愛子也。微君姬氏，則臣狄人也。」公許之。冬，趙盾為旄車之族⑪，使屏季以其故族為公族大夫。

⟨注釋⟩

① 胹（ㄦˊ）：煮。　蹯（ㄈㄢˊ）：獸足。
② 溜：同「霤」，簷下水溜之處。
③ 鮮：很少。此處二句見於《詩經·大雅·蕩》。
④ 袞（ㄍㄨㄣˇ）：天子及上公禮服，指天子。
⑤ 麑（ㄋㄧˊ）：武士。
⑥ 假寐：穿著衣服打瞌睡。
⑦ 右：車右，負責護衛。
⑧ 獒：兇猛的狗。

⑨　首山：即首陽山，在今山西永濟市南。

⑩　與：參與。　　介：甲士。

⑪　旄車：指戎車。旄車之族，即餘子。平時訓練，戰時隨軍，故稱旄車之族。

譯文

晉靈公不像個君主的樣子，加重賦稅收入用來雕飾牆壁；又從高臺上射彈丸打人，觀看那些躲避彈丸的人的樣子；他的伙夫煮熊掌而沒有煮熟，他就殺掉伙夫，把屍體放到竹畚中，讓婦人們抬著這個畚經過朝堂。趙盾、士會都看到畚裡死者的手，問明原委，都感到很擔心。趙盾準備勸諫晉靈公，士會對趙盾說：「你去勸諫，如果他不接受，就不會有人繼續勸諫了。我士會請先去，如果他聽不進去，那你就接著勸諫。」士會前進三次，到了朝堂，到達了簷下滴水的地方，晉靈公才看他，說：「我知道自己所犯的過失了，正準備改。」士會低頭對他說：「人誰能沒有過錯，有過錯而能改，那就最好了。《詩經》說：『人們莫不有好的開始，但很少有好的結果。』這樣看來，能夠補救過錯的人是極少的。君能有好的結果，那就是社稷的保障了，也不只是群臣的依賴。《詩經》又說：『君王或公侯職務上做得有過失的地方，只有仲山甫能補救它。』是講的可以補救過失。君主能補救過失，君主的大位就可以不壞了。」

但晉靈公仍然不改過。趙盾就激烈地勸諫，晉靈公害怕了，就派鉏麑去暗殺趙盾。鉏清晨去趙盾家中，看到趙盾寢室的門已打開，趙盾穿起朝服準備上朝，時間太早，他坐著假睡。鉏麑退了出來，歎息道：「不忘恭敬，真是人民的主人啊！暗殺人民的主人，不是忠義；背棄了君主的命令，不守信用。與其二者要選擇一種，還不如死。」頭撞槐樹死去了。

秋季九月，晉靈公又請趙盾去喝酒，埋伏下甲士，要殺害趙盾。趙盾的車右提彌明知道了宮中有伏兵，急步登上朝堂，說：「大臣陪侍君主吃宴席，飲過三杯酒，就不守禮法了。」於是把趙盾扶下朝堂。晉靈公又嗾使惡狗來咬趙盾，提彌明與惡狗搏鬥而殺死它。趙盾說：「不用人而用狗，雖猛又能做什麼呢！」邊鬥邊退

出去了，提彌明被伏兵殺死了。

當初，趙盾在首陽山遊獵，住在翳桑。在那裡看見靈輒餓倒了，趙盾問他的病痛，靈輒說：「不吃飯已經三天了。」趙盾給他飯食，他留了一半。問他為何留下，靈輒說：「遊學在外已三年了，不知道母親是否還活著，現在離家近了，請用這一半給她。」趙盾就讓他把這些吃完，又為他裝上食物與肉，放在大袋子裡給了他。不久靈輒同一些人成為晉靈公的甲士。（晉靈公讓伏兵攻打趙盾的時候，）靈輒倒戈抵抗晉靈公的甲士使趙盾免於死亡。趙盾問他為何倒戈，他回答說：「我是翳桑地方的那個挨餓的人。」趙盾問他的姓名居處，他不告訴就走了。後來靈輒逃亡了。

九月乙丑，趙穿在桃園裡殺死了靈公。趙盾沒有走出晉國邊境的山嶺就又返回來了。晉太史寫道：「趙盾殺了他的君主。」並展示在朝堂上。趙盾看後說：「不是這樣的。」太史回答說：「你作為正卿，出逃不出國境，返回來又不討伐兇手，不是你殺是誰殺？」趙盾說：「啊呀！《詩經》裡說：『我的懷戀，自己給自己留下憂愁。』這不是說我嗎？」孔子說：「董狐，古代的優良史官，記載史事的法則是不隱諱。趙盾，古代的好大夫，服從這種法則而受了惡名。可惜了，如果他逃出境外就免了這惡名了。」

趙盾派趙穿到東周迎接晉襄公的弟弟黑臀而立為君主。壬申日，正式在武宮朝拜祖先，宣佈即位。

當初，驪姬亂了晉國的時候，驪姬、晉獻公和晉國大夫舉行了詛盟，不許養群公子，從此以後，晉國就沒有公族大夫這個職官了。到晉成公即黑臀為君主後，就讓卿大夫的嫡子任官並分給他們田地，把這些人作為公族大夫，又讓這些嫡子的同母兄弟任官，這些官稱為餘子；同時，任卿大夫的庶出子弟為公行。於是晉國就產生了公族大夫、余子、公行三種官。

趙盾請求讓異母兄弟趙括為公族大夫，說：「趙括是我母趙姬的愛子，如果不是趙姬，我就屬於狄人了。」晉成公答應了他。冬天，趙盾擔任了管理君主車輛的余子，使趙括統領趙氏原來的宗族而擔任了公族大夫。

❀ 王孫滿對楚子

題解

◆ 魯宣公三年（西元前 606 年），楚莊王率兵攻伐東周國境的陸渾之戎，進入洛邑，問周鼎的大小、輕重，說明周天子的地位受到挑戰，諸侯勢力更強大起來。

⊃ 原文

楚子伐陸渾之戎①，遂至於雒，觀兵於周疆。定王使王孫滿勞楚子。楚子問鼎之大小、輕重焉。對曰：「在德不在鼎。昔夏之方有德也，遠方圖物，貢金九牧②，鑄鼎象物，百物而為之備，使民知神奸。故民入川澤山林，不逢不若③，螭魅罔兩④，莫能逢之，用能協於上下，以承天休⑤。桀有昏德，鼎遷於商，載祀六百。商紂暴虐，鼎遷於周。德之休明，雖小，重也。其奸回昏亂，雖大，輕也。天祚明德，有所底止⑥。成王定鼎於郟鄏⑦，蔔世三十，蔔年七百，天所命也。周德雖衰，天命未改，鼎之輕重，未可問也。」

注釋

① 陸渾之戎：散居於東周王城周圍的少數族，主要分佈在今河南嵩縣、伊川縣等境內。

② 九牧：夏代天下分為九州，州長稱牧。

③ 不若：不順，不利，害人之物。若，順。

④ 螭（彳）魅罔兩：螭魅即魑魅，傳說中的山林精怪；罔兩，亦作「魍魎」，亦為山川怪物。

⑤ 休：祐，賜。

⑥ 底（ㄓˇ）止：固定。底，定。

⑦ 郟（ㄐㄧㄚˊ）鄏（ㄖㄨˋ）：即周朝的王城，在今河南洛陽市。

譯文

楚莊王率兵攻伐陸渾之戎，於是到了東周的雒邑，在東周的疆

界上陳兵示威。周定王派大夫王孫滿去慰勞楚莊王。楚莊王問周朝九鼎的大小、輕重。王孫滿對他說：「鼎的大小、輕重在於君主的德行，而不在鼎本身。過去夏朝在它的君主德行好的時候，描繪遠方的各種物象，讓九州的牧伯來獻金，用這些金鑄成帶有各種物象的九鼎，萬物都在鼎上完備地顯現出來，使人民知道神靈、奸偽。所以人民進入河川、湖澤、山林中，就遇不到不利於自己的物類。魑魅魍魎等山林鬼怪，就不能遇到。因而人民上下和睦，來承受上天的恩賜。到夏桀時德行昏亂，九鼎就遷移到了商朝。商朝享國六百年。商朝的紂王橫暴殘忍，九鼎就遷移到周朝。德行達到美善光明，九鼎雖小，也是重而不可轉移。德行奸回昏亂，九鼎雖大，也是沒有份量的。上天賜福給有光明德行的人，是有所限定的。周成王把九鼎安放在郟鄏，占卜說要經過三十代王、共七百年的時間才會改變，這是上天賜予的命數。現在周朝的德行雖然衰落，但上天的賜命卻沒有改變。所以，九鼎的大小、輕重，是不可以問的。」

❀ 鄭穆公卒

題解

◆ 鄭文公先後娶妻生子，都不得嗣立為君，只有賤妾燕姞因夢天使授蘭花而生子，其子繼立為君，即為鄭穆公。而蘭花死去，鄭穆公也就死了。故事頗具神話味道，同時也說明貴族的腐朽。

❍ 原文

冬，鄭穆公卒。

初，鄭文公有賤妾曰燕姞，夢天使與己蘭，曰：「余為伯鯈，余，而祖也，以是為而子。以蘭有國香，人服媚之如是。」既而文公見之，與之蘭而禦之 ①。辭曰：「妾不才，幸而有子，將不信，敢徵蘭乎？」公曰：「諾。」生穆公，名之曰蘭。

文公報鄭子之妃曰陳媯 ②，生子華、子臧。子臧得罪而出。誘子華而殺之南里 ③，使盜殺子臧於陳、宋之間。又娶於江 ④，

生公子士。朝於楚，楚人酖之，及葉而死⑤。又娶於蘇⑥，生子瑕、子俞彌。俞彌早卒。泄駕惡瑕，文公亦惡之，故不立也。公逐群公子，公子蘭奔晉，從晉文公伐鄭。石癸曰：「吾聞姬、姞耦，其子孫必蕃。姞，吉人也，後稷之元妃也。今公子蘭，姞甥也，天或啟之，必將為君，其後必蕃。先納之，可以亢寵。」與孔將、侯宣多納之，盟於大宮而立之，以與晉平。

穆公有疾，曰：「蘭死，吾其死乎！吾所以生也。」刈蘭而卒。

注釋

① 禦：君主與妃妾同床。

② 報：通姦。鄭子：鄭文公叔父子儀。

③ 南里：鄭地，在今河南新鄭市南。

④ 江：春秋時小國，在今河南正陽縣。

⑤ 葉：楚地，在今河南葉縣南 30 里。

⑥ 蘇：原為小國，後為西周武王時司寇蘇忿生封邑，即今河南溫縣。

譯文

（魯宣公三年）冬天，鄭穆公死去。

當初，鄭文公有一個地位低下的妾叫燕姞，有天夜裡夢見上天的使者給了她一枝蘭花，對她說：「我是伯鯈，我，是你的祖先，因為蘭花的香氣甲於一國，所以人們佩戴它喜愛它。」不久，鄭文公見了燕姞，就送給她蘭花而與他同床。燕姞推辭說：「我沒有才能，咱們同床生了孩子以後，假若你不相信是你的孩子的話，是否可用這蘭花作證呢？」鄭文公說：「可以。」後來生下鄭穆公，取名叫蘭。

鄭文公與他叔父鄭子的妃陳媯通姦，生了子華、子臧。子臧得罪了鄭文公出逃到外地，鄭文公把子華誘騙到南裡殺害了他，又派人把子臧暗殺在陳國、宋國交界地。鄭文公又從江國娶了妃子，生了公子士。公子士到楚國朝見，楚國人給他酒裡下了毒藥，他喝了

後在回鄭國途中走到葉地便死去了。鄭文公又從蘇地娶了妃子，生了子瑕、子俞彌。子俞彌早死了。大夫泄駕很討厭子瑕，鄭文公也討厭他，所以沒有把子瑕立為太子。鄭文公又驅逐群公子，公子蘭逃奔到晉國，曾跟隨晉文公進攻鄭國。當時鄭國大夫石癸說：「我聽說姬姓、姞姓配偶，生下子孫一定會壯大。姞字，是善人的意思，後稷的原配夫人就姓姞。現在公子蘭，是姞姓的外甥，上天也許正在引導他，一定會成為君主，他的後代一定會壯大。先迎他回國，將來可以讓我的寵倖達到極點。」石癸與鄭國大夫孔將、侯宣多把公子蘭迎回國，在鄭國的祖廟裡盟誓後把他立為太子，用他來和晉國達成了和議。

鄭穆公得了病，說：「蘭花要死去，我是否也要死，我是因為蘭花而出生的。」有人割了蘭花而鄭穆公就死了。

❀ 鄭公子歸生弒其君夷

題解

◆ 鄭國公子宋想做君主，鄭靈公就抵制他。公子宋脅迫公子歸生和他一起殺掉了鄭靈公。這說明「臣弒君，子弒父」是春秋時期的普遍現象。

⊃ 原文

楚人獻黿於鄭靈公①。公子宋與子家將見。子公之食指動，以示子家，曰：「他日我如此，必嘗異味。」及入，宰夫將解黿，相視而笑。公問之，子家以告。及食大夫黿②，召子公而弗與也。子公怒，染指於鼎，嘗之而出。公怒，欲殺子公。子公與子家謀先。子家曰：「畜老，猶憚殺之，而況君乎？」反譖子家。子家懼而從之，夏，弒靈公。

書曰「鄭公子歸生弒其君夷」，權不足也。君子曰：「仁而不武，無能達也。」凡弒君，稱君，君無道也。稱臣，臣之罪也。

鄭人立子良。辭曰：「以賢，則去疾不足；以順，則公子堅長。」

乃立襄公。

襄公將去穆氏，而舍子良。子良不可，曰：「穆氏宜存，則固願也。若將亡之，則亦皆亡，去疾何為？」乃舍之，皆為大夫。

注釋

① 黿（ㄩㄢˊ）：大鱉，俗名團魚。
② 食：給……吃，請……吃。

譯文

楚國給鄭靈公進獻了一隻大鱉。公子宋與公子歸生準備去進見國君，公子宋的食指動了一下，讓公子歸生看，對他說：「以前我的食指動彈，一定要嘗美味。」進入朝堂後，廚師正要殺掉分解這只大鱉，公子宋與公子歸生互相看著笑，鄭靈公問他們為何笑，公子歸生就把公子宋說的話告訴了他。等到給大夫們吃大鱉的時候，把公子宋召到面前卻不給他吃。公子宋惱怒了，把手伸到鼎裡，嘗了一點鱉肉湯出去了。鄭靈公一看憤怒了，就要殺公子宋。公子宋與公子歸生預先就謀劃要殺掉鄭靈公，公子歸生說：「牲畜老了，還怕殺它，何況是君主呢？」這時公子宋就在鄭靈公面前說公子歸生要殺鄭靈公。公子歸生害怕鄭靈公殺自己就聽從了公子宋。夏季，公子宋與公子歸生殺了靈公。

《春秋》寫道：「鄭國的公子歸生殺害了君主姬夷。」意思是公子歸生的權力比不上公子宋，聽從公子宋而殺君主。君子說：「公子歸生不想殺君主是仁，但不能討伐公子宋是不武，所以他不能達到仁道。」《春秋》的體例，凡說君，只稱君的名字，是指君主無道。稱臣的名字，是說臣有罪惡。

鄭國大夫要立公子去疾為君，公子去疾推辭說：「以賢而論，那我去疾不很賢，以長少的順序而論，那公子堅比我為長。」於是立了公子堅為君主，即鄭襄公。

鄭襄公準備清除他的其他兄弟，而要放了公子去疾，公子去疾不同意，說：「穆公的其他兒子都在國內，那是原本的願望，如果讓他們逃亡，那就都要逃亡，留下我幹什麼呢？」於是都放過了，

讓他們都做了大夫。

❀ 楚滅若敖氏

題解

◆ 魯宣公四年（西元前605年），楚國的若敖氏自恃強大，發動內亂，最終被王族消滅。這反映出春秋時期王族與宗族之間的激烈鬥爭。

⊃ 原文

初，楚司馬子良生子越椒，子文曰：「必殺之。是子也，熊虎之狀而豺狼之聲，弗殺，必滅若敖氏矣。諺曰：『狼子野心。』是乃狼也，其可畜乎？」子良不可。子文以為大慼。及將死，聚其族，曰：「椒也知政，乃速行矣，無及於難。」且泣曰：「鬼猶求食，若敖氏之鬼，不其餒而 ① ？」

及令尹子文卒，鬥般為令尹，子越為司馬，賈為工正，譖子揚而殺之，子越為令尹，己為司馬。子越又惡之，乃以若敖氏之族，圍伯嬴於陽而殺之 ②，遂處烝野 ③，將攻王，王以三王之子為質焉，弗受，師於漳澨 ④。秋七月戊戌，楚子與若敖氏戰於皋滸 ⑤。伯棼射王，汰輈 ⑥，及鼓跗 ⑦，著於丁寧 ⑧。又射，汰輈，以貫笠轂。師懼，退。王使巡師曰：「吾先君文王克息，獲三矢焉，伯棼竊其二，盡於是矣。」鼓而進之，遂滅若敖氏。

初，若敖娶於 ⑨，生鬥伯比。若敖卒，從其母畜於，淫於子之女，生子文焉。夫人使棄諸夢中 ⑩，虎乳之。子田，見之，懼而歸，夫人以告，遂使收之。楚人謂乳穀，謂虎於菟，故命之曰鬥穀於菟。以其女妻伯比，實為令尹子文。

其孫箴尹克黃使於齊，還及宋，國亂。其人曰：「不可以入矣。」箴尹曰：「棄君之命，獨誰受之？君，天也，天可逃乎？」遂歸，覆命，而自拘於司敗。王思子文之治楚國也，曰：「子文無後，何以勸善？」使複其所，改命曰生。

冬，楚子伐鄭，鄭未服也。

注釋

① 餒：饑餓。　而：語氣助詞。
② 圉（ㄩˇ）：囚禁。
③ 烝野：今地不確。一說在今湖北荊州市境，一說在今河南新野縣境內。
④ 漳澨（ㄕˋ）：澨為水涯，漳澨即漳水邊。漳水源於今湖北南漳縣西南，流經鐘祥市、當陽市，至荊入江。
⑤ 皋滸：楚地，今地不確。一說在今湖北枝江市，一說在今襄陽市。
⑥ 汏輈（ㄉㄞˋ ㄓㄡ）：輈為車轅，汏為箭頭穿過的意思。即箭頭穿過車轅。
⑦ 鼓跗（ㄈㄨ）：支撐鼓的架子。
⑧ 丁寧：古代打仗時用的鉦。
⑨ 於（ㄨ）：即「郾」。春秋小國，今地不確，一說在今湖北安陸市，一說在今十堰鄖陽區。
⑩ 夢：雲夢澤，在今湖北。

譯文

　　當初，楚國的司馬子良生了兒子叫越椒，令尹子文對子良說：「一定要殺掉越椒。這個兒子，長得像熊虎，聲音像豺狼，不殺掉他，一定會讓他把咱若敖氏族滅掉。諺語說：『狼子野心。』他就是一隻狼，哪裡可以養他？」子良不同意。子文認為這是最大的憂慮。在他快要死的時候，把全宗族的人聚集起來，說：「如果越椒掌管政權的話，你們就趕快出逃吧，不要等到危難來臨。」並且哭泣著說：「鬼還要要求飯食，可若敖氏的鬼不是要饑餓嗎？」

　　等到令尹子文死後，鬥般任為令尹，越椒任為司馬，賈任為工正。越椒在楚莊王面前進讒言讓楚莊王殺了鬥般，這樣越椒就擔任了令尹，賈當了司馬。可越椒又憎惡賈，就用若敖氏的族人，把

賈囚禁到陽後而殺害了他。他自己住在烝野，準備向楚莊王發動進攻。楚莊王用楚文王、成王、穆王的子孫做人質，越椒不接受。越椒帶領軍隊駐紮在漳水之邊。（魯宣公四年）秋季七月戊戌日，楚莊王同若敖氏的宗族在皋滸展開戰鬥。越椒用箭射楚莊王，箭頭穿過楚莊王戎車的車轅，到達戰鼓的架子邊，停在鉦上。他再次用箭射楚莊王，箭頭再次穿過楚莊王的車轅，射穿了車蓋的支架。楚莊王的軍隊畏懼了，便後退了。楚莊王派人巡視他的隊伍說：「我的先君楚文王消滅息國，獲得了三支箭，越椒偷盜了其中的兩支，這兩次射箭已經用完了。」擂鼓發動進攻，於是消滅了若敖氏全宗族。

當初，若敖從䢵國娶了妻子，生了鬥伯比。若敖死了以後，鬥伯比就跟隨他母親在䢵國養大，與䢵國君主的閨女通姦，生了子文。若敖的妻子讓人把子文拋棄到雲夢澤中，老虎給他哺乳。䢵國君主出獵，看見子文，害怕地返回，若敖的妻子將實情相告，就把他收養起來。楚國人稱乳為穀，稱虎為於菟，所以子文的名字就叫鬥穀於菟。䢵國君主就把閨女嫁給鬥伯比。斗谷於菟就是令尹子文。

鬥伯比的孫子、任箴尹的克黃這時正好出使齊國，返回時到達宋國，聽到國內動亂的消息。跟隨他的人說：「不可以回去了。」箴尹克黃說：「拋棄君王的命令，又有誰能接受我們呢？君王，就是上天，上天可以逃避嗎？」就回到楚國，回復了出使的命令，就自己到法官司敗那裡拘禁起來。楚莊王回想起子文對楚國的治理，說：「子文如果沒有了後代，還怎麼去勸人行善呢？」就讓克黃仍任原來的官職，給他改名叫生。

冬季，楚莊王進攻鄭國，因為鄭國沒有服從他。

✿ 楚子入陳

題解

◆ 魯宣公十一年（西元前598年），陳靈公淫亂而被大臣夏徵舒殺掉，楚莊王乘機滅掉陳國。楚國大臣申叔時認為楚莊王只應該討伐夏徵舒，而不該連陳國一起滅亡。於是楚莊王又恢復陳國原

有的疆土。從中可以看到大國吞併小國的各種方式。

○ 原文

冬，楚子為陳夏氏亂故①，伐陳。謂陳人「無動，將討於少西氏②」。遂入陳，殺夏徵舒，轘諸栗門③，因縣陳④。陳侯在晉。

申叔時使於齊，反，覆命而退。王使讓之，曰：「夏徵舒為不道，其君，寡人以諸侯而戮之，諸侯、縣公皆慶寡人，女獨不慶寡人，何故？」對曰：「猶可辭乎？」王曰：「可哉。」曰：「夏徵舒其君，其罪大矣；討而戮之，君之義也。抑人亦有言曰：『牽牛以蹊人之田⑤，而奪之牛。』牽牛以蹊者，信有罪矣；而奪之牛，罰已重矣。諸侯之從也，曰討有罪也。今縣陳，貪其富也。以討召諸侯，而以貪歸之，無乃不可乎？」王曰：「善哉！吾未之聞也。反之，可乎？」對曰：「吾儕小人所謂『取諸其懷而與之』也。」乃復封陳。鄉取一人焉以歸，謂之夏州⑥。故書曰「楚子入陳，納公孫寧、儀行父於陳」，書有禮也。

注釋

① 夏氏：夏徵舒，陳國大夫，魯宣公十年殺陳靈公，陳國大亂。
② 少西氏：即夏氏，夏徵舒祖父名少西。
③ 轘（ㄏㄨㄢˋ）：用車分裂人體的酷刑。
④ 縣：把……當作屬縣。
⑤ 蹊（ㄒㄧ）：小路，這裡指踩。
⑥ 夏州：楚國俘虜了陳國人，在楚地設一地區管理。夏州今地在湖北漢陽北。

譯文

（魯宣公十一年）冬，楚莊王因為陳國發生了夏徵舒殺君的動亂，進攻陳國。對陳國人說：「不要驚動，我們僅是要對夏徵舒的氏族進行討伐。」於是進入陳國，殺了夏徵舒，在陳國國都的城門

栗門用車分裂了夏氏的肢體。於是將陳國列為楚國的縣。這時，陳靈公的太子出逃在晉國。

當時，楚國大夫申叔時出使到齊國，回到國內，回復了出使的命令就退下朝堂。楚莊王讓人指責他，說：「夏徵舒不講道義，殺害了他的君主，我帶領各諸侯們討伐他並把他殺死，各國諸侯、楚國的縣公們都來慶賀我，唯獨你不慶賀我，什麼原因？」申叔時對他說：「我還可以說話嗎？」楚莊王說：「可以啊。」申叔時說：「夏徵舒殺了他的君主，他的罪過是大的；你討伐並殺他，是你的大義。可人們常有一句話說：『牽著牛從別人的莊稼地裡走出小路，田主就把牛奪走了。』牽著牛走小路的人，確實是有過錯的；但把牛奪走，懲罰就太重了。各諸侯跟隨你，是因為你說是討伐有罪的人。現在把陳國劃作楚國的縣，則是貪圖陳國的富庶。以討伐有罪的人而召集諸侯，而以貪占為結果，這不是不可以嗎？」楚莊王說：「你說得很好！我還沒有聽過這樣的話。現在再恢復陳國，可以嗎？」申叔時回答說：「這就是我們這班小人物常說的『從人家懷裡奪走再送還給人家』了。」於是楚莊王重新恢復了陳國的封土，只從陳國各個鄉里抽出一人到楚國，把這些人集中到一地設立了夏州。所以《春秋》寫道「楚莊王進入陳國，把公孫寧、儀行父送回陳國」，是寫楚莊王對待陳國有禮法。

❀ 楚子圍鄭

題解

◆ 魯宣公十二年（西元前 597 年），楚莊王北上進攻鄭國，佔領鄭國國都，迫使鄭國與之議和而成為他的附庸。

　⊃ 原文

十二年春，楚子圍鄭，旬有七日。鄭人卜行成，不吉；卜臨於大宮 ①，且巷出車，吉。國人大臨，守陴者皆哭 ②。楚子退師。鄭人修城。進複圍之，三月，克之。入自皇門，至於逵路。鄭伯肉袒牽羊以逆，曰：「孤不天，不能事君，使君懷怒以及敝邑，孤之

罪也,敢不唯命是聽?其俘諸江南,以實海濱,亦唯命;其翦以賜諸侯③,使臣妾之,亦唯命!若惠顧前好,徼福於厲、宣、桓、武,不泯其社稷,使改事君,夷於九縣④,君之惠也,孤之願也,非所敢望也。敢布腹心,君實圖之。」左右曰:「不可許也,得國無赦。」王曰:「其君能下人,必能信用其民矣,庸可幾乎⑤!」退三十里而許之平。潘尪入盟,子良出質。

注釋

① 臨:哭吊。
② 陴:城上女牆。
③ 翦:消滅。
④ 夷:等。
⑤ 幾:希望。

譯文

　　(魯宣公)十二年春季,楚莊王率軍包圍了鄭國國都,一直包圍了一旬又七天。鄭國的大夫們占卜看是否可以與楚國議和,結果不好;又占卜在鄭國的祖廟哭泣,並陳兵於街巷,結果是吉利的。於是國人都在城中大哭,守城的士兵也都哭泣。楚莊王率軍後退,鄭國人就修築加固城牆。楚莊王再次進兵包圍,經過三個月,攻破了鄭國國都。楚軍從鄭國都城皇門中進入城中,鄭襄公露出上身牽著羊迎接楚國軍隊,對楚莊王說:「我不能奉承上天的旨意,不能服從於你,使你懷著憤怒來到我們這裡,是我的罪過了,哪裡敢不聽從你的命令?你要把我們俘虜到長江以南,讓我們去海濱地區,我們也只能聽你的命令;你要消滅鄭國把我們分配給各諸侯國,讓我們給人家做臣做妾,也只能聽從你的命令。如果你能顧及到我們兩國以前的友好,求得鄭厲公、宣公、桓公、武公等祖先的保佑,使我們的國家不至於滅亡,讓我們重新侍奉你,把我國等同於你們的九個縣,那是你對我們的恩惠,是我的願望,可我又不敢有這些希望。我向你展示內心,請你考慮我的意見。」楚莊王的左右隨從

說：「不能答應鄭襄公的請求，得到他的國家就沒有赦免二字。」楚莊王說：「鄭國國君能處於人下，就一定能相信任用他的人民，以後是有希望的。」率軍後退三十里而答應與鄭國議和。楚國大夫潘尪到鄭國國都與鄭襄公訂立了盟約，鄭國的子良到楚國當了人質。

❀ 晉荀林父帥師及楚子戰於邲

題解

◆ 邲之戰是春秋中期晉、楚爭霸的又一次大的戰爭。晉國一些將領不顧楚國一時強盛、晉國相對力量不足的客觀形勢，只憑著為保持霸業的主觀願望，與楚國打仗，結果被楚國打敗。

➲ 原文

夏六月，晉師救鄭。荀林父將中軍，先縠佐之；士會將上軍，郤克佐之；趙朔將下軍，欒書佐之。趙括、趙嬰齊為中軍大夫，鞏朔、韓穿為上軍大夫，荀首、趙同為下軍大夫。韓厥為司馬。

及河，聞鄭既及楚平，桓子欲還，曰：「無及於鄭而剿民①，焉用之？楚歸而動，不後。」隨武子曰：「善！會聞用師，觀釁而動。德、刑、政、事、典、禮不易，不可敵也，不為是征。楚君討鄭，怒其貳而哀其卑，叛而伐之，服而舍之，德、刑成矣。伐叛，刑也；柔服，德也，二者立矣。昔歲入陳，今茲入鄭，民不罷勞，君無怨讟者②，政有經矣。荊屍而舉，商農工賈不敗其業，而卒乘輯睦，事不奸矣。蒍敖為宰，擇楚國之令典，軍行，右轅③，左追蓐④，前茅慮無⑤，中權，後勁。百官象物而動，軍政不戒而備，能用典矣。其君之舉也，內姓選於親，外姓選於舊，舉不失德，賞不失勞，老有加惠，旅有施捨。君子小人，物有服章。貴有常尊，賤有等威，禮不逆矣。德立、刑行，政成、事時，典從、禮順，若之何敵之？見可而進，知難而退，軍之善政也。兼弱攻昧，武之善經也。子姑整軍而經武乎！猶有弱而昧者，何必楚？仲虺有言曰，『取亂侮亡』，兼弱也。《汋》曰，『於鑠王師，遵養時晦』，耆昧也。

《武》曰：『無競惟烈。』撫弱者昧，以務烈所，可也。」彘子曰：「不可。晉所以霸，師武臣力也。今失諸侯，不可謂力；有敵而不從，不可謂武。由我失霸，不如死。且成師以出，聞敵強而退，非夫也。命為軍帥，而卒以非夫，唯群子能，我弗為也。」以中軍佐濟。

知莊子曰：「此師殆哉！《周易》有之，在《師》之《臨》，曰：『師出以律，否臧，凶。』執事順成為臧，逆為否。眾散為弱，川壅為澤。有律以如己也，故曰律。否臧，且律竭也。盈而以竭，夭且不整，所以凶也。不行之謂《臨》，有帥而不從，臨孰甚焉？此之謂矣。果遇，必敗，彘子屍之；雖免而歸，必有大咎。」韓獻子謂桓子曰：「彘子以偏師陷，子罪大矣。子為元帥，師不用命，誰之罪也？失屬亡師，為罪已重，不如進也。事之不捷，惡有所分；與其專罪，六人同之，不猶愈乎？」師遂濟。

楚子北師次於郔⑥。沈尹將中軍，子重將左，子反將右，將飲馬於河而歸。聞晉師既濟，王欲還，嬖人伍參欲戰，令尹孫叔敖弗欲，曰：「昔歲入陳，今茲入鄭，不無事矣。戰而不捷，參之肉其足食乎？」參曰：「若事之捷，孫叔為無謀矣；不捷，參之肉將在晉軍，可得食乎？」令尹南轅，反旆。伍參言於王曰：「晉之從政者新，未能行令，其左先縠，剛愎不仁，未肯用命。其三帥者，專行不獲，聽而無上，眾誰適從？此行也，晉師必敗！且君而逃臣，若社稷何？」王病之，告令尹改乘轅而北之，次於管以待之⑦。

晉師在敖、鄗之間⑧。鄭皇戌使如晉師，曰：「鄭之從楚，社稷之故也，未有貳心。楚師驟勝而驕⑨，其師老矣，而不設備。子擊之，鄭師為承，楚師必敗。」彘子曰：「敗楚、服鄭，於此在矣。必許之。」欒武子曰：「楚自克庸以來，其君無日不討國人而訓之：於民生之不易，禍至之無日，戒懼之不可怠；在軍，無日不討軍實而申儆之：於勝之不可保，紂之百克而卒無後。訓之以若敖、蚡冒篳路藍縷，以啟山林。箴之曰：『民生在勤，勤則不匱。』不可謂驕。先大夫子犯有言曰：『師直為壯，曲為老。』我則不德，而徼怨於楚。我曲楚直，不可謂老。其君之戎分為二廣，廣有一卒，卒偏之兩。右廣初駕，數及日中，左則受之，以至於昏。內官序當其

夜，以待不虞。不可謂無備。子良，鄭之良也；師叔，楚之崇也。師叔入盟，子良在楚，楚、鄭親矣！來勸我戰，我克則來，不克遂往，以我卜也，鄭不可從。」趙括、趙同曰：「率師以來，唯敵是求。克敵得屬，又何俟？必從彘子！」知季曰：「原、屏，咎之徒也。」趙莊子曰：「欒伯善哉，實其言，必長晉國。」

　　楚少宰如晉師，曰：「寡君少遭閔凶，不能文，聞二先君之出入此行也，將鄭是訓定，豈敢求罪於晉？二三子無淹久。」隨季對曰：「昔平王命我先君文侯曰：『與鄭夾輔周室，毋廢王命。』今鄭不率，寡君使群臣問諸鄭，豈敢辱候人？敢拜君命之辱！」彘子以為諂，使趙括從而更之，曰：「行人失辭。寡君使群臣遷大國之跡於鄭，曰：『無辟敵！』群臣無所逃命。」

　　楚子又使求成於晉，晉人許之，盟有日矣。楚許伯禦樂伯，攝叔為右，以致晉師。許伯曰：「吾聞致師者，禦靡旌、摩壘而還。」樂伯曰：「吾聞致師者，左射以菆⑩，代禦執轡，禦下，兩馬、掉鞅而還。」攝叔曰：「吾聞致師者，右入壘，折馘、執俘而還。」皆行其所聞而複。晉人逐之，左右角之。樂伯左射馬，而右射人，角不能進。矢一而已。麋興於前，射麋，麗龜。晉鮑癸當其後，使攝叔奉麋獻焉，曰：「以歲之非時，獻禽之未至，敢膳諸從者！」鮑癸止之，曰：「其左善射，其右有辭，君子也。」既免。

　　晉魏錡求公族未得而怒，欲敗晉師。請致師，弗許，請使，許之。遂往，請戰而還。楚潘黨逐之，及熒澤，見六麋，射一麋以顧獻，曰：「子有軍事，獸人無乃不給於鮮？敢獻於從者。」叔黨命去之。趙旃求卿未得，且怒於失楚之致師者，請挑戰，弗許。請召盟，許之，與魏錡皆命而往。郤獻子曰：「二憾往矣，弗備，必敗。」彘子曰：「鄭人勸戰，弗敢從也；楚人求成，弗能好也。師無成命，多備何為？」士季曰：「備之善！若二子怒楚，楚人乘我，喪師無日矣，不如備之。楚子無惡，除備而盟，何損於好？若以惡來，有備不敗。且雖諸侯相見，軍衛不撤，警也。」彘子不可。

　　士季使鞏朔、韓穿帥七覆於敖前，故上軍不敗。趙嬰齊使其徒先具舟於河，故敗而先濟。

　　潘黨既逐魏錡，趙旃夜至於楚軍，席於軍門之外，使其徒入

之。楚子為乘廣三十乘，分為左右。右廣雞鳴而駕，日中而說；左則受之，日入而說。許偃禦右廣，養由基為右；彭名禦左廣，屈蕩為右。乙卯，王乘左廣以逐趙旃。趙旃棄車而走林，屈蕩搏之，得其甲裳。晉人懼二子之怒楚師也，使軘車逆之⑪。潘黨望其塵，使聘而告曰：「晉師至矣。」楚人亦懼王之入晉軍也，遂出陳。孫叔曰：「進之！寧我薄人，無人薄我。《詩》雲，『元戎十乘，以先啟行』，先人也。《軍志》曰，『先人有奪人之心』，薄之也。」遂疾進師，車馳，卒奔，乘晉軍。桓子不知所為，鼓於軍中曰：「先濟者有賞！」中軍、下軍爭舟，舟中之指可掬也。

晉師右移，上軍未動，工尹齊將右拒卒以逐下軍。楚子使唐狡與蔡鳩居告唐惠侯曰⑫：「不穀不德而貪，以遇大敵，不穀之罪也。然楚不克，君之羞也。敢藉君靈，以濟楚師。」使潘黨率游闕四十乘⑬，從唐侯以為左拒，以從上軍。駒伯曰：「待諸乎？」隨季曰：「楚師方壯，若萃於我，吾師必盡，不如收而去之。分謗生民，不亦可乎？」殿其卒而退，不敗。

王見右廣，將從之乘。屈蕩戶之，曰：「君以此始，亦必以終。」自是楚之乘廣先左。

晉人或以廣隊不能進，楚人惎之脫扃⑭。少進，馬還，又惎之拔旆投衡，乃出。顧曰：「吾不如大國之數奔也。」

趙旃以其良馬二濟其兄與叔父，以他馬反。遇敵不能去，棄車而走林。逢大夫與其二子乘，謂其二子：「無顧。」顧曰：「趙在後。」怒之，使下，指木曰：「屍女於是！」授趙旃綏，以免。明日，以表屍之，皆重獲在木下。

楚熊負羈囚知，知莊子以其族反之，廚武子禦，下軍之士多從之。每射，抽矢，菆，納諸廚子之房。廚子怒曰：「非子之求，而蒲之愛，董澤之蒲，可勝既乎？」知季曰：「不以人子，吾子其可得乎？吾不可以苟射故也。」射連尹襄老，獲之，遂載其屍；射公子谷臣，囚之，以二者還。

及昏，楚師軍於邲⑮。晉之餘師不能軍，宵濟，亦終夜有聲。

丙辰，楚重至於邲，遂次於衡雍⑯。潘黨曰：「君盍築武軍而收晉屍以為京觀⑰？臣聞克敵必示子孫，以無忘武功。」楚子曰：

「非爾所知也。夫文，止戈為武。武王克商，作《頌》曰：『載戢干戈，載櫜弓矢。我求懿德，肆於時夏，允王保之。』又作《武》，其卒章曰：『耆定爾功。』其三曰：『鋪時繹思，我徂惟求定。』其六曰：『綏萬邦，屢豐年。』夫武，禁暴、戢兵、保大、定功、安民、和眾、豐財者也，故使子孫無忘其章。今我使二國暴骨，暴矣；觀兵以威諸侯，兵不戢矣；暴而不戢，安能保大？猶有晉在，焉得定功？所違民欲尤多，民何安焉？無德而強爭諸侯，何以和眾？利人之幾，而安人之亂，以為己榮，何以豐財？武有七德，我無一焉，何以示子孫？其為先君宮，告成事而已，武非吾功也。古者明王伐不敬，取其鯨鯢而封之，以為大戮，於是乎有京觀，以懲淫慝。今罪無所，而民皆盡忠以死君命，又可以為京觀乎？」祀於河，作先君宮，告成事而還。

是役也，鄭石制實入楚師，將以分鄭，而立公子魚臣。辛未，鄭殺僕叔及子服。君子曰：「史佚所謂『毋怙亂』者，謂是類也。《詩》曰，『亂離瘼矣，爰其適歸』，歸於怙亂者也夫。」

鄭伯、許男如楚。

秋，晉師歸，桓子請死，晉侯欲許之。士貞子諫曰：「不可！城濮之役，晉師三日穀，文公猶有憂色。左右曰：『有喜而憂，如有憂而喜乎？』公曰：『得臣猶在，猶未歇也。困獸猶鬥，況國相乎？』及楚殺子玉，公喜而後可知也。曰：『莫餘毒也已！』是晉再克，而楚再敗也，楚是以再世不競。今天或者大警晉也，而又殺林父以重楚勝，其無乃久不競乎？林父之事君也，進思盡忠，退思補過，社稷之衛也，若之何殺之？夫其敗也，如日月之食焉，何損於明？」晉侯使複其位。

注釋

① 勦：勞苦。

② 怨讟（ㄉㄨ∕）：讟言為痛怨，怨讟為同義連用，即埋怨、怨恨。

③ 右轅：指行軍打仗時軍隊的部署。轅指將軍的車轅，右轅

指右軍跟隨將軍的戎車進退。

④ 左追蓐（ㄖㄨˋ）：與上右轅相對。杜預解為「追求草蓐為宿衛」，後人疑此為當時方言，不明其意。疑是左軍為右軍的蓐墊，亦即左軍追隨右軍在後的意思。

⑤ 前茅：指前軍用旌旗引導，茅指茅旌。

⑥ 郔（一ㄢˊ）：鄭地，當今鄭州市北。

⑦ 管：鄭地，在今河南鄭州市境內。

⑧ 敖、鄗：兩山名，均在今河南滎陽市北，黃河經過其山間。

⑨ 驟：屢次。

⑩ 菆（ㄗㄡ）：好箭。

⑪ 軘（ㄊㄨㄣˊ）車：兵車的一種，用於守衛。

⑫ 唐惠侯：唐為春秋初小國，後成為楚的附庸，在今湖北隨縣之唐縣鎮，唐惠侯即唐國國君。

⑬ 游闕：隨時可供調用的遊動的兵車。

⑭ 惎（ㄐㄧˋ）之脫扃（ㄐㄩㄥ）：惎，教；扃，車前橫木。意思是教給他們把車前橫木卸去。

⑮ 邲（ㄅㄧˋ）：鄭地，邲本為汴水，這裡指汴水受河之處，滎陽市之東北。

⑯ 衡雍：鄭地，在今河南原陽縣原武廢縣。

⑰ 武軍：古代戰勝一方將戰敗者的屍體埋葬，築起土堆，稱為武軍，再插木以標識，稱為京觀。

譯文

（魯宣公十二年）夏六月，晉國的軍隊去援救鄭國。荀林父為中軍統帥，先縠為副統帥；士會為上軍統帥，郤克為副統帥；趙朔為下軍統帥，欒書為副統帥。趙括、趙嬰齊為中軍大夫，鞏朔、韓穿為上軍大夫，荀首、趙同為下軍大夫。韓厥為主管軍法的司馬。

晉軍到達黃河北岸，得到鄭國已經與楚國議和的消息，荀林父想要回國，說：「沒有能夠救得鄭國而勞苦人民，有什麼用呢？楚已回歸而我們再動兵伐鄭，不為遲後。」士會說：「很好。我士會聽說，用兵要觀察對方的漏洞而行動。道德、兵刑、政治、戎事、

制度、禮儀不隨意變化的國家，是不可與他為敵的，也不能征伐這樣的國家。楚莊王討伐鄭國，是惱怒他不服從楚國而又可憐鄭國的屈服。叛變就征伐它，屈服了就放了它，仁德、刑法都實現了。征伐叛變者，是用兵刑；懷柔屈服者，是用仁德，這兩者都已樹立起來了。去年攻進陳國，現在剛剛攻進鄭國，人民不覺得疲勞，君主沒有受到埋怨，說明楚國政治是有固定的綱領的。舉行荊屍的閱兵後而大舉出師，商人、農民、手工業者、坐商都不廢棄他們的本業，而步兵和戰車士卒都十分團結，各類事業互不相犯。敖擔任令尹，選擇了楚國最佳的制度，軍隊行軍的時候，右軍跟隨著主將的車輛，左軍作為右軍的蓐墊而支持右軍，前軍舉著茅旌探察可能發生的情況，中軍決定戰爭的權謀，又有精兵殿後。軍中各級官吏都按旌旗上所繪物像執行自己的任務，軍政不用約束號令就都能自行備辦，說明能夠運用長期規定的制度。他的國君選拔人才，在與他同姓當中選拔最親近者，在異姓當中選拔世代做官之家的人，選擇人才沒有失去有道德的人，獎賞沒有失去有功勞的人，對年老者有特殊恩惠，對旅途中的人都有所賜予。國內的君子小人，都以衣服色彩表明他們的身份。高貴者有保證他們尊崇的制度，卑賤者有等級限制使他們有所畏懼，這說明他們的禮儀制度與實際不相悖逆。楚國國內道德樹立起來了，兵刑制度得到推行，政治有成就，軍事能適時舉動，制度為人們所服從，禮儀順應了實際情況，這樣的國家我們如何能勝過它？看到有取勝的可能就前進，瞭解到難以取勝就後退，這是行軍打仗的最佳方略。兼併弱小者攻擊昏暗者，是用武的最好的制度。你暫且整頓軍隊規定用武的制度吧！還有軟弱而昏暗的國家可以進攻，為什麼一定要對楚國進攻呢？商湯王的左相仲虺曾有言論說：『伐取亂離的國家，奴役滅亡的國家』，說的就是兼併弱國。《詩經·周頌·酌》篇裡說，『光輝盛美的帝王的軍隊，被率領著去攻取那些晦昧者』，說的是攻擊昏昧的國家。《詩經·周頌·武》篇中說：『沒有比周武王滅商的功業為強。』現在我們兼併撫綏弱小者，攻取昏昧者，追求周武王建立功業的目標，就可以了。」先縠說：「不行。晉國所以能夠稱霸，就是崇尚武功，崇拜實力的結果。現在得不到諸侯擁護，不能稱得上有實力；遇到敵

人而不去追擊，不能稱得上有武功。從我們手中丟失晉國的霸業，不如讓我們去死。況且全軍出動，聽到敵人強大就退回去，不是大丈夫的行為。而最後落得個不是大丈夫的名聲，只有你們能這樣做，我是不能做到的。」就以他帶領的中軍的一部分軍隊渡過了黃河。

荀首說：「先縠的這支軍隊要失敗了。《周易》有這樣的卦，《師》卦為坎下坤上，初爻由陰變陽，坎變為兌，兌下坤上為臨卦，爻辭說：『軍隊出行要有法制號令，違背法制號令不好，結果就兇險。』軍隊的統帥順應時機行動就好，反之就不是這樣。（坎卦變為兌卦，）意思是大家分散就弱小，（坎為川，今變為兌，兌為澤，）是大川被壅塞而成為澤。有法制號令就像自己指揮自己一樣，所以稱為法制號令。統帥者不順應時機行事，那就是法制號令沒有了。（川水盈滿，湖澤易竭，）盈滿而很快枯竭，法制號令不能推行大家又分散，所以結果就兇險了。水不能流行就在卦辭中稱為臨，有元帥而不聽從他的指揮，這比水不流行不是更嚴重嗎？先縠的做法就是卦辭中所說的「臨」。如果真的遇到敵人，他一定會失敗。先縠是失敗的禍首，雖然免於戰死而回到晉國，一定會有禍難臨頭。」韓厥對荀林父說：「先縠帶領非主力軍隊陷入敵境，你的罪過大了。你是三軍元帥，軍隊不服從命令，應當歸罪於誰呢？丟失了我們的屬國、敗亡了軍隊，罪過就夠重了，不如全軍前進，事情如果不能成功，罪惡也可由大家分擔。與其只你一人擔當罪過，六個統帥都共同來承當，不是比你一人承擔強一些嗎？」於是三軍都渡河向南。

楚莊王的北軍停留在郔地。沈尹帶領中軍，子重帶領左軍，子反帶領右軍，準備到黃河飲馬後就回楚國。得到晉國軍隊渡過黃河的消息，楚莊王想要回國，他的親信伍參想與晉軍進行戰鬥。令尹孫叔敖不想打，說：「去年進攻了陳國，現在剛剛進攻了鄭國，並非沒有戰事了。如果與晉軍戰鬥而打不勝，伍參身上的肉能夠吃嗎？」伍參說：「如果戰鬥打勝了，你孫叔敖就算沒有謀略了。如果打不勝，我伍參的肉也就會落到晉軍手中，你能夠吃得上嗎？」孫叔敖把車轅轉向南，前軍大旗也反過來向南。伍參又對楚莊王

說：「晉國從事軍政的是新人，不能推行他的命令。他的副職先縠武斷兇狠不講仁義，不肯服從他的命令。晉國三個軍的統帥，想要獨立行動而不能得到允許，想要聽從命令又沒有上司，大家該服從誰呢？這次行動，晉軍一定要失敗！又且你君主逃避他們臣下，將如何對待國家？」楚莊王覺得很為難，告訴孫叔敖讓他改變車轅向北面走，自己停留在管地等待他。

晉國軍隊駐紮在敖山、鄗山之間。鄭國公卿皇戌出使到了晉軍當中，說：「鄭國的屈服楚國，是為了保存國家的緣故，對晉國並沒有二心。楚國的軍隊連連得勝而驕傲，他們軍隊長久在外已疲勞了，又沒有什麼防禦工事。你們攻打他們，鄭國軍隊會跟著你們攻打，楚國軍隊一定要失敗。」先縠說：「擊敗楚國、制服鄭國，就在這一次戰爭了，一定要答應皇戌的要求。」欒書說：「楚國自從消滅了庸國以來，他的國君沒有一天不召集他的國人而訓導他們：人民生存的不容易、災禍隨時可能降臨、警戒畏懼絕不可以懈怠；在軍隊內部，沒有一天不召集他們的指揮官而反復訓誡他們：勝利不一定能保持，商紂王百次勝利而最終沒有結果。訓導他們說他們的祖先若敖、蚡冒推著柴車穿著破衣去開闢山野林木。訓導他們的箴言說：『民生在於勤勞，勤勞就不會貧困。』這都說明他們沒有驕傲。晉國先前的大夫狐偃說過：『正義的軍隊就壯盛，理屈的軍隊才稱為疲憊。』我們這一方不講道義，而向楚國尋求報復，是我們理曲而楚國正義，不能說楚軍疲憊。楚國君主的親兵戎車分為左右兩部，每部都稱為廣。每廣有戎車一卒（三十乘），兩廣的乘卒數是一樣的。右廣的戎車先駕好車輛執勤，到太陽正中時，左廣來接替他們，一直執勤到黃昏。他的左右親信又按次序在夜晚值班保衛，以防意外的事發生。這不可以說楚軍沒有防備。在楚國當人質的子良，是鄭國的賢良者；楚國的潘，是楚國人所尊崇的人。潘與鄭國舉行盟誓，子良入質到楚國，楚國、鄭國親近了。鄭國的皇戌來勸我們與楚國戰鬥，如果我們勝利了他們就會服從，我們不勝他們就去投靠楚國，拿我們當龜甲來占卜他們何去何從。鄭國的意見是不能聽從的。」趙括、趙同說：「帶兵出征來到這裡，就是要尋求敵人。戰勝敵人、取得屬國，又等待什麼呢？一定要聽從先縠的

意見。」荀首說：「趙括、趙同的話，是招禍的道路。」趙朔說：「樂書說得很好啊，實行他說的話，一定能使晉國長久。」

楚國的少宰到了晉軍，說：「我們君主從小喪失父母，說話言辭不會講究文飾，只是聽說我們的成王、穆王二位先君曾來往於楚、鄭之間，只是要教訓安定鄭國，哪裡敢得罪晉國呢？你們大家就不要在這裡留得太久了。」士會對他說：「當年周平王命令我們的先君文侯說：『同鄭國一起輔佐周朝王室，不要廢棄周王的命令。』現在鄭國不遵循這個訓導，我們君主讓我們這些臣子來向鄭國責問，哪裡敢勞駕楚國的邊疆官員呢？感謝你們君主給我們的指令。」先穀認為士會是向楚國獻媚，又讓趙括重新更改他的話，說：「我們那位行人說錯了話，我們的君主讓我們這些大臣把你們趕出鄭國，命令我們說：『不要躲避敵人。』我們沒有地方躲避君主的命令。」

楚莊王又派人與晉軍議和，晉軍統帥同意了，約定了會盟的日期。楚軍的許伯為樂伯駕車，攝叔為車右，單車去向晉軍挑戰。許伯說：「我聽說出去挑戰的人，很快驅車使旌旗傾倒靠近敵方營壘後就回來了。」樂伯說：「我聽說出去挑戰的人，車左用好箭射向敵人營壘，代替駕車的人牽馬，駕車者從車上下來，排比整齊駕車的馬匹後再返回來。」攝叔說：「我聽說挑戰的人，車右進入敵人營壘，割下敵人屍體的耳朵，捉獲俘虜再回來。」三人各自按照他們聽說過的做完往回返。晉軍驅逐他們，在左右兩邊又張開兩路軍夾擊。樂伯向左射晉軍的馬匹，向右射晉軍的士卒，晉軍兩路夾擊的軍隊不能前進。樂伯的箭只剩下一支了。正好有一隻麋出現在他的面前，他用這支箭射在了麋的脊背上。晉軍的鮑癸追到他的後面，樂伯讓攝叔拿這只麋進獻給鮑癸，說：「因為季節不是狩獵的時候，想進獻你們的禽獸還沒有來到，只好讓各位跟來的人吃這只麋了。」鮑癸讓軍隊停止了追擊，說：「楚國的車左善於射擊，車右會說話，都是君子。」這三個挑戰者都沒有被俘虜。

晉軍中的魏錡當初要求列為公族大夫而沒有得到，為此很惱怒，就想讓晉軍失敗。他請求到楚軍去挑戰，沒有得到允許。又請求出使到楚軍，得到許可。於是就前往楚軍，向楚軍挑戰後往回

走。楚軍的潘黨率兵來追趕他，追到滎澤，魏錡看到六隻麋，射中一隻麋返回來獻給潘黨，說：「因為你有軍事在身，你們管理禽獸的人恐怕不會給你送來鮮肉吧，就把這只麋送給跟隨你的人吧。」潘黨讓部下回去不追。晉軍中的趙旃要求卿大夫的職位而沒有得到，並且惱恨沒有捉住楚軍來挑戰的人，也請求到楚軍中挑戰，沒有得到允許。他就請求召集楚軍將領來舉行盟會，得到許可，與魏錡一同受命到楚軍中去。郤克說：「這兩個對晉國心懷怨恨的人都去了，我們不防備，一定要失敗。」先縠說：「鄭國人勸我們打，我們不敢聽從；楚國人要求議和，又不能與他們和好。軍隊沒有固定的命令，加強防備有什麼用呢？」士會說：「還是防備為好。如果趙旃和魏錡激怒楚軍，楚軍向我掩殺過來，我們失敗就不定在哪一天了，不能不防備著他。如果楚國沒有惡意，我們解除防備與他舉行盟會，哪裡會損壞友好呢？如果楚軍惡意向我們進攻，我們有防備，就不會失敗。況且即使諸侯相見時候，軍衛也不撤除，是加強警衛的意思。」先縠又不聽從。

士會讓鞏朔、韓穿率領士兵在敖山前埋伏為七處，所以上軍沒有失敗。趙嬰齊讓他的步兵預先在黃河裡準備好船隻，所以晉軍失敗時他的部隊先頭渡過了黃河。

潘黨驅逐了魏錡後，趙旃夜晚到了楚軍中，鋪席坐在楚軍的營門之外，讓他的步兵進入楚軍軍營。楚莊王的戎車分為每廣三十乘，分左右兩廣。右廣雞鳴時起身駕車巡邏，到正午卸車休息；左廣就來接替他們，一直到日落後才休息。楚國的許偃統領右廣，養由基為他的車右；彭名統率左廣，屈蕩為他的車右。乙卯日，楚莊王乘坐左廣的戎車追擊趙旃。趙旃拋棄了車輛而逃到樹林中，屈蕩下車與他搏鬥，奪取了他的甲衣。晉軍擔心魏錡、趙旃激怒楚軍，用備用的車輛去迎接他們。楚國的潘黨看見車輛走過帶起的塵土，讓人很快駕車報告楚軍說：「晉軍到來了。」楚軍也害怕楚莊王進入晉軍當中，於是都出來列好陣勢。孫叔敖說：「前進，寧讓我們逼迫別人，不要讓他們逼迫我們。《詩經》說，『沖陷敵軍的車輛十乘，用來打開敵人的行伍』，是要進攻在敵人之前。軍書上說，『先進攻能奪掉敵人的士氣』，是要壓迫對方。」於是很快向晉軍

發動攻擊，戎車飛馳，徒卒奔跑，掩殺晉軍。荀林父不知該如何辦，在軍隊中鼓動說：「先渡過黃河撤退的有賞！」於是中軍、下軍搶奪船隻爭著渡河，由於互相亂砍，船中被砍下的手指可以捧起來。

晉軍向右移動靠近黃河，上軍仍埋伏未動。楚國的工尹齊帶領右邊的方陣士卒去追逐晉國的下軍。楚莊王在戰前派唐狡和蔡鳩居去告訴唐惠侯說：「我沒有德行而又貪占別國的領土，因而遇上了強大的敵人，這是我的罪過了。可是如果楚國不能取勝，也是你的羞恥，想借你的福靈，來援助楚軍。」楚莊王讓潘黨率領備用的戎車四十乘，跟隨著唐惠侯組成左方的方陣，用來追逐晉國的上軍。晉軍的郤克說：「抵禦他們嗎？」士會說：「楚軍正在強盛的時候，如果都集中到我方，我軍必定讓他消滅乾淨，不如收兵退去。到時我們共同承受指責，而使士卒能活下來，不是也可以嗎？」跟在他的士卒後指揮撤退，他的軍隊不致失敗。

楚莊王看到他的右廣，要他們跟隨他的左廣掩殺晉軍，屈蕩主管右廣，說：「君王要讓右廣跟隨左廣從這次開始，以後也一定都要這樣做。」從此楚國在戰爭中總是左廣在先。

晉軍有一些車輛陷入泥坑不能前進，楚軍士卒教他們去掉車前橫木，車前進了，駕車的馬還是盤旋不能離開原地，楚國士卒又教他們拔去車上大旗卸掉車轅前的橫木，這樣車子就從泥坑中出來了。晉國士卒回頭對楚國士卒說：「我們比不上你們國家多次失敗逃奔（故而沒有這些經驗）。」

趙旃把他的兩匹好馬援助他的哥哥和叔父，用別的馬駕車返回軍營。遇到楚軍不能走脫，又拋棄了戰車跑到樹林中。晉軍中的逢大夫同他的兩個兒子乘車在趙旃的前面，逢大夫告訴他兒子：「不要回頭看。」他兒子回頭看見趙旃下了車，說：「趙老頭在後面。」逢大夫很生氣，讓他下車，指著樹木說：「要在這裡收你的屍體。」逢大夫拋給趙旃一條繩索要他上車，才免於被俘虜，他的兩個兒子下車死去。第二天，找到原來的標誌去收屍，兄弟兩人屍體累壓在一棵樹木之下。

楚國的熊負羈捉拿了荀首的兒子荀，荀首帶領他的族人返回去救他，魏錡為荀首駕取戰車，下軍的士卒多數跟隨著他。荀首每次

射箭，抽出箭來，是好箭，就放到魏錡背上的箭筒中。魏錡惱怒地說：「不是要去找你兒子嗎，還這樣愛惜幾支蒲杆。董澤裡的蒲杆，能取完嗎？」荀首說：「不用別人的兒子，我的兒子能夠得到嗎？我不能單為我的兒子射箭呀。」荀首用箭射中楚國的連尹襄老，得到他的屍體，拉到車上。荀首又射中公子谷臣，拘捕了他。帶著這兩人返回來。

　　到黃昏時，楚國軍隊駐紮在邲地。晉國剩下的隊伍已經不能組成一個軍。夜晚，晉軍渡河逃離，一夜晚河上都有晉軍的吵嚷聲音。

　　丙辰日，楚國的輜重車輛也到達了邲地，於是全軍又停留到衡雍。潘黨說：「君王為什麼不修築武軍而把晉軍的屍體收起來成為京觀呢？我聽說戰勝敵人一定要展示給子孫後代，以使他們不要忘記武功。」楚莊王說：「不是你所懂得的。文字當中，止與戈構成武字。周武王消滅了商朝，作《頌》說：『收起干戈，把弓矢藏到袋子裡。我要追求美德，表達在這夏樂之中，稱王天下要保持這美德。』又作了《武》，這詩的最後一章說：『致定你的功業。』它的第三章說：『我要鋪陳文王之德，伐紂只為了求得安定。』它的第六章說：『安定萬國，屢有豐年。』武力，是用來禁止暴亂、平息戰爭、保持統一、確立功業、安定人民、團結大眾、豐富財物的，所以讓周朝的子孫後代不要忘記這些篇章。現在我讓兩個國家的人把屍骨暴露在外，夠殘暴的了；檢閱部隊使諸侯畏懼，是沒有平息戰爭；殘暴而不能平息戰爭，哪裡能保證統一？還有晉國存在，哪裡就能確立功業？我的舉動違背民心之處還很多，人民怎麼能安定呢？沒有仁德而勉強爭取諸侯的擁護，用什麼來團結大家呢？以別人的危機為有利，以別人的動亂為安全，把這些當作自己的榮幸，用什麼來增加財富呢？武力有這七種德行，我連一種也不具備，用什麼展示給子孫後代？在這裡為先君築一座宮，向他們報告事情成功就可以了，武力戰勝不是我的功勞。古代聖明的帝王征伐不順從者，取一些首惡者的屍體用土封埋，表示這是最大的恥辱，這就產生了京觀來懲罰元兇大惡。現在我們沒有歸罪的物件，而晉國的人民都竭盡忠誠為君主的命令而死，我們哪裡可以築京觀呢？」楚莊王祭祀了河神，修築了楚國先君的宮廟，向宮廟祭奠宣告他們的勝

利後回國了。

這一次戰役中，鄭國的石制實際引導楚國進入鄭國，準備分裂鄭國，要立公子魚臣為另一個君主。辛未這天，鄭國殺了公子魚臣和石制。君子說：「史佚所說的『不要容忍禍亂之人』，就是指這一類事情。《詩經》說，『亂離太甚了，歸罪於誰呢？』歸罪於那些依恃亂離牟取私利的人。」

鄭襄公、許昭公到達楚國。

秋季，晉軍回到國內，荀林父請求把自己處死，晉景公準備答應，士貞子進諫說：「不行！晉楚在城濮之戰的時候，晉軍還有三天的軍糧，晉文公還面帶憂慮。他的左右說：『現在有喜事還要憂慮，不知遇到憂愁會喜歡嗎？』文公說：『楚國令尹得臣還在，我們的憂慮不能停止。被圍困的野獸還要爭鬥，何況一國的國相呢？』等到楚國殺了得臣，文公高興的心情表露在臉面上，說：『再沒有害我的人了。』這是晉國兩次勝利而楚國兩次失敗，楚國此後兩代沒有強大起來。現在上天或許是嚴重警告晉國，你又殺荀林父讓楚國再次得勝，不是想讓晉國長久不能強大嗎？荀林父的對待君主，晉升時考慮如何竭盡忠誠，貶退時考慮如何彌補過失，是一位捍衛社稷的人，為什麼要殺他呢？他的失敗，只不過像日食月食那樣，哪裡會損壞他的光明？」晉景公於是又恢復了荀林父的職位。

❀ 楚子滅蕭

> **題解**

◆ 魯宣公十二年（西元前597年），楚莊王率軍進攻蕭國，瞭解到士卒寒冷，就親自慰問他們，激勵了士卒的鬥志，消滅了蕭國。

➲ 原文

冬，楚子伐蕭①，宋華椒以蔡人救蕭。蕭人囚熊相宜僚及公子丙。王曰：「勿殺，吾退。」蕭人殺之。王怒，遂圍蕭。蕭潰。
申公巫臣曰：「師人多寒。」王巡三軍，拊而勉之，三軍之士

皆如挾纊②，遂傅於蕭。

還無社與司馬卯言，號申叔展。叔展曰：「有麥曲乎？」曰：「無。」「有山鞠窮乎③？」曰：「無。」「河魚腹疾奈何？」曰：「目於眢井而拯之④。」「若為茅絰，哭井則已。」明日，蕭潰。申叔視其井，則茅絰存焉⑤，號而出之。

注釋

① 蕭：春秋小國，在今安徽蕭縣。

② 纊（ㄎㄨㄤˋ）：新絲綿。

③ 山鞠（ㄐㄩˊ）窮：一種藥草，亦名芎藭，產於四川省，稱川芎。

④ 眢（ㄩㄢ）井：即枯井。

⑤ 絰絰（ㄉㄧㄝˊ）：茅草編為帶子。

譯文

（魯宣公十二年）冬天，楚莊王征伐蕭國，宋國的華椒用蔡國軍隊去援助蕭國。蕭國人拘禁了楚國的熊相宜僚和公子丙。楚莊王對蕭國人說：「不要殺掉他們，我退兵不攻伐你們。」蕭國人把他們二人殺掉了。楚莊王被激怒，於是包圍了蕭國。蕭國崩潰了。

（戰前，）申縣縣公巫臣對楚莊王說：「軍人都覺得寒冷。」楚莊王就視察三軍，親自慰勉戰士，三軍的士卒心情激動，都像是穿上了絲綿。於是緊緊圍在蕭國城外。

蕭國大夫還無社與楚國大夫司馬卯說話，并呼叫楚國大夫申叔展。申叔展問他：「有釀酒的麥曲嗎？」他回答說：「沒有。」又問：「有防寒的山鞠窮嗎？」回答說：「沒有。」「如果得了潮濕的疾病將怎麼辦？」回答說：「看見枯井就來拯救我。」申叔展說：「如果在井邊結上茅草帶子，在井上號哭的就是我。」第二天，蕭國崩潰。申叔展觀察城裡的井，有一口上有茅草帶子，他在井上號哭而把還無社救了出來。

❀ 晉侯伐鄭

◆ 晉國在邲之戰失敗後，鄭國背叛它而投靠了楚國。為了讓鄭國服從晉國，晉景公親自率領軍隊到鄭國示威，鄭襄公急忙到楚國尋求援助。

➲ 原文

夏，晉侯伐鄭，為邲故也。告於諸侯，蒐焉而還①。中行桓子之謀也②，曰：「示之以整，使謀而來。」鄭人懼，使子張代子良於楚。鄭伯如楚，謀晉故也。鄭以子良為有禮，故召之。

注釋

① 蒐：檢閱車馬。
② 中行桓子：荀林父把晉軍分為三部：中行、右行、左行。荀行父為中行統帥，諡號桓，因稱中行桓子。

譯文

（魯宣公十四年）夏天，晉景公率軍進攻鄭國，是因為邲地戰役的緣故。他向各國諸侯宣佈，到鄭地檢閱軍隊後就回國了。這是荀林父出的計謀，荀林父說：「要給鄭國顯示出晉國部隊的齊整，讓鄭國自謀而來服從晉國。」鄭國害怕了，讓子張代替子良到了楚國。鄭襄公到楚國，謀劃抵禦晉國。鄭國因為子良有禮度，所以把他召回國內。

❀ 楚子圍宋

◆ 魯宣公十四年（西元前595年），楚莊王派使者到齊國、晉國，卻不讓他們向必經的宋、鄭兩國行借道之禮，就是向兩國挑

釁。宋國不畏楚國勢力，殺了使者申舟，激怒了楚莊王，到秋季，楚軍包圍了宋國。

⊃ 原文

楚子使申舟聘於齊，曰：「無假道於宋。」亦使公子馮聘於晉，不假道於鄭。申舟以孟諸之役惡宋，曰：「鄭昭宋聾，晉使不害，我則必死。」王曰：「殺女，我伐之。」見犀而行。及宋，宋人止之。華元曰：「過我而不假道，鄙我也。鄙我，亡也。殺其使者，必伐我，伐我亦亡也。亡一也。」乃殺之。楚子聞之，投袂而起，屨及於窒皇①，劍及於寢門之外，車及於蒲胥之市②。秋九月，楚子圍宋。

注釋

① 窒皇：亦作絰（ㄅㄧㄝˊ）皇，宮中路寢前面的庭。
② 蒲胥：楚國都城街道，市場在其中。

譯文

楚莊王派申舟聘使齊國，對他說：「不要向宋國說明，直接通過它的國家就行了。」也派公子馮出使晉國，不向鄭國說明就通過鄭國。申舟因為以前在孟諸的戰役中惹怒了宋國，對楚莊王說：「鄭國明白，宋國很不聰明，出使晉國的人不會受害，我是一定要死了。」楚莊王說：「如果宋國殺了你，我就去攻伐他。」（楚莊王為保證他的諾言，）讓申舟把兒子申犀領來見了他才出行。申舟到達宋國邊境，宋國人把他留住了。宋國的華元說：「申舟路過宋國而不行借道之禮，是小瞧我國。小瞧我們，就是要滅亡我國。如果殺了他這個使者，楚國一定進攻我們，進攻我們也是要滅亡我國。都是一樣的亡國。」就殺了申舟。楚莊王聽到這個消息，立刻憤怒得撩起袖子站起來，赤腳跑到路寢前的庭中，後面給他拿鞋的人到這裡才追上他；他又跑出寢門之外，給他送劍的人在寢門外才追上他；為他備好的車子到蒲胥街上的市場中才追上他。秋季的九月，楚莊王率軍包圍了宋國。

宋人及楚人平

題解

◆ 楚國因宋國殺害其使者申舟而包圍了宋國。宋國在晉國的支持下進行抵抗，迫使楚國退兵而與之議和。

○ 原文

十五年春，公孫歸父會楚子於宋。

宋人使樂嬰齊告急於晉，晉侯欲救之。伯宗曰：「不可。古人有言曰：『雖鞭之長，不及馬腹。』天方授楚，未可與爭。雖晉之強，能違天乎？諺曰：『高下在心。』川澤納汙，山藪藏疾，瑾瑜匿瑕，國君含垢，天之道也。君其待之。」乃止。

使解揚如宋，使無降楚，曰：「晉師悉起，將至矣。」鄭人因而獻諸楚。楚子厚賂之，使反其言，不許。三而許之。登諸樓車，使呼宋人而告之。遂致其君命。楚子將殺之，使與之言曰：「爾既許不穀，而反之，何故？非我無信，女則棄之。速即爾刑。」對曰：「臣聞之，君能制命為義，臣能承命為信，信載義而行之為利。謀不失利，以衛社稷，民之主也。義無二信，信無二命。君之賂臣，不知命也。受命以出，有死無霣①，又可賂乎？臣之許君，以成命也。死而成命，臣之祿也。寡君有信臣，下臣獲考死，又何求？」楚子舍之以歸。

夏五月，楚師將去宋，申犀稽首於王之馬前，曰：「毋畏知死，而不敢廢王命，王棄言焉。」王不能答。申叔時僕，曰：「築室，反耕者，宋必聽命。」從之。宋人懼，使華元夜入楚師，登子反之床，起之，曰：「寡君使元以病告，曰：『敝邑易子而食，析骸以爨②。雖然，城下之盟，有以國斃，不能從也。去我三十裡，唯命是聽。』」子反懼，與之盟，而告王。退三十裡，宋及楚平。華元為質。盟曰：「我無爾詐，爾無我虞。」

① 霣（ㄩㄣˇ）：同「隕」，隕墜，廢棄。
② 爨（ㄘㄨㄢˋ）：燒火煮飯。

譯文

（魯宣公）十五年春天，魯國大夫公孫歸父與楚莊王在宋國境內相會。

宋人派大夫樂嬰齊到晉國告急，晉景公準備去救宋國。晉國大夫伯宗說：「不能去救。古人有句話說：『鞭子雖然長，也打不到馬的腹部。』上天正在給予楚國支持，不可與它相爭。雖然晉國強大，還能違抗上天嗎？諺語說：『處理事情或高或下都在自己的內心裁定。』河川湖澤容納污濁，山林澤藪隱藏病毒，美好的玉石也藏匿著疵瑕，國君要忍耐恥辱，這是上天的規律，君主還是等待吧。」晉景公停止了救宋的計畫。

晉國派大夫解揚去宋國，讓宋國不要投降楚國，並且對宋國說：「晉國的軍隊全部動員起來，快到宋國了。」可中途讓鄭國抓獲了他而把他送給楚國。楚莊王給瞭解揚很重的禮物，讓他說晉國不來救宋國。解揚不答應。楚莊王再三要他這樣做，他答應了。楚莊王讓解揚登上楚軍的樓車，讓人召呼宋國的人來而讓解揚告訴他們。解揚乘機就把晉國要救宋國的話告給宋人。楚莊王要殺他，讓人對他說：「你既然答應了我，可又反悔了，什麼緣故？不是我不講信用，是你自己拋棄了信用，趕快去受你的刑戮吧。」解揚回答說：「我聽說過，君主能夠制定命令是當然的，臣下秉承執行命令就叫信守，信守承載著正義而成為實際行動就是利。謀略不失去利益，用以保衛國家，才是人民的主人。行正義者不會講究兩種不同信用，有信用的人不會接受兩種不同的命令。你所以賄賂我，是你不懂命令的意義。我是接受命令而出使，即使死也不會放棄君主的命令。哪裡是賄賂可動搖的？我對你的許諾，只是為完成我們君主的命令。如果死了而能實現我們君主的命令，那是我的福分了。我們君主有可信的臣子，我能夠獲得壽終而死，還有什麼追求呢？」楚莊王便放解揚讓他回了國。

夏季五月，楚軍準備離開宋國。申舟的兒子申犀在楚莊王的馬

前行禮攔馬說：「我寧死也不敢放棄你說過要為我父報仇的命令，你撤兵是自食其言。」楚莊王不能回答。申叔時為楚莊王駕車，說：「就在宋國境內修築住屋，讓戰士恢復為耕地者，作長久困守之計。宋人一定會服從我們。」楚莊王照他說的去做了。宋人害怕了，讓大夫華元在夜晚進入楚軍。華元來到楚大夫子反住處，登上了他的床，把子反拉起來，對他說：「我們君主讓華元向你訴說困苦，說：『我們這裡已是人們互相交換兒子吃他們的肉，折斷屍骨作為柴禾來燒的境地了。雖然如此，要想讓我們在城下與你們訂立投降的盟約，就是國家滅亡，也絕不能這樣做。你們離開三十裡，那我們就聽從你們的命令。』」子反害怕，與華元進行了盟誓。子反把情況告訴了楚莊王。楚軍後退了三十裡，宋國與楚國達成和議。華元到楚國作了人質。雙方的盟約說：「我不要欺詐你，你不要哄騙我。」

❀ 晉師滅赤狄潞氏

題解

◆ 魯宣公十五年（西元前594年），晉國因為赤狄潞氏的執政者酆舒殺害晉景公的姐姐，而興兵攻伐潞氏，滅掉了這個部族。

⊃ 原文

潞子嬰兒之夫人①，晉景公之姊也。酆舒為政而殺之，又傷潞子之目。晉侯將伐之。諸大夫皆曰：「不可。酆舒有三俊才，不如待後之人。」伯宗曰：「必伐之。狄有五罪。俊才雖多，何補焉？不祀，一也。耆酒，二也。棄仲章而奪黎氏地②，三也。虐我伯姬，四也。傷其君目，五也。怙其俊才，而不以茂德，茲益罪也。後之人或者將敬奉德義以事神人，而申固其命，若之何而待之？不討有罪，曰：『將待後。』後有辭而討焉，毋乃不可乎？夫恃才與眾，亡之道也。商紂由之，故滅。天反時為災，地反物為妖，民反德為亂。亂則妖災生。故文反正為乏，盡在狄矣。」晉侯從之。六月癸卯，晉荀林父敗赤狄於曲梁③。辛亥，滅潞。酆舒奔衛，衛人歸諸

196

晉，晉人殺之。

注釋

① 潞子嬰兒：赤狄潞氏的首領。潞氏，赤狄的一個部落，活動在今山西長治市潞城區。

② 黎氏：殷商古國，在今山西黎城縣。

③ 曲梁：潞氏所屬地，在今山西長治市潞城區境。

譯文

潞氏的首領潞子嬰兒的夫人，是晉景公的姐姐。潞氏的大臣酆舒當政時把她殺害了，並且刺傷潞子的眼睛。晉景公因此要征伐酆舒。晉國的大夫們都說：「不能征伐他。酆舒有三方面的俊秀才能，不如等待酆舒的後人執政再征伐他。」伯宗說：「一定要征伐他。潞氏有五種罪過，他的才能雖多，能補救罪過嗎？不祭祀祖先，是一罪。好喝酒，是二罪。摒棄賢臣仲章而奪取黎國的土地，是三罪。虐殺了景公的姐姐伯姬，是四罪。傷害了國君的眼睛，是五罪。依恃著他的才能，而不樹立美德，這就更增加了他的罪過。酆舒的後人或者將能夠敬奉德行和正義，而加固赤狄的命運，還能等待嗎？不去討伐有罪的人，說什麼『將等待以後』，以後人家的繼承者如果有理而去討伐人家，不是不可以嗎？依恃才能和人多，是滅亡之道。商紂就是依恃才能和人多，所以滅亡了。天違反時間順序就成為災害，地上的事物違反常性就成為妖怪，人民違反道德就會動亂。人間動亂就會產生妖怪和災害。所以文字中，反正就是乏字。這些都在赤狄那裡出現了。」晉景公聽從了他的意見。六月癸卯日，晉國的荀林父在曲梁打敗了赤狄，消滅了潞國。酆舒逃奔到衛國，衛國又把他送給晉國，晉國把他殺了。

❀ **秦人伐晉**

題解

◆ 晉國在佔領赤狄潞氏的土地後，又擊敗了秦國的進攻。晉景公給荀林父和士伯重大賞賜，說明他能重用人才。

⊃ 原文

秋七月，秦桓公伐晉，次於輔氏①。壬午，晉侯治兵於稷②，以略狄土。立黎侯而還。及雒③，魏顆敗秦師於輔氏，獲杜回，秦之力人也。

初，魏武子有嬖妾，無子。武子疾，命顆曰：「必嫁是。」疾病④，則曰：「必以為殉。」及卒，顆嫁之，曰：「疾病則亂⑤，吾從其治也。」及輔氏之役，顆見老人結草以亢杜回⑥。杜回躓而顛，故獲之。夜夢之曰：「餘，而所嫁婦人之父也。爾用先人之治命，餘是以報。」

晉侯賞桓子狄臣千室，亦賞士伯以瓜衍之縣⑦，曰：「吾獲狄土，子之功也。微子，吾喪伯氏矣。」羊舌職說是賞也，曰：「《周書》所謂『庸庸祗祗』者，謂此物也夫。士伯庸中行伯，君信之，亦庸士伯，此之謂明德矣。文王所以造周，不是過也。故《詩》曰『陳錫哉周』，能施也。率是道也，其何不濟？」

晉侯使趙同獻狄俘於周，不敬。劉康公曰：「不及十年，原叔必有大咎。天奪之魄矣。」

注釋

① 輔氏：晉地，在今陝西大荔縣東。
② 稷：晉地，在今山西稷山縣。
③ 雒：晉地，在今陝西大荔縣東南。
④ 病：病重。
⑤ 亂：神志昏亂。下文「治」，指神志清醒。
⑥ 亢：遮擋。
⑦ 瓜衍：在今山西孝義市境內。

譯文

（魯宣公十五年）秋七月，秦桓公率兵侵伐晉國，進入晉地輔氏。壬午日，晉景公在稷地整頓軍隊，用來略取赤狄的土地，在赤狄地區立了黎國的君主就回來了。晉國軍隊又到達西部的雒地，魏顆在輔氏打敗了秦國軍隊，俘虜了杜回，杜回是秦國的一位力士。

當初，魏顆的父親魏武子有一位寵愛的妾，沒有生兒子。魏武子病了，命令魏顆說：「我死後一定要把她嫁出去。」等到魏武子病危時，又說：「一定要讓她為我殉葬。」等魏武子死後，魏顆就把這位妾嫁出去了，他說：「人病危時就昏亂了，我是服從他清醒時說的話。」到輔氏戰役的時候，魏顆看見有一位老人把茅草結在一起用來遮擋杜回。杜回被茅草絆住跌倒在地，所以被魏顆俘虜了。魏顆在晚上做夢夢見了那位老人對他說：「我，就是你所嫁出去的那位婦人的父親，你用你先人清醒時的命令，我用這來報答你。」

晉景公賞給荀林父赤狄奴隸一千家，又賞給士貞子瓜衍這個縣，對士貞子說：「我能獲得狄人的土地，是你的功勞。如果不是你，我就喪失了荀林父了。」羊舌職評論這次獎賞，說：「《周書》所說『文王能用可用，能敬可敬』，就是說的這類事情。士貞子用荀林父，國君相信士貞子，也用荀林父，這就是所謂光明之德。周文王所以能創立周朝，也不過是這樣。所以《詩經》說，『陳布利益而賜予別人的是周朝』，是說能夠施予。遵循這一道理，有什麼辦不成的呢？」

晉景公讓趙同到周朝去獻俘虜，趙同對周天子不夠尊重。劉康公說：「不過十年，趙同一定會有大的災禍。看樣子上天已奪去他的魂魄了。」

❀ 晉人滅赤狄甲氏及留籲、鐸辰

題解

◆ 晉國的士會做了太傅，晉國的盜賊都逃到了秦國，說明士

會對晉國治理的成功。

➲ 原文

十六年春，晉士會帥師滅赤狄甲氏及留籲、鐸辰①。

三月，獻狄俘。晉侯請於王，戊申，以黻冕命士會將中軍②，且為大傅。於是晉國之盜逃奔於秦。羊舌職曰：「吾聞之，『禹稱善人③，不善人遠』，此之謂也夫。《詩》曰，『戰戰兢兢，如臨深淵，如履薄冰』，善人在上也。善人在上，則國無幸民。諺曰，『民之多幸，國之不幸也』，是無善人之謂也。」

注釋

① 甲氏、留籲、鐸辰：皆為赤狄部落，甲氏在今山西武鄉縣境內，留籲、鐸辰在今長治市屯留區、潞城區等地。

② 黻（ㄈㄨˊ）冕：古代卿大夫的禮服、禮帽。

③ 稱：推舉，提拔。

譯文

（魯宣公）十六年春天，晉國的士會率軍消滅了赤狄的甲氏及留籲、鐸辰等部落。

三月，晉國到東周王室進獻赤狄俘虜。晉景公向周定王要求，在戊申日，以卿大夫的禮服冠冕任命士會為晉國的中軍統帥，並且任他為晉國的太傅。於是晉國的盜賊都逃奔到了秦國。羊舌職說：「我聽說過，『大禹選拔任用了好人，那些不好的人都離開了』，說的正是士會受到任用這類的事情。《詩經》說，『恐懼戒慎到戰戰兢兢的地步，好像面臨著深深的淵池，也好像在薄冰上行走』，是因為有好人在上面。好人在上，那國家就不會有心存僥倖的人。諺語說，『人民的大部分心存僥倖，是國家的不幸』，是說國內沒有好人。」

❀ 晉景公同盟於斷道

題解

◆ 晉景公用武力威脅的手段，要求一些國家參加他的盟會，結果失敗，只好率軍回到國內。

⊃ 原文

十七年春，晉侯使郤克征會於齊。齊頃公帷婦人使觀之。郤子登，婦人笑於房。獻子怒，出而誓曰：「所不此報，無能涉河。」獻子先歸，使欒京廬待命於齊，曰：「不得齊事，無覆命矣。」

郤子至，請伐齊。晉侯弗許。請以其私屬，又弗許。

齊侯使高固、晏弱、蔡朝、南郭偃會。及斂盂①，高固逃歸。夏，會於斷道②，討貳也。盟於卷楚③，辭齊人，晉人執晏弱於野王④，執蔡朝於原，執南郭偃於溫。苗賁皇使，見晏桓子。歸，言於晉侯曰：「夫晏子何罪？昔者諸侯事吾先君，皆如不逮，舉言群臣不信，諸侯皆有貳志。齊君恐不得禮，故不出，而使四子來。左右或沮之，曰：『君不出，必執吾使。』故高子及斂盂而逃。夫三子者曰：『若絕君好，寧歸死焉。』為是犯難而來。吾若善逆彼以懷來者，吾又執之，以信齊沮，吾不既過矣乎？過而不改，而又久之，以成其悔，何利之有焉？使反者得辭，而害來者，以懼諸侯，將焉用之？」晉人緩之⑤，逸。

秋八月，晉師還。

注釋

① 斂盂：衛地，在今河南濮陽縣境。
② 斷道：今地不確。可能在今河南濟源市一帶。
③ 卷楚：當與斷道同地，或相距不遠。
④ 野王：在今河南沁陽市西。
⑤ 緩：放鬆（囚禁）。

譯文

（魯宣公）十七年春季，晉景公派郤克到齊國要求跟齊頃公會盟。齊頃公在宮中設置帷帳讓婦人們躲在裡面觀看郤克（郤克是跛子）。郤克一登堂，那些婦人們就在帷帳中笑起來。郤克十分惱怒，從堂上出來發誓說：「如果不能報這一仇，就不過河回晉國。」郤克先回到晉國，讓欒京廬在齊國等待他的命令，說：「不能讓齊頃公參加盟會，你就不要回來覆命。」

郤克回到晉國，請求征伐齊國，晉景公不答應。郤克又請求帶自己家族親兵去攻打齊國，晉景公也沒有答應他。

齊頃公派出高固、晏弱、蔡朝、南郭偃去參加晉景公召集的盟會，四人到了斂盂，高固就逃回齊國。夏季，盟會在衛國的斷道舉行，宗旨是討伐不服從晉國的國家。在卷楚進行了盟誓，盟誓時拒絕齊國派來的人參加。晉國人把晏弱拘留在野王，把蔡朝拘留在晉國的原縣，把南郭偃拘留在溫縣。晉國的苗賁皇正出使外地路過野王，見到了晏弱。回到晉國後，對晉景公說：「晏弱有什麼罪呢？過去諸侯奉事我們先君，都好像覺得他們做得不夠，可現在都說我國的大臣對他們不信任，各諸侯都產生了二心，齊頃公恐怕不受禮遇就不出國，而派四個大臣來。齊頃公的左右親近有的阻止讓這四人來，說：『君主不出，晉國一定會拘留我們的使臣。』所以高固中途就逃回去了。剩下的三個人說：『如果不參加這次盟會晉國一定要斷絕與齊國的友好關係，我們寧願去那裡受死。』因此他們三人是冒著危難而來的。我們本應善意地迎接對方以便招納投靠晉國的人，可我們卻拘留了他們，用來證明齊國阻止派人來參加盟會的正確，我們做得不是太過分了嗎？做錯了又不改，並又讓他們長時間受拘留，使得人家來後後悔，對我們有什麼利益呢？讓返回國的人有了說法，而又危害來參加盟會的人，用來讓諸侯畏懼，將有什麼用呢？」晉國人放鬆了對三個齊國人的看管，讓他們逃走了。

這年秋天八月，晉國舉行盟會所帶的軍隊回到了晉國。

◎成 公

❀ 王師敗績於茅戎

題解

◆ 東周王室本來要與茅戎達成和議，但劉康公卻乘議和之機，向茅戎進攻，結果失敗，使自己因不守信用而遭到懲罰。

⊃ 原文

元年春，晉侯使瑕嘉平戎於王，單襄公如晉拜成。劉康公徼戎①，將遂伐之。叔服曰：「背盟而欺大國，此必敗。背盟，不祥；欺大國，不義；神人弗助，將何以勝？」不聽，遂伐茅戎②。三月癸未，敗績於徐吾氏③。

注釋

① 徼（ㄐㄧㄠˇ）：同「邀」，邀擊（攔住）。
② 茅戎：春秋時少數族，主要分佈於今山西平陸縣、河南洛陽市東等地。
③ 徐吾氏：茅戎的部落，活動地點不詳。

譯文

（魯成公）元年春天，晉景公派瑕嘉去主持茅戎和東周的議和，東周的卿士單襄公到晉國答謝晉國為他們議和。東周的劉康公趁議和期間戎族沒有防備想僥倖打敗戎族，準備驅逐進攻戎族。東周的內史叔服說：「背叛盟約而又欺騙大國，這次出兵一定要失敗。背叛盟約，不會吉祥；欺騙大國，不講道義；神靈和人都不會幫助，將用什麼來取勝呢？」劉康公不聽他的話。於是就進攻茅戎。三月癸未日，被茅戎的徐吾氏部落打敗了。

❀ 鞌之戰

題解

◆（鞌）之戰是晉國援助魯、衛兩國而與齊國進行的一場戰爭，也是春秋時期規模較大的一次戰爭。晉國將士團結一致，奮死戰鬥，終於擊敗齊國，爭取到魯、衛對晉國的支持。

⊃ 原文

二年春，齊侯伐我北鄙，圍龍①。頃公之嬖人盧蒲就魁門焉。龍人囚之。齊侯曰：「勿殺，吾與而盟，無入而封。」弗聽，殺而膊諸城上②。齊侯親鼓，士陵城③。三日取龍。遂南侵，及巢丘④。

衛侯使孫良夫、石稷、寧相、向禽將侵齊，與齊師遇。石子欲還，孫子曰：「不可。以師伐人，遇其師而還，將謂君何？若知不能，則如無出。今既遇矣，不如戰也。」

……

石成子曰：「師敗矣。子不少須，眾懼盡。子喪師徒，何以覆命？」皆不對。又曰：「子，國卿也。隕子⑤，辱矣。子以眾退，我此乃止。」且告車來甚眾。齊師乃止，次於鞫居⑥。新築人仲叔於奚救孫桓子，桓子是以免。

既，衛人賞之以邑，辭，請曲縣、繁纓以朝，許之。

仲尼聞之曰：「惜也，不如多與之邑。唯器與名，不可以假人，君之所司也。名以出信，信以守器，器以藏禮，禮以行義，義以生利，利以平民，政之大節也。若以假人，與人政也。政亡，則國家從之，弗可止也已。」

孫桓子還於新築，不入，遂如晉乞師。臧宣叔亦如晉乞師。皆主郤獻子⑦。晉侯許之七百乘。郤子曰：「此城濮之賦也。有先君之明與先大夫之肅，故捷。克於先大夫，無能為役，請八百乘。」許之。郤克將中軍，士燮佐上軍，欒書將下軍，韓厥為司馬，以救魯、衛。臧宣叔逆晉師，且道之，季文子帥師會之。

及衛地，韓獻子將斬人，郤獻子馳，將救之。至，則既斬之矣。

郤子使速以徇，告其僕曰：「吾以分謗也。」

師從齊師於莘⑧。六月壬申，師至於靡笄之下⑨。齊侯使請戰，曰：「子以君師辱於敝邑，不腆敝賦，詰朝請見。」對曰：「晉與魯、衛，兄弟也，來告曰：『大國朝夕釋憾於敝邑之地。』寡君不忍，使群臣請於大國，無令輿師淹於君地。能進不能退，君無所辱命。」齊侯曰：「大夫之許，寡人之願；若其不許，亦將見也。」齊高固入晉師，桀石以投人⑩，禽之而乘其車，系桑本焉，以徇齊壘，曰：「欲勇者賈余餘勇！」

癸酉，師陳於⑪。邴夏禦齊侯，逢醜父為右。晉解張禦郤克，鄭丘緩為右。齊侯曰：「余姑翦滅此而朝食。」不介馬而馳之。郤克傷於矢，流血及屨，未絕鼓音，曰：「餘病矣！」張侯曰：「自始合，而矢貫餘手及肘，餘折以禦，左輪朱殷，豈敢言病？吾子忍之！」緩曰：「自始合，苟有險，餘必下推車，子豈識之？然子病矣！」張侯曰：「師之耳目，在吾旗鼓，進退從之。此車一人殿之，可以集事，若之何其以病敗君之大事也？擐甲執兵，固即死也，病未及死，吾子勉之！」左並轡，右援枹而鼓，馬逸不能止，師從之，齊師敗績。逐之，三周華不注⑫。

韓厥夢子輿謂己曰：「且辟左右。」故中禦而從齊侯。邴夏曰：「射其禦者，君子也。」公曰：「謂之君子而射之，非禮也。」射其左，越於車下⑬。射其右，斃於車中。綦毋張喪車，從韓厥曰：「請寓乘。」從左右，皆肘之，使立於後。韓厥俛，定其右。逢醜父與公易位，將及華泉，驂於木而止。醜父寢於轏中⑭，蛇出於其下，以肱擊之，傷而匿之，故不能推車而及，韓厥執縶馬前，再拜稽首，奉觴加璧以進，曰：「寡君使群臣為魯、衛請，曰：『無令輿師陷入君地。』下臣不幸，屬當戎行，無所逃隱。且懼奔辟，而忝兩君。臣辱戎士，敢告不敏，攝官承乏。」醜父使公下，如華泉取飲。鄭周父禦佐車，宛茷為右，載齊侯以免。韓厥獻醜父，郤獻子將戮之，呼曰：「自今無有代其君任患者，有一於此，將為戮乎？」郤子曰：「人不難以死免其君，我戮之，不祥。赦之，以勸事君者。」乃免之。

齊侯免，求醜父，三入三出。每出，齊師以帥退，入於狄卒，狄卒皆抽戈、楯冒之，以入於衛師，衛師免之，遂自徐關入⑮。齊

侯見保者，曰：「勉之，齊師敗矣。」辟女子。女子曰：「君免乎？」曰：「免矣。」曰：「銳司徒免乎？」曰：「免矣。」曰：「苟君與吾父免矣，可若何？」乃奔。齊侯以為有禮。既而問之，辟司徒之妻也。予之石窌⑯。

　　晉師從齊師，入自丘輿⑰。擊馬陘⑱。

　　齊侯使賓媚人賂以紀甗、玉磬與地⑲。「不可，則聽客之所為。」賓媚人致賂。晉人不可，曰：「必以蕭同叔子為質，而使齊之封內盡東其畝。」對曰：「蕭同叔子非他，寡君之母也。若以匹敵，則亦晉君之母也。吾子布大命於諸侯，而曰必質其母以為信，其若王命何？且是以不孝令也。《詩》曰：『孝子不匱，永錫爾類。』若以不孝令於諸侯，其無乃非德類也乎？先王疆理天下，物土之宜，而布其利。故《詩》曰：『我疆我理，南東其畝。』今吾子疆理諸侯，而曰『盡東其畝』而已，唯吾子戎車是利，無顧土宜，其無乃非先王之命也乎？反先王則不義，何以為盟主？其晉實有闕。四王之王也，樹德而濟同欲焉；五伯之霸也，勤而撫之，以役王命。今吾子求合諸侯，以逞無疆之欲。《詩》曰：『布政優優，百祿是遒。』子實不優，而棄百祿，諸侯何害焉？不然，寡君之命使臣，則有辭矣。曰：『子以君師辱於敝邑，不腆敝賦，以犒從者。畏君之震，師徒橈敗。吾子惠徼齊國之福，不泯其社稷，使繼舊好，唯是先君之敝器、土地不敢愛，子又不許，請收合餘燼，背城借一。敝邑之幸，亦云從也；況其不幸，敢不唯命是聽？』」魯、衛諫曰：「齊疾我矣。其死亡者，皆親暱也。子若不許，讎我必甚。唯子，則又何求？子得其國寶，我亦得地，而紓於難，其榮多矣。齊、晉亦唯天所授，豈必晉？」晉人許之，對曰：「群臣帥賦輿，以為魯、衛請。若苟有以藉口，而復於寡君，君之惠也。敢不唯命是聽？」

　　禽鄭自師逆公。

注釋

① 龍：魯地，在今山東泰安市東南。

② 膊（ㄅㄛ ╱）：暴露、陳列。

③ 陵：登上。

④ 巢丘：魯地，今地不詳，當亦在山東泰安市境內。

⑤ 隕：損失。

⑥ 鞠（ㄐㄩˊ）居：當是衛地。今地不詳。

⑦ 主：以......為主人。

⑧ 莘（ㄒㄧㄣ）：衛地，在今山東莘縣北。

⑨ 摩笄：山名，即今山東濟南市千佛山。

⑩ 桀：舉。

⑪ 鞏：同「鞍」，即歷下，在今濟南市西。

⑫ 華不注：山名，在今濟南市北。

⑬ 越：墜。

⑭ 轏：竹木做成的車。

⑮ 徐關：齊地，當在今山東淄博市西。

⑯ 石窌（ㄐㄧㄠˋ）：齊地，在今山東濟南市長清區東南。

⑰ 丘輿：齊地，在今山東青州市西南。

⑱ 馬陘：即馬陵，在丘輿北。

⑲ 甗（ㄧㄢˇ）：古代的炊具。

譯文

（魯成公）二年春天，齊頃公率軍侵伐魯國北部邊境，包圍了龍地。齊頃公的寵臣盧蒲就魁攻城，被龍地的人俘虜。齊頃公與龍地的人說：「不要殺他，我和你們盟誓，不再進入你們的邊境。」龍地的人不聽他的，把盧蒲就魁殺死後又暴屍在城頭上。齊頃公很憤怒，親自擊鼓催促進兵，齊軍戰士又紛紛登上城牆，經過三天的戰鬥，奪取了龍地。於是齊頃公又率軍向南侵伐，到達了巢丘。

衛穆公派孫良夫、石稷、寧相、向禽將四人帶兵侵伐齊國，跟齊軍相遇了。石稷想退回去，孫良夫說：「不可以退。帶領軍隊進攻別人，遇到正是要進攻的軍隊卻又退回去，將怎樣向國君交代？如果原來就知道不能取勝，那就不如不出兵。現在既然遇到了齊國的隊伍，那就不如與他打。」

......

石稷對孫良夫等說：「咱們的軍隊要失敗了，你不稍稍等待（頂住齊軍），全軍恐怕就要被消滅盡了。你喪失了軍隊，怎麼回去交代呢？」孫良夫和其他兩人都不回答。石稷又對孫良夫說：「你，是國家的上卿。損失了你，那是國家的恥辱。你帶領大軍後退，我在這裡阻擋齊軍。」並且告訴衛軍說有很多戰車前來支援。齊軍受到抵禦而停止了進攻，駐紮在鞠居。又有衛國的新築地方的大夫仲叔於奚救孫良夫，所以孫良夫才免於被齊軍俘虜。

不久，衛國就獎賞仲叔於奚一處城邑。仲叔於奚推辭了，而要求賞他一套諸侯用的樂器、一套裝飾馬頭的繁纓，用來上朝。衛穆公答應了他。

孔子聽到後說：「可惜了，不如多給他些地方。只有器物和爵號，是不能讓給別人的，這是君主權力的標誌。有了名號就有了威信，有了威信就能保持所得到的器物，器物隱含有貴賤的禮法，禮法是用來實行道義的，有道義就能產生大眾的利益，利益可以治理平定人民，這是政事的重大事情。如果把器與名給別人，那就是給了別人政權。政權沒有了，那國家也就跟著滅亡，這是不能夠阻止得了。」

孫良夫退回到新築，不回國都，順便就到晉國請求援軍。魯國的臧宣叔也到晉國請求派軍支援。兩人都以郤克為主人。晉景公答應一共出七百乘戎車。郤克說：「這是當年城濮戰役所用的軍事力量，當時有晉文公的英明和先大夫們的敏捷，所以打勝了。我和先大夫們相比，連給他們當僕役的能力都沒有，我請求給八百乘戎車。」晉景公答應了他。郤克統率中軍，士燮為上軍副統帥，欒書為下軍統帥，韓厥為司馬，去援救魯國、衛國。魯國大夫臧宣叔迎接晉國軍隊，並為晉軍引路，魯國大夫季文子帶領軍隊與晉軍會合。

晉軍到達衛國的地方，韓厥將要斬掉晉軍中一個違反紀律的人，郤克快速駕車，去救這個人，他到了的時候，韓厥已把人斬掉了。郤克讓很快用這事宣示三軍，並對給他駕車的人說：「我這樣做是要分擔別人對韓厥的怨懟。」

晉軍追擊齊國的軍隊到了莘地。六月壬申日，晉軍到了齊國境

內的摩笄山下。齊頃公派人到晉軍請戰，說：「你帶領你們君主的軍隊來到我們這裡，我們不很強大的軍隊，明天早上與你們相見。」郤克對來人說：「晉國與魯國、衛國，是兄弟國家，兩國都來晉國報告說：『齊國早晚要到我們國家來發洩怨憤。』我們君主不忍心讓他們遭受戰爭，讓我們這些大臣向齊國請求，但不准我們的車輛軍隊長期停留在你們的土地上，只准我們前進不准後退，我們不會玷辱了你們的命令。」齊頃公說：「郤克大夫的許諾，也正符合我的願望。如果你不許諾，也要與你相見。」齊國的高固打到晉國軍隊中，舉起石頭來打晉軍士兵。晉軍捕獲了他並乘坐了他的戰車，在車上拴系了桑樹根子，帶著他和他的戰車到齊國的軍營前宣示，說：「想要表現勇敢的就來買我們剩下的勇氣吧！」

（六月）癸酉日，晉軍、齊軍在地布下戰陣。邴夏為齊頃公駕車，逢醜父為車右。晉軍的解張為郤克駕車，鄭丘緩為車右。齊頃公說：「我先消滅郤克再吃早飯。」他的戰車上的馬沒有披甲就驅車衝向晉軍。郤克被箭射傷，血流到鞋子上，但沒有使戰鼓停歇下來，他說：「我已支援不住了。」解張說：「自從兩軍開始交戰，箭頭就穿過我的手到了肘部，我折斷箭杆駕車，戎車的左輪子已被我的血染成朱紅色，我哪裡敢說支援不住？你還是忍著痛吧。」鄭丘緩說：「自從兩軍開始交戰，一遇到險處，我必定下去推車，你哪裡看得到？但你確實是傷得很重。」解張說：「軍隊的耳目，就在於我們的元帥的旗鼓，進退都聽旗鼓指揮，這輛車由一人來鎮守，就可以完成任務，為什麼你要因為傷重而敗壞君主的戰事呢？穿起甲衣手持兵器，就是要去死的，傷重還到不了死，你還是努力吧。」解張左手把四匹馬的韁繩都攬到手裡，右手拿起鼓槌來擂擊戰鼓。馬奔跑起來不能停止下來，軍隊都跟著郤克的戰車衝擊。齊國軍隊潰散了。晉軍追逐齊軍，在華不注山下繞了三圈。

韓厥夢見他的父親子輿對他說：「早晨避開左或右。」所以代替為他駕車的人而站在車的中央去追擊齊頃公。齊頃公的駕車者邴夏說：「射那個駕車的，那是位君子。」齊頃公說：「認為他是君子而又射他，那是不講禮的。」射韓厥車上左邊的人，這人被射中落到車下。齊頃公又射韓厥的車右，車右中箭死在車中。晉軍中的

綦毋張喪失了戰車，跟在韓厥的車後，說：「讓我借乘你的戰車。」綦毋張上車後要站在車的左邊或右邊，韓厥都用胳膊肘撞他，讓他站立在自己的後邊。韓厥彎下腰，把被射死的車右穩定在車上。齊軍的逢醜父在車上乘機與齊頃公調換了位置。齊頃公的戰車快要到華不注山下的華泉時，他的拉套的馬被樹木阻擋住而停止下來。逢醜父夜裡在竹木製成的車中睡覺，有一條蛇出現在他的身下面，他用胳膊去打蛇，受了傷而隱瞞著。所以當齊頃公的車被樹木擋住時，他不能推車而被韓厥追上。韓厥在齊頃公戰車的馬頭下拿著韁繩，兩次揖拜並低頭行禮，捧著酒壺和玉璧進獻，說：「我們的君主讓我們這些大臣來替魯國、衛國請求，對我們說：『不要讓車輛軍隊進入齊國國土。』我實在不幸運，正好擔當了軍旅之士，沒有地方逃避隱藏，又恐怕逃奔躲避戰爭，而侮辱了兩國君主。我勉強擔任軍士，我實在不聰明，只好執行命令了。」逢醜父讓齊頃公下車，到華泉取水喝，鄭周父駕著齊頃公的備用戰車，宛茷為車右，讓齊頃公上了這輛車而免於被俘。韓厥俘虜了逢醜父獻給郤克，郤克要殺掉他，逢醜父呼喊說：「到今天還沒有出現過替自己的君主擔當禍患的人，現在有一個人這樣做了，就要把他殺掉嗎？」郤克說：「一個人不害怕死而讓他的君主免於被俘，我要殺了他，不會吉祥。赦免了他，用這事來規勸那些服侍君主的人。」就把逢醜父赦免了。

齊頃公逃脫後，尋找逢醜父，三次出入戰場。每一次從戰場出來，齊國的軍隊都保護著他向後退。齊頃公進入晉軍的盟軍狄人的軍隊中，狄人的士卒都拿出戈和盾護衛他，因而他又進入到衛國的軍隊中，衛國軍隊也放了他。於是從徐關回到齊國。齊頃公途中見到守衛的人，對他們說：「努力吧，齊軍失敗了。」他正要讓一位女子為他避道，那女子問他：「國君逃出來了嗎？」他回答說：「逃出來了。」又問：「主管銳利兵器的官員和步兵逃出來了嗎？」回答：「逃出來了。」女子說：「如果君主和我的父親逃脫了，還有什麼問的呢？」就跑開了。齊頃公認為這女子很有禮度。不久他問女子是誰，原來是負責戰事壘壁的軍官的妻子。就把石窌這塊地方賜給了她。

　　晉軍追逐齊軍，從丘輿地方進入齊國，在馬陵又打擊了齊軍。

　　齊頃公讓賓媚人送給晉軍紀國銅鍋、玉磬和齊國的一些土地。囑咐賓媚人說：「這些晉國還認為不行的話，那就任憑對方去做吧。」賓媚人向郤克送禮，晉國的郤克不滿意，說：「一定要讓你們的蕭同叔子來當人質，要讓齊國的疆土之內壟畝和道路全部向東。」賓媚人回答說：「蕭同叔子不是別人，恰恰是我們君主的母親。如果要和晉國相匹敵，那也就是晉國君主的母親。你向諸侯宣佈你的重大命令，而竟說一定要讓諸侯的母親做人質才算信用，你怎樣對待周王的命令呢？況且你這是用不孝發命令的。《詩經》說：『孝子不缺乏孝心，才能保證永遠有族類。』如果用不孝來命令諸侯，那不是沒有道德一類的人了嗎？先前的帝王分疆劃界治理天下，根據水土的情況，佈局生產物品。所以《詩經》說：『我劃出疆界劃分地理，要把地壟開成南東方向。』現在你劃分諸侯的土地，說只能『壟畝全部向東』，只是為了你的戰車行走有利，不顧土地與物產相適宜，這也不是先代帝王的命令吧？違背先王的做法就沒有道義，怎麼去做盟主呢？你們晉國實在是有過失的。舜、禹、商湯、周武四位帝王統治天下，樹立仁德而滿足人們的共同欲望；夏伯昆吾、商伯大彭、豕韋、周伯齊桓、晉文等五位諸侯稱霸一時，辛勤地撫綏別的國家，為帝王的命令去服役。現在你追求的是讓諸侯會合在你的指揮下，用來滿足你們無止境的欲望。《詩經》說：『發佈的政教和緩，才會使各種福祿聚集而來。』你發佈的政教不是和緩的，是拋棄福祿的，諸侯對你有什麼損害呢？你如果不改變你的命令的話，那我們的君主命令我這位使臣，對你們也有話說。要說的是：『你帶領著你們的軍隊來到我們這裡，我們雖然軍隊不很強盛，也可用來犒勞跟隨你的人。只是被你們君主的威力震懾，我們軍隊失敗了。你如果能降下恩惠為齊國求福，不使齊國滅亡，能夠維持原來兩國的友好，那我們先君留下的器物、土地我們不敢私愛。可你又不要這些，那我們只好收集殘餘的力量，背靠我國的城池最後決戰一次。如果我們有幸勝了，我們也會聽從你們的，假若不幸而滅亡，哪裡敢不聽從你的命令呢？』」魯國、衛國的統帥都勸郤克說：「齊國怨恨我們兩國了。他們戰死的人，都是齊頃公

的親近者。你如果不答應他們的請求，他們一定會更加仇恨我們。縱然是你，還有什麼要求呢？你能得到他們的國寶，我們也得到土地，又緩解了我們兩國的危難，好處還是很多的。齊國、晉國也都是上天賜予的，為什麼只要晉國存在呢？」郤克答應了齊國的要求，對齊國的使者說：「我們這些大臣帶領著車輛軍隊，只是為了替魯國、衛國的請求。如果能讓我們有話說，回去好交代我們君主，那就是齊國的福分了。我敢不聽從你們的命令嗎？」

魯成公來到戰場會見晉軍，魯國大夫禽鄭從隊伍中出去迎接他。

❀ 晉師歸

題解

◆ 魯成公二年（西元前 589 年），晉國的軍隊從之戰的戰場歸來，將帥們都受到晉景公的表彰，但他們個個都謙虛有禮，表明晉國君臣之間的團結。

⊃ 原文

晉師歸，范文子後入①。武子曰②：「無為吾望爾也乎？」對曰：「師有功，國人喜以逆之，先入，必屬耳目焉③，是代帥受名也，故不敢。」武子曰：「吾知免矣。」

郤伯見，公曰：「子之力也夫。」對曰：「君之訓也，二三子之力也，臣何力之有焉？」范叔見，勞之如郤伯。對曰：「庚所命也，克之制也，燮何力之有焉？」欒伯見④，公亦如之。對曰：「燮之詔也，士用命也，書何力之有焉？」

注釋

① 范文子：晉國上軍副統帥士燮。

② 武子：士燮之父士會。

③ 屬耳目：成為眾人注視傾聽的對象。屬，集中。

④ 欒伯：晉國下軍統帥欒書。

譯文

晉國軍隊在之戰後回到國內。士會的兒子士燮最後到達國都。士會對他說：「你沒有想到我在等待著你吧？」士燮回答說：「軍隊有了戰功，國人高興地來迎接它，我如果走在最前面進入國都，國人的視線都集中到我身上，這無意中是代替主帥接受了名譽，所以我不敢走在前面。」士會說：「從這我就知道你會免遭禍患。」

郤克進見晉景公，晉景公對他說：「這次勝利全憑你的力量了。」郤克回答說：「這是依靠了君主的訓導，依靠眾將領的力量，我有什麼功勞可言呢？」士燮進見晉景公，晉景公也用同樣的話慰勞他。士燮回答說：「這是憑藉了上軍統帥荀庚的命令，依靠了郤克的統一指揮，士燮有什麼功勞呢？」欒書進見晉景公，晉景公也是這樣慰勞，欒書回答說：「我是受命於上軍統帥士燮，依靠了下軍士兵的服從命令，我有什麼功勞呢？」

❀ 晉獻捷於周

題解

◆ 晉國戰敗齊國，又向東周天子進獻齊國的俘虜，遭到拒絕，表明春秋時期「內華夏、外夷狄」的觀念。

➲ 原文

晉侯使鞏朔獻齊捷於周。王弗見，使單襄公辭焉，曰：「蠻夷戎狄，不式王命①，淫湎毀常②，王命伐之，則有獻捷。王親受而勞之，所以懲不敬、勸有功也。兄弟甥舅，侵敗王略，王命伐之，告事而已，不獻其功，所以敬親昵、禁淫慝也。今叔父克遂，有功於齊，而不使命卿鎮撫王室，所使來撫餘一人，而鞏伯實來，未有職司於王室，又奸先王之禮③。余雖欲於鞏伯，其敢廢舊典以忝叔父？夫齊，甥舅之國也，而大師之後也④，寧不亦淫從其欲以怒叔

213

父，抑豈不可諫誨？」士莊伯不能對。王使委於三吏，禮之如侯伯克敵使大夫告慶之禮，降於卿禮一等。王以鞏伯宴，而私賄之。使相告之曰：「非禮也，勿籍。」

注釋

① 式：用。

② 淫湎（ㄇㄧㄢˇ）：淫為淫於女色，湎為沉溺於酒。

③ 奸：違反。

④ 大師：太師，指呂尚。

譯文

晉景公派鞏朔去東周進獻俘虜的齊國士卒。周定王不出面接見，派單襄公出面拒絕，說：「假若蠻夷戎狄不服從周天子的命令，淫亂沉溺於酒色，毀壞規矩法度，周天子命令征伐他們，那才有進獻俘虜的儀式。周天子會親自接受並對戰勝者慰勞，用來懲罰對周朝不恭敬的人、表彰對王室有功勞的人。兄弟、甥舅關係的國家之間，有的侵犯敗壞周天子固定下來的其他國家的疆土，周天子命令對侵略者進行征伐，取勝後只是向周天子報告完成任務就行了，不舉行進獻俘虜的儀式。這是表示敬重親近者，禁止淫蕩和過失。現在叔父（指晉景公）取得勝利，在齊國建立了戰功，而不讓周室任命的卿士來安定和援助周王室，派來的人只安撫我周王一個人，實際來的是鞏伯，他在王室中沒有官職，又違反了先王的禮法。我雖想對鞏伯表示好感，哪裡敢廢棄先王的制度而玷污叔父呢？齊國，與周室是甥舅關係的國家，又是姜尚太師的後代，莫不是他們放縱自己的欲望而激怒了叔父你？還是他們不聽勸告而不可救藥呢？」鞏朔回答不上來。周定王委託周室的三公來處理這件事，對鞏朔用諸侯戰勝敵人而派大夫向周室報告成功的禮儀接待，比接待卿士的禮儀規格降低一等。（之後）周定王又請鞏朔赴宴，私下給鞏朔賄賂，讓人對鞏朔說：「這樣做是不遵守禮法的，不要把它記錄在史冊上。」

❀ 宋文公卒

題解

◆ 宋文公死後，用很多財物和人來殉葬，受到《左傳》作者的批評。這說明春秋時期就已經提倡薄葬，反對厚葬，殉葬更是不得人心。

⊃ 原文

八月，宋文公卒。始厚葬，用蜃炭，益車馬，始用殉，重器備。槨有四阿①，棺有翰、檜②。

君子謂華元、樂舉，「於是乎不臣。臣，治煩去惑者也，是以伏死而爭。今二子者，君生則縱其惑，死又益其侈，是棄君於惡也，何臣之為？」

注釋

① 四阿：本是天子宗廟建築形式，指屋頂有四個突出的角，這裡的槨也是仿照這種建築形式的。

② 翰、檜：棺上的裝飾，形制今不可考。

譯文

（魯成公二年）八月，宋文公死去。在宋國，從宋文公開始實行厚葬，墓葬底下鋪有蚌蛤燒成的灰和木炭，陪葬的車馬增加了，開始用活人殉葬，陪葬的器物也很多。棺材的外郭成四阿形狀，棺材雕有翰、檜等裝飾。

君子這樣評價宋國大夫華元、樂舉：「不像做臣子的樣子。做臣子，就是治理混亂排除昏惑的，為了這個敢於伏在地上與君主以死來抗爭。現在這兩個人，君主活著的時候他們放縱君主的昏惑，君主死了又增加他的奢侈，這就把君主放到了罪惡的境地，算什麼臣子呢？」

❀ 楚莊王欲納夏姬

題解

◆ 魯成公二年（西元前 589 年），楚國的申公巫臣勸告楚莊王、楚國大臣子反不要娶陳夏氏，而自己卻娶了她，並帶她逃奔到晉國。從陳夏氏的遭遇來看，她是任人擺佈的玩物，而申公巫臣帶她出逃，恰是拯救了她。

➲ 原文

楚之討陳夏氏也①，莊王欲納夏姬。申公巫臣曰：「不可。君召諸侯，以討罪也。今納夏姬，貪其色也。貪色為淫。淫為大罰。《周書》曰，『明德慎罰』，文王所以造周也。明德，務崇之之謂也；慎罰，務去之之謂也。若興諸侯，以取大罰，非慎之也。君其圖之。」王乃止。子反欲取之，巫臣曰：「是不祥人也。是夭子蠻，殺禦叔，靈侯，戮夏南，出孔、儀②，喪陳國，何不祥如是？人生實難，其有不獲死乎？天下多美婦人，何必是？」子反乃止。王以予連尹襄老。襄老死於邲，不獲其屍。其子黑要烝焉。巫臣使道焉，曰：「歸，吾聘女。」又使自鄭召之，曰：「屍可得也，必來逆之。」姬以告王，王問諸屈巫。對曰：「其信。知之父，成公之嬖也，而中行伯之季弟也，新佐中軍，而善鄭皇戍，甚愛此子，其必因鄭歸王子與襄老之屍以求之。鄭人懼於邲之役，而欲求媚於晉，其必許之。」王遣夏姬歸，將行，謂送者曰：「不得屍，吾不反矣。」巫臣聘諸鄭，鄭伯許之。及共王即位，將為陽橋之役③，使屈巫聘於齊，且告師期。巫臣盡室以行。申叔跪從其父，將適郢，遇之，曰：「異哉，夫子有三軍之懼，而又有桑中之喜④，宜將竊妻以逃者也。」及鄭，使介反幣，而以夏姬行。將奔齊。齊師新敗，曰：「吾不處不勝之國。」遂奔晉，而因郤至，以臣於晉，晉人使為邢大夫。子反請以重幣錮之。王曰：「止，其自為謀也則過矣，其為吾先君謀也則忠。忠，社稷之固也，所蓋多矣⑤。且彼若能利國家，雖重幣，晉將可乎？若無益於晉，晉將棄之，何勞錮焉？」

◎成公

注釋

① 夏氏：陳國大夫夏徵舒。陳靈公與其母夏姬通姦，夏徵舒於魯宣公十年殺死靈公。次年，楚國出兵討伐陳國，殺夏徵舒。

② 孔、儀：陳國大夫孔寧、儀行父。多次與陳靈公到夏徵舒家。夏徵舒殺死靈公，孔寧、儀行父逃往楚國。

③ 陽橋：魯國地名，今山東泰安市西北。

④ 桑中：衛國屬地，當在今河南淇縣境內。《詩經·盤風·桑中》為民間男女幽會戀歌。

⑤ 蓋：保護。

譯文

楚國討伐陳國的夏徵舒時，楚莊王想要娶夏徵舒的母親夏姬。申公巫臣說：「不可以娶。國君召集起諸侯，用來討伐有罪的人；現在要娶夏姬，是貪圖她的色相。貪色就是淫蕩，淫蕩是大罪。《周書》說，『要宣明道德慎用刑罰』，周文王按照這一原則建立了周朝。明德，就是全力崇尚道德的意思；慎罰，就是全力去掉罪惡的意思。如果興動了諸侯，而自取大的罪惡，就不是警惕罪惡了。請君王考慮考慮。」楚莊王就取消了娶夏姬的打算。子反又想娶夏姬，申公巫臣又對他說：「夏姬是個不吉利的人。她嫁的第一個丈夫子蠻很年輕就死了，又使第二個丈夫禦叔被殺，陳靈公與她通姦而被殺，她的兒子夏徵舒被殺，孔寧、儀行父因她而逃出陳國，因為她的緣故，陳國也滅亡了。哪有這樣不吉利的人呢？人的一生可有多種災難，哪能夠讓自己不得善終呢？天下美麗的婦人很多，為什麼一定要娶她呢！」子反也不娶了。楚莊王把夏姬給了連尹襄老做老婆，連尹襄老又在邲地的戰役中死去，連屍首也沒有找回來。連尹襄老的兒子黑要又與夏姬通姦。申公巫臣讓人傳話給夏姬說：「你回去，我聘你為妻子。」又讓鄭國人召回夏姬，讓鄭國人對夏姬說：「連尹襄老的屍首可以讓你獲得，但你一定要親自來迎接。」夏姬把這些話告訴了楚莊王。楚莊王詢問申公巫臣。申公巫臣對楚莊王說：「夏姬說的可信。邲之戰咱們抓獲晉國的知，他的父親荀首，

是晉景公父親成公的親信，是荀林父的小弟弟，荀首新近為中軍的副統帥，他又跟鄭國的皇成友好，十分愛他的兒子知，他一定會乘著鄭國送歸君王的兒子與連尹襄老的屍首而要求歸還他的兒子。鄭國人懼怕再發生一次像邲之戰的戰爭，而想要討好晉國，一定答應晉國用楚俘換回晉俘。」楚莊王聽了就讓夏姬回到她的娘家鄭國。夏姬臨走時，對送她的人說：「得不到連尹襄老的屍首，我就不回楚國了。」申公巫臣從鄭國聘娶夏姬，鄭襄公答應了。等到楚共王即位後，在即將進行侵伐魯國的陽橋戰役之前，派申公巫臣出使齊國，並告訴出兵的日期。申公巫臣帶著全部家眷家產出行。申叔跪要到楚國都城找他的父親，快要到達郢都時，遇到了申公巫臣，說：「奇怪啊！你身負重大的軍事行動的秘密使命，新近又有桑中的喜事，大概是要偷竊上妻子逃跑了吧。」申公巫臣從齊國返回到了鄭國，就讓他的副職把齊國贈送的禮物送回楚國，他帶著夏姬到別的地方了。他們準備到齊國，齊國剛剛被晉國打敗，申公巫臣說：「我不去不能勝利的國家居住。」於是就到了晉國，而依靠郤至，做了晉國的大臣。晉國讓他擔任了邢地的縣大夫。楚國的子反知道申公巫臣跑到了晉國，請求楚共王送給晉國重禮而讓晉國把申公巫臣禁錮起來。楚共王說：「不要這樣做。申公巫臣為自己謀劃的是錯的，可他為先君楚莊王謀劃則是忠誠的。忠誠，是國家的鞏固基礎，這就能保護好多事物。況且他如果能有利於一個國家，我們雖給晉國重禮，晉國會禁錮他嗎？如果他對晉國沒什麼益處，晉國就會拋棄他，哪裡值得禁錮他呢？」

❀ 楚師侵衛

題解

◆ 魯成公二年（西元前589年），在晉國打敗齊國後不久，楚國又出兵進攻魯國、衛國，迫使它們與楚國簽訂盟約。這是晉、楚爭霸過程中的又一事件。從中可見中小國家在這種爭霸戰爭中受到的損害。

○ 原文

宣公使求好於楚，莊王卒，宣公薨，不克作好。公即位①，受盟於晉，會晉伐齊。衛人不行使於楚，而亦受盟於晉，從於伐齊。故楚令尹子重為陽橋之役以救齊②。將起師，子重曰：「君弱，群臣不如先大夫，師眾而後可。《詩》曰：『濟濟多士，文王以寧。』夫文王猶用眾，況吾儕乎？且先君莊王屬之曰：『無德以及遠方，莫如惠恤其民，而善用之。』」乃大戶③，已責④，逮鰥，救乏，赦罪，悉師，王卒盡行。彭名禦戎，蔡景公為左，許靈公為右。二君弱，皆強冠之。

冬，楚師侵衛，遂侵我，師於蜀⑤。使臧孫往，辭曰：「楚遠而久，固將退矣。無功而受名，臣不敢。」楚侵及陽橋，孟孫請往賂之以執斫、執、織紝⑥，皆百人，公衡為質，以請盟。楚人許平。

十一月，公及楚公子嬰齊、蔡侯、許男、秦右大夫說、宋華元、陳公孫寧、衛孫良夫、鄭公子去疾及齊國之大夫盟於蜀。卿不書，匱盟也。於是乎畏晉而竊與楚盟，故曰「匱盟」。蔡侯、許男不書，乘楚車也，謂之失位。

君子曰：「位其不可不慎也乎。蔡、許之君，一失其位，不得列於諸侯，況其下乎。《詩》曰：『不解於位，民之攸塈⑦。』其是之謂矣。」

楚師及宋，公衡逃歸。臧宣叔曰：「衡父不忍數年之不宴，以棄魯國，國將若之何？誰居？後之人必有任是夫，國棄矣。」

是行也，晉辟楚，畏其眾也。君子曰：「眾之不可以已也。大夫為政，猶以眾克，況明君而善用其眾乎？《大誓》所謂『商兆民離，周十人同』者，眾也。」

注釋

① 公：魯成公姬黑肱。成西元年，與晉盟於赤棘。
② 陽橋：魯地，在今山東泰安市北。

③ 大戶：清理戶口。
④ 已責：廢除債務。責，同「債」。
⑤ 蜀：魯地，在今山東泰安市西。
⑥ 執斤：木工。　執鍼：縫製女工。　織紝：紡織女工。
⑦ 堅（ㄐㄧˋ）：休息的意思。

譯文

　　魯宣公曾派出使者要求與楚國友好，楚莊王死了，魯宣公也死去，兩國沒有達成友好關係。魯文公即位後，接受了與晉國同盟，並會同晉國進攻齊國。衛國人沒有派過使者到楚國，而也接受了與晉國的同盟，跟隨著晉、魯進攻齊國。所以楚國的令尹子重就進行陽橋戰役來援救齊國。楚國在準備出師的時候，子重說：「咱們的君主年幼，大臣們又比不上先前的大夫們，軍隊人數眾多才能進行這次戰爭。《詩經》說：『依靠眾多的武士，周文王才能安定天下。』周文王還要用眾多的兵士，何況我等呢？又且先君莊王囑咐說：『沒有仁德要達到遠的地方，不如很好地體恤人民，而善於使用他們。』」於是在全國清理戶口，免除債務，施捨到無妻老人，救濟困難貧乏之家，赦免罪犯。把軍隊全部動員起來，連國王的親兵也參加行動。彭名為子重駕車，蔡國的景公為車左，許國的靈公為車右。這兩位國君也年紀小，都是在出師前勉強實行了冠禮。

　　（魯成公二年）冬天，楚軍侵伐衛國，便在蜀地進攻魯國的軍隊。魯成公派臧宣叔前去蜀地去抵抗楚軍，他推辭不去，說：「楚軍遠來時間又長，肯定就要退兵了。我去並不需做什麼事，無功而接受有功的名譽，我不敢這樣做。」楚軍到了陽橋，孟孫請求讓他去送給楚國木工、女縫衣工、織帛工作為賄賂，每種工人各一百人，又讓成公的兒子公衡去楚國當人質，用這些條件請求與楚國訂立盟約。楚國子重答應與魯國議和。

　　十一月，魯成公同楚國的公子嬰齊、蔡景公、許靈公、秦國的右大夫說、宋國的華元、陳國的公孫寧、衛國的孫良夫、鄭國的公子去疾，以及齊國的大夫在蜀地舉行了盟誓。按照《春秋》體例，

卿大夫們的會盟一般都不寫，因為這種盟會不起作用，是空盟。這些參加楚國盟會的國家都是畏懼晉國而偷偷地與楚國訂立盟約，所以說是「空盟」。《春秋》不寫蔡景公、許靈公參加會盟，是因為他們乘坐了楚國的戰車，這叫做失去地位。

君子說：「地位是可以不慎重對待的嗎？蔡國、許國的國君一旦失掉他們的地位，就不能被列入諸侯的行列中了，何況比他們更低的人呢！《詩經》說：『在位者不懈怠，人民就能得到休息。』正是說的要慎重對待地位。」

楚軍回國到達了宋國，公衡就逃回魯國去了。臧宣叔說：「公衡不能忍受到楚國幾年的不安穩，而拋棄魯國，國家將怎麼辦呢？誰能有辦法呢？他的後人一定會有遭受禍害的，國家被放棄了。」

這次戰役，晉國躲避楚國，害怕楚國軍隊眾多。君子說：「人數眾多是不能夠阻止的。卿大夫當政，還能用眾多的人取得勝利，更何況賢明的君主而又善於任用他的眾多的人了。《尚書·大誓》所說商紂雖有億萬人民而都背離了他，周朝僅有十個屬臣而能同心同德，說明人數眾多而且團結一致不可抵擋。」

❀ 楚歸晉知

題解

◆ 晉國的荀在邲之戰中被楚國俘虜，魯成公三年（西元前588年），晉國用楚俘換他回國。在即將離開楚國時，他在回答楚共王的問話時，表現出不卑不亢和忠於晉國的態度。

○ 原文

晉人歸楚公子谷臣與連尹襄老之屍於楚，以求知。於是荀首佐中軍矣，故楚人許之。王送知，曰：「子其怨我乎？」對曰：「二國治戎，臣不才，不勝其任，以為俘馘。執事不以釁鼓，使歸即戮，君之惠也。臣實不才，又誰敢怨？」王曰：「然則德我乎？」對曰：「二國圖其社稷，而求紓其民，各懲其忿，以相宥也①。兩釋累囚

②，以成其好。二國有好，臣不與及，其誰敢德？」王曰：「子歸，何以報我？」對曰：「臣不任受怨，君亦不任受德，無怨無德，不知所報。」王曰：「雖然，必告不穀。」對曰：「以君之靈，累臣得歸骨於晉③，寡君之以為戮，死且不朽，若從君之惠而免之，以賜君之外臣首④，首其請於寡君，而以戮於宗，亦死且不朽。若不獲命，而使嗣宗職，次及於事，而帥偏師⑤，以修封疆。雖遇執事，其弗敢違，其竭力致死，無有二心，以盡臣禮，所以報也。」王曰：「晉未可與爭。」重為之禮而歸之。

注釋

① 宥（ㄧㄡˋ）：寬恕，赦罪。
② 累囚：捆綁的囚徒。
③ 累臣：被捆縛的人（荀自稱，他被俘了）。
④ 首：荀的父親荀首，又稱知莊子。
⑤ 偏師：非主力軍（謙稱）。

譯文

晉國把俘虜的楚國公子谷臣和連尹襄老的屍體歸還給楚國，以求換回知。這時知的父親荀首已為中軍的副統帥，所以楚國答應了。楚共王來送知，對他說：「你怨恨我嗎？」知回答說：「兩國交戰，我沒有才能，不勝任自己的職務，所以成為俘虜，你們執掌政事的人沒有把我殺掉用我的血來祭鼓，讓我回去等待殺頭，這是你對我的恩惠，我確實沒有才能，敢怨恨誰呢？」楚共王說：「那麼你感謝我嗎？」回答說：「晉、楚兩國都是為了國家，而求拯救兩國的人民，各自克制心中的怨憝，以取得相互寬恕。各自釋放了俘虜，用來達成和好。兩國達成和好，我沒有參與，感謝誰呢？」楚共王說：「你回去，用什麼報答我？」回答說：「我不承擔接受怨恨，你也不承擔接受報答你的仁德，既沒有怨恨也不存在仁德，我不知要報答誰。」楚共王說：「雖說如此，你也一定得告訴我怎樣報答。」回答說：「借你的保佑，我這囚徒能夠把這一把骨頭送

◎成公

回晉國，如果我們君主把我殺掉，那我也就雖死也不會枯朽。如果像你這樣對我優惠而免了我的死刑，把我交給你的外國臣子荀首，荀首向我們君主請示，把我殺死在我們宗族的廟裡，也是雖死而不會枯朽。如果我們君主不會批准他這樣做，讓我繼承管理宗族的職務，按宗族次序選擇我去參加戰爭，讓我帶領一些非主力部隊，去整頓我國的疆土。到那時，雖然遇到你們執掌政事的人，也不敢背離你們而後退，只能竭盡全力去送死，對我們君主絕對不會有二心，一定要盡到臣子的禮節，那就只能用這來報答你。」楚共王說：「晉國是不可同它爭奪的。」於是舉行隆重的禮儀把知送回晉國。

❀ 晉、衛伐廧咎如

題解

◆ 魯成公三年（西元前 588），晉國、衛國在消滅赤狄大部分部族後，又進攻餘部廧咎如，並消滅了這個部族。《左傳》作者認為廧咎如的潰滅，是由於它的首領得不到人民的擁護。

⊃ 原文

晉郤克、衛孫良夫伐廧咎如①，討赤狄之餘焉。廧咎如潰，上失民也。

注釋

① 廧（ㄑㄧㄤˊ）咎（ㄐㄧㄡˋ）如：少數民族名稱，當在今山西太原市一帶。

譯文

晉國的郤克、衛國的孫良夫征伐廧咎如部落，這是討伐赤狄剩餘的部落。廧咎如潰滅了，是因為他的首領失去了人民的擁護。

❀ 魯與晉、衛盟

題解

◆ 魯成公三年（西元前588年），魯國與晉國、衛國舉行盟會，魯成公不知如何安排盟會的次序，魯國的執政者臧宣叔給他介紹了諸侯國的等級及大國、次國、小國卿大夫的地位，實際上是解釋《周禮》的一些規定。

➲ 原文

冬十一月，晉侯使荀庚來聘①，且尋盟②。衛侯使孫良夫來聘，且尋盟。公問諸臧宣叔曰：「仲行伯之於晉也，其位在三，孫子之於衛也，位為上卿，將誰先？」對曰：「次國之上卿，當大國之中，中當其下，下當其上大夫。小國之上卿，當大國之下卿，中當其上大夫，下當其下大夫。上下如是，古之制也。衛在晉，不得為次國，晉為盟主，其將先之。」丙午，盟晉；丁未，盟衛，禮也。

注釋

① 荀庚：晉荀林父之子。
② 尋盟：重申盟約（這裡是指魯成西元年赤棘之盟）。

譯文

（魯成公三年）冬十一月，晉景公派荀庚到魯國訪問，並且重申魯成西元年的赤棘之盟。衛定公也派孫良夫到魯國訪問，並且重申魯宣公七年的黑壤之盟。魯成公就這事詢問臧宣叔說：「荀庚在晉國的職位排到第三位，孫良夫在衛國，是上卿的地位，我們先與誰進行盟誓呢？」臧宣叔回答說：「次等國的上卿，相當大國的中卿，它的中卿相當於大國的下卿，下卿相當大國的上大夫。小國的上卿，相當大國的下卿，中卿相當大國的上大夫，下卿相當大國的下大夫。上下等級是這樣的情況，這是古代的制度。衛國對晉國來說，連次等都夠不上，晉國又是當時的盟主，應該先與晉國盟誓。」丙午日，魯國與晉國盟誓；丁未日，又與衛國盟誓。這是符

合禮制的。

❀ 晉作六軍

題解

◆ 晉國編制了六支軍隊，任命之戰的功臣為將領。文中通過齊頃公到晉國拜會晉景公時晉國的郤克、韓厥等人的表現，反映了各人的性格。

➲ 原文

十二月甲戌，晉作六軍。韓厥、趙括、鞏朔、韓穿、荀騅、趙旃皆為卿，賞之功也。

齊侯朝於晉，將授玉。郤克趨進曰：「此行也，君為婦人之笑辱也，寡君未之敢任。」

晉侯享齊侯，齊侯視韓厥。韓厥曰：「君知厥也乎？」齊侯曰：「服改矣。」韓厥登，舉爵曰：「臣之不敢愛死，為兩君之在此堂也。」

荀之在楚也，鄭賈人有將寘諸褚中以出 ①。既謀之，未行，而楚人歸之。賈人如晉，荀善視之，如實出己。賈人曰：「吾無其功，敢有其實乎？吾小人，不可以厚誣君子 ②。」遂適齊。

注釋

① 褚（ㄔㄨˇ）：裝衣服的袋子。
② 誣：欺哄。

譯文

（魯成公三年）十二月甲戌日，晉國增編為六支軍隊。韓厥、趙括、鞏朔、韓穿、荀騅、趙旃六人都上升為卿大夫。這是晉國獎賞之戰的功勞。

　　齊頃公到晉國朝見，正準備贈給晉景公玉，郤克從堂下急步走到堂上說：「你這次來晉國，是因為你讓婦人們笑我而你自己卻遭到了恥辱，我們君主不能承擔讓你受辱的責任。」

　　晉景公宴請齊頃公，齊頃公看著韓厥。韓厥對他說：「你認識我韓厥吧？」齊頃公說：「你穿的衣服變了。」韓厥登上廳堂，舉起酒杯來說：「我不敢愛惜自己的死亡而去追逐你，正是為了兩位君主在這個堂上飲酒和好。」

　　荀在楚國的時候，鄭國有一個買賣人準備把他裝到裝衣服的袋子中帶出來，已經謀劃好了，還沒有施行，而楚國就把他送回來了。這個買賣人到了晉國，荀很善待他，就好像他實際幫自己逃出來一樣。這個買賣人說：「我沒有功勞，哪敢接受人家的實際對待呢？我是小人，不能讓君子承受更多的欺哄。」於是到了齊國。

❀ 魯成公如晉

題解

　　◆ 魯成公到晉國沒有得到晉景公的尊重，想要叛晉而投楚。他的大臣季文子既對晉景公不滿，又不同意魯成公的想法，說楚國「非我族類」，不可信任。雖然說明重視華夏族的凝聚，但也反映出狹隘的民族觀念。

➲ 原文

　　夏，公如晉。晉侯見公，不敬，季文子曰：「晉侯必不免。《詩》曰：『敬之敬之，天惟顯思，命不易哉。』夫晉侯之命在諸侯矣，可不敬乎。」

　　秋，公至自晉，欲求成於楚而叛晉。季文子曰：「不可。晉雖無道，未可叛也。國大、臣睦，而邇於我，諸侯聽焉，未可以貳[①]。《史佚之志》有之曰：『非我族類，其心必異。』楚雖大，非吾族也，其肯字我乎[②]？」公乃止。

注釋

① 貳：背叛。
② 字：保護，愛護。

譯文

（魯成公四年）夏季，魯成公到了晉國。晉景公接見魯成公，對他不尊重。魯大夫季文子知道後說：「晉景公一定不會免於禍患。《詩經》說：『恭敬啊再恭敬，上天是那樣的明顯呀，獲得與保守天命是不容易的啊！』晉景公的命運在諸侯們掌握之中，能不敬重諸侯嗎？」

秋季，魯成公從晉國回來，想要求與楚國結盟而背叛晉國。季文子說：「不能這樣做。晉國雖然不講道義，但還不能叛變他。晉國國土大、大臣和睦，又與我們鄰近，諸侯還聽他的，我們還不可以對他有二心。《史佚之志》有這樣的話說：『與我們不是同一種族的人，他們的心腸和我們一定不一樣。』楚國雖是大國，跟我們不是同一種族，他肯愛護我們嗎？」魯成公於是放棄了這一想法。

❀ 鄭伯伐許

題解

◆ 鄭、許兩國發生戰爭，晉、楚兩大國乘機插足。這說明大國無時不在尋找機會，蠶食小國的領土。

⊃ 原文

冬十一月，鄭公孫申帥師疆許田。許人敗諸展陂①。鄭伯伐許，取鉏、冷敦之田②。

晉欒書將中軍，荀首佐之；士燮佐上軍，以救許伐鄭，取氾、祭③。

楚子反救鄭，鄭伯與許男訟焉，皇戌攝鄭伯之辭④。子反不

能決也,曰:「君若辱在寡君,寡君與其二三臣共聽兩君之所欲,成其可知也。不然,側不足以知二國之成。」

注釋

① 展陂:許國屬地,在今河南許昌市西北。

② 任、泠敦:兩地都是許國的地方,當距今許昌市不遠。

③ 氾、祭:兩地都屬鄭。氾在今河南滎陽市西北,祭在今鄭州市北。

④ 攝:代理,這裡是指替鄭襄公發言。

譯文

(魯成公四年)冬季十一月,鄭國的公孫申帶領軍隊去許國劃定他們奪取的許國田地的疆界,許國在展陂打敗了鄭軍。於是鄭襄公又率軍進攻許國,奪取了許國任、泠敦兩地的土地。

晉國的欒書統率中軍,荀首為副統帥,士燮為上軍副統帥,帶領兩軍援救許國而進攻鄭國,奪取了鄭國的氾、祭兩地。

楚共王不救他的盟國許國而反過來援救鄭國,鄭襄公同許靈公在楚軍中互相控告,鄭國的皇戌代替鄭襄公來發言。楚國的子反主持他們的爭訟而不能決斷,說:「你們兩位如果都到楚國朝拜我們君主,我們君主同一些大臣們共同聽聽你們二位各自想的,是非曲直就知道了。不然的話,我子反是不能夠給你們判定結果的。」

❀ 晉遷於新田

題解

◆ 魯成公六年(西元前585年),晉國由故絳遷到新田(今山西侯馬市),建立新的都邑。遷都前的討論,說明他們對都城環境的選擇。

⊃ 原文

晉人謀去故絳，諸大夫皆曰：「必居郇、瑕氏之地，沃饒而近鹽①，國利君樂，不可失也。」韓獻子將新中軍，且為僕大夫。公揖而入。獻子從。公立於寢庭，謂獻子曰：「何如？」對曰：「不可。郇、瑕氏土薄水淺，其惡易覯②。易覯則民愁，民愁則墊隘。於是乎有沉溺重膇之疾③，不如新田④，土厚水深，居之不疾，有汾、澮以流其惡⑤，且民從教，十世之利也。夫山、澤、林、鹽，國之寶也。國饒，則民驕佚。近寶，公室乃貧。不可謂樂。」公說，從之。夏四月丁醜，晉遷於新田。

注釋

① 鹽（ㄍㄨˇ）：即鹽，這裡指山西運城鹽池。
② 覯（ㄍㄡˋ）：同「構」，構造。
③ 膇（ㄓㄨㄟˋ）：足腫。
④ 新田：晉國都城，在今山西侯馬市。
⑤ 澮（ㄎㄨㄞˋ）：指澮河，今山西南部的河流。

譯文

晉國的君臣們打算從故絳遷都。各位大夫們都說：「一定要遷到鹽池附近的郇地或瑕地，那裡肥沃富足又靠近鹽池，國家有利，君主快樂，不可錯過。」當時韓厥統率新中軍，又擔任主管宮中事務的僕大夫。晉景公上朝對群臣揖拜而進入宮中，韓厥跟隨著他。晉景公站在宮廷院中，問韓厥說：「你覺得怎麼樣？」韓厥回答說：「不可以。郇地、瑕地土薄水淺，那裡污穢骯髒之物容易構成。這些骯髒之物容易構成，人民就會有愁怨，人民愁怨就會變得羸弱，於是就會產生風濕病和嚴重的足腫病。不如新田地方好。新田土厚水深，住在那裡不得病，有汾河、澮河沖刷流走那些污穢之物，而且人民又服從教化，有十代的利益。山嶺、湖澤、森林、食鹽，都是國家的寶物。國家富足，那麼人民就容易放縱偷懶。國都靠近寶物產地，公室就會貧困。不可說是快樂。」晉景公聽了很高興。（魯成公六年）夏季四月丁醜日，晉國遷都到新田。

❀ 晉欒書救鄭

題解

◆ 成公六年（西元前 585 年），晉國的執政者欒書率軍援助鄭國，與楚軍相遇後，他沒有服從多數人的請求而退兵，有人問他，他說：「善，眾之主也。」服從正確意見就是服從多數，很有哲理。

➲ 原文

晉欒書救鄭，與楚師遇於繞角①。楚師還。晉師遂侵蔡。楚公子申、公子成以申、息之師救蔡。禦諸桑隧②。趙同、趙括欲戰，請於武子，武子將許之。知莊子、范文子、韓獻子諫曰：「不可。吾來救鄭，楚師去我，吾遂至於此，是遷戮也。戮而不已，又怒楚師，戰必不克。雖克，不令③。成師以出，而敗楚之二縣④，何榮之有焉？若不能敗，為辱已甚，不如還也。」乃遂還。

於是，軍帥之欲戰者眾。或謂欒武子曰：「聖人與眾同欲，是以濟事，子盍從眾？子為大政，將酌於民者也。子之佐十一人，其不欲戰者，三人而已。欲戰者可謂眾矣。《商書》曰『三人占，從二人』，眾故也。」武子曰：「善鈞從眾。夫善，眾之主也。三卿為主，可謂眾矣。從之，不亦可乎？」

注釋

① 繞角：當時蔡國屬地，在今河南魯山縣南。
② 桑隧：蔡地，在今河南確山縣。
③ 令：好。
④ 二縣：申、息二縣之師。

譯文

（魯成公六年冬），晉國的欒書率軍去援救鄭國，同攻打鄭國的楚軍在繞角相遇。楚國軍隊退回去了。晉軍順便就侵伐蔡國。楚國的公子申、公子成各率領楚國申縣、息縣的軍隊來援救蔡國，在

桑隧抵禦晉軍。趙同、趙括想要跟這支軍隊打仗，向欒書請示，欒書將要答應他們的要求。荀首、士燮、韓厥勸諫說：「不要去打。我們是來援救鄭國的，楚國的軍隊已經離開我們，我們才順便到了這裡，侵伐蔡國本來就是轉移了屠戮的物件。如果侵伐蔡國不能停止，又會激怒楚國軍隊，與楚軍作戰一定不會勝利。雖然能勝利，也不是好事。我們全軍出動，而打敗楚國兩個縣的兵力，會有什麼光彩呢？如果不能打敗人家，那就造成很大的恥辱，不如回去。」就回去了。

當時晉軍統帥們想要打的人占多數。有人問欒書說：「聖人與多數人有同樣的欲望，這樣事情才能成功。你為何不服從多數？你主持晉國的大政，遇事要向人民商酌。你的輔佐者有十一個人，其中不想打的，只有三個人罷了。想打的人可以說是多數了。《商書》裡說，『三人進行占卜，服從兩人占卜的結果』，因為兩人就是多數的緣故。」欒書回答說：「彼此都是好的，這才服從多數。好的，也就是多數人要服從的。三卿的意見是好的，可以說是多數了，聽從他們的意見，不是也可以嗎？」

❀ 吳國始大

題解

◆ 魯成公七年（西元前 584 年），楚國申公巫臣由楚入晉，由晉入吳，幫助吳國訓練士卒，終於使吳國的軍事力量強大起來。

➲ 原文

楚圍宋之役，師還，子重請取於申、呂以為賞田①。王許之。申公巫臣曰：「不可。此申、呂所以邑也，是以為賦②，以禦北方。若取之，是無申、呂也，晉、鄭必至於漢。」王乃止。子重是以怨巫臣。子反欲取夏姬，巫臣止之，遂取以行，子反亦怨之。及共王即位，子重、子反殺巫臣之族子閻、子蕩及清尹弗忌及襄老之子黑要，而分其室③。子重取子閻之室，使沈尹與王子罷分子蕩之室，

子反取黑要與清尹之室。巫臣自晉遺二子書，曰：「爾以讒慝貪惏事君，而多殺不辜，餘必使爾罷於奔命以死。」

巫臣請使於吳，晉侯許之。吳子壽夢說之。乃通吳於晉，以兩之一卒適吳，舍偏兩之一焉。與其射禦，教吳乘車，教之戰陳，教之叛楚。置其子狐庸焉，使為行人於吳。吳始伐楚、伐巢、伐徐④，子重奔命。馬陵之會⑤，吳入州來⑥，子重自鄭奔命。子重、子反於是乎一歲七奔命。蠻夷屬於楚者，吳盡取之，是以始大，通吳於上國⑦。

注釋

① 呂：古國，西周穆王時封，後為楚所滅，成為楚國的縣。故城在今河南南陽市西。

② 賦：兵車甲士。

③ 室：家產。

④ 巢：春秋時小國，在今安徽巢湖市居巢區。

⑤ 馬陵：衛地，在今河北大名縣東南。

⑥ 州來：春秋時小國，在今安徽鳳台縣。

⑦ 上國：中原各國。古代以北為上。

譯文

楚國在包圍宋國的戰役以後，軍隊回到國內，子重請求劃出申縣、呂縣的一些地方賞賜給他。楚莊王許諾了他。申公巫臣說：「不可以。有這些田地申縣、呂縣才能成為城邑，兩縣派出軍隊，用來抵禦北方。如果拿走這些土地，就不存在申縣、呂縣了，晉國、鄭國就會進入到漢水流域。」楚莊王於是作罷。子重因此而怨恨申公巫臣。子反想娶夏姬，申公巫臣阻止了他，而自己娶了夏姬出走了，子反也怨恨他。到楚共王即位以後，子重、子反殺害了申公巫臣同族的子閻、子蕩以及清尹弗忌和連尹襄老的兒子黑要，而奪取了他們的家產。子重奪取了子閻的家產，讓沈尹和王子罷瓜分了子蕩的家產，子反奪取了黑要、清尹弗忌的家產。申公巫臣從晉國給子重、

子反寫了信，說：「你們兩個是用進讒言與貪婪的行為來對待君主
的，還要大批地殺害無罪的人，我一定讓你們疲於逃命而死去。」

申公巫臣請求出使吳國，晉景公批准了他。吳國君主壽夢見
到他很高興。於是申公巫臣溝通了吳國與晉國的關係。後來又帶了
三十輛戰車到了吳國，給吳國留下一半。給了吳國射手和御手，教
吳國人乘駕戰車，教給他們打仗的陣式，教育他們叛變楚國。申公
巫臣把他的兒子孤庸放到吳國，讓他給吳國充當出使外國的行人。
從此吳國開始進攻楚國，進攻巢國，進攻徐國，子重跑到巢國、徐
國抵禦。到馬陵會盟的時候，吳國又攻州來國，子重到鄭國抵禦
吳國。子重、子反在這一年中有七次奔走抵禦吳國。南方少數族原
來臣屬於楚國的，吳國全部奪取過去，所以開始強大起來，使吳國
與中原國家有了往來。

❀ 晉侯使韓穿來言汶陽之田

題解

◆ 晉國要把魯國的領土汶陽劃歸齊國，魯國的季文子說，晉
國倚恃霸主地位，左右小國，這樣會失掉諸侯的擁護。

⊃ 原文

八年春，晉侯使韓穿來言汶陽之田，歸之於齊。季文子餞之，
私焉，曰：「大國制義，以為盟主，是以諸侯懷德畏討，無有貳心。
謂汶陽之田，敝邑之舊也，而用師於齊，使歸諸敝邑。今有二命，
曰：『歸諸齊。』信以行義，義以成命，小國所望而懷也。信不可
知，義無所立，四方諸侯，其誰不解體？《詩》曰：『女也不爽，
士貳其行。士也罔極，二三其德。』七年之中，一與一奪，二三孰
甚焉？士之二三，猶喪妃耦，而況霸主？霸主將德是以，而二三之，
其何以長有諸侯乎？《詩》曰：『猶之未遠①，是用大簡②。』
行父懼晉之不遠猶而失諸侯也，是以敢私言之。」

注釋

① 猶：同「猷」，謀略。
② 簡：同「諫」，勸諫。

譯文

（魯成公）八年春季，晉景公派韓穿到魯國談判魯國汶陽土地的歸屬問題，要把這塊土地劃歸齊國。季文子設酒宴為韓穿送行，私下與韓穿談論，說：「大國是掌握正義的，這才當了盟主。所以諸侯才懷戀大國的仁德，畏懼大國的討伐，沒有二心。就說這汶陽的土地，本是我國原有的土地。對齊國用兵，讓他們把所侵佔的這塊土地歸還回來。現在卻有了第二個命令，說是讓『把它歸給齊國』。誠信是用來實行正義的，正義是用來制定命令的，這才是小國所希望並懷戀的。誠信是未知數，正義又無從樹立，四方的諸侯，有誰不渙散瓦解呢？《詩經》說：『女的沒有過錯，男士改變了他的行為。男士沒有行動標準，朝三暮四搖擺不定。』七年之內，把汶陽的土地給了我們一次又奪取走一次，搖擺不定得也太厲害了吧？男士的搖擺不定，還會喪失配偶，何況是霸主呢？霸主是依靠道德的，而又使這種道德搖擺不定，他會用什麼來保證長期擁有諸侯呢？《詩經》說：『謀略不夠遠大，所以大力勸諫。』我是害怕晉國不能謀劃長遠而失掉諸侯，所以敢私下說這些話。」

❀ 晉討趙同、趙括

題解

◆ 魯成公八年（西元前583年），晉景公聽信讒言，殺了趙同、趙括。這反映出晉國內部君臣之間、卿大夫之間的矛盾和鬥爭。

➲ 原文

晉趙莊姬為趙嬰之亡故①，譖之於晉侯，曰：「原、屏將為

亂[2]。」欒、郤為征。六月，晉討趙同、趙括。武從姬氏畜於公宮。以其田與祁奚。韓厥言於晉侯曰：「成季之勳，宣孟之忠，而無後，為善者其懼矣。三代之令王皆數百年保天之祿。夫豈無辟王？賴前哲以免也。《周書》曰『不敢侮鰥寡』，所以明德也。」乃立武，而反其田焉。

注釋

① 趙莊姬：晉國趙朔之妻，晉成公之女，與趙朔叔父趙嬰通姦。趙嬰：晉國趙盾異母弟，又稱嬰齊、樓嬰，曾任中軍大夫，魯成公五年，被趙同、趙括逐出晉國。

② 原、屏：趙同（又稱原同）、趙括（又稱屏括）。

譯文

晉國的莊姬因為趙嬰齊出亡的緣故，在晉景公面前進讒言說：「趙同、趙括正準備作亂。」欒氏、郤氏兩姓又為莊姬的話作證。（魯成公八年）六月，晉國討伐殺害了趙同、趙括。趙朔的兒子趙武跟隨莊姬在晉景公的宮中養大。趙同、趙括的封地給了祁奚。韓厥對晉景公說：「趙衰對晉國的功勳，趙盾對晉國的忠心，而讓他們絕了後，做好事的人都會畏懼的。堯、舜、禹三代好的帝王都是數百年地保持上天給予的福祿，其中哪會沒有邪僻的帝王呢，只是賴有先前的哲人們才免於不敗。《周書》說，『不敢侮辱失掉妻子、丈夫的人』，就是要宣揚仁德的。」於是又讓趙武繼承趙氏的宗族，把送給祁奚的土地歸還給趙氏。

❀ 申公巫臣假道於莒

題解

◆ 魯成公八年（西元前 583 年），申公巫臣出使吳國路過莒國，提醒莒國加強城防，告誡莒國國君，只有吞併小國，才產生出

大國，放棄防守，是對國家不負責任。

⊃ 原文

晉侯使申公巫臣如吳，假道於莒。與渠丘公立於池上①。曰：「城已惡。」莒子曰：「辟陋在夷，其孰以我為虞②？」對曰：「夫狡焉思啟封疆以利社稷者，何國蔑有？唯然，故多大國矣。唯或思或縱也。勇夫重閉，況國乎？」

注釋

① 渠丘公：即莒國國君。渠丘為莒國屬地，在今山東莒縣北。池：護城河。
② 虞：企圖吞併。

譯文

（魯成公八年）晉景公派申公巫臣出使吳國，從莒國借道。申公巫臣與莒國國君渠丘公站在莒國都城的護城河邊。申公巫臣說：「這城牆太破爛了。」莒國國君說：「我這偏僻簡陋的國家處於夷族之地，哪會有誰把我作為吞併的對象呢？」申公巫臣對他說：「那內心奸詐想要開闢疆土界限來為國家謀利的人，哪一個國家沒有？只因這樣，所以才有好多大國。只是在於小國或者謀劃抵抗他們或者放縱他們的侵犯了。勇夫還要加固門窗層層關閉，何況是國家呢？」

❀ 晉侯觀於軍府

題解

◆ 魯成公九年（西元前 582 年），晉景公視察軍器倉庫時見到楚國的俘虜鍾儀，通過與鍾儀的對話，瞭解到他對楚國的熱愛，放他回國，以溝通晉、楚的議和。

➲ 原文

晉侯觀於軍府，見鍾儀。問之曰：「南冠而縶者，誰也？」有司對曰：「鄭人所獻楚囚也。」使稅之①。召而吊之②。再拜稽首。問其族，對曰：「泠人也③。」公曰：「能樂乎？」對曰：「先人之職官也，敢有二事？」使與之琴，操南音④。公曰：「君王何如？」對曰：「非小人之所得知也。」固問之，對曰：「其為大子也，師、保奉之，以朝於嬰齊而夕於側也。不知其他。」公語范文子。文子曰：「楚囚，君子也。言稱先職，不背本也。樂操土風，不忘舊也。稱大子，抑無私也。名其二卿，尊君也。不背本，仁也。不忘舊，信也。無私，忠也。尊君，敏也。仁以接事，信以守之，忠以成之，敏以行之，事雖大，必濟。君盍歸之，使合晉、楚之成。」公從之，重為之禮，使歸求成。

注釋

① 稅：同「脫」，解開繩子。

② 吊：慰問。

③ 泠人：即「伶人」，主管音樂的官吏。

④ 南音：南方曲調。

譯文

晉景公視察晉國的武器庫，看見了鍾儀。他就問管理人員說：「戴著南方帽子而被拴系著的人，是誰？」管理人員回答說：「那是鄭國進獻的楚國的一個戰俘。」晉景公讓把他身上的繩子解開，召見他並表示慰問。鍾儀兩次拜謝，低頭面對晉景公。晉景公問他的出身。回答說：「出身於樂官之家。」晉景公問：「懂音樂嗎？」回答說：「樂官是我先人的職官，我哪敢從事其他職業呢？」晉景公讓人給他琴，鍾儀彈出了楚國的曲調。晉景公問他：「你們的君王怎麼樣？」回答說：「這不是小人我能夠瞭解得到的。」晉景公堅持要問。回答說：「君王在當太子的時候，有師傅、保傅奉陪著他，早上去向令尹子重請教而晚上又向司馬子反詢問。其他的事我

不瞭解。」晉景公把鍾儀說的話對士燮說了。士燮說：「這位楚國戰俘，是位君子。說話時就稱道他先人的職官，表明他不背叛祖先；演奏樂器他是彈奏的鄉土曲調，表明他不忘記舊土；稱呼君王為太子，也是稱讚君主而不存在阿諛的私心；稱呼子重、子反的名字，是尊敬君主你的表現。不背叛祖先，是仁義的表現；不忘舊土，是信用的表現；沒有阿諛之私，是忠誠的表現；尊重君主你，是聰敏的表現。用仁義來承接事情，用信用來守護事情，用忠誠來完成事情，用聰敏來做好事情，再大的事情，都能做好。你何不把他放回去，讓他幫助晉、楚兩國議和成功呢？」晉景公依從了士燮的意見，為鍾儀舉行重大的典禮，讓他回楚國謀求晉、楚和好。

❀ 鄭伯歸

題解

◆ 晉國俘虜鄭成公，興兵伐鄭，而鄭國卻興兵進攻晉國的盟國許國，向晉國示威，迫使晉國放回鄭成公，與鄭國和好。

➲ 原文

秋，鄭伯如晉，晉人討其貳於楚也，執諸銅鞮 ①。

欒書伐鄭，鄭人使伯蠲行成，晉人殺之，非禮也。兵交，使在其間可也。

……

鄭公子班聞叔申之謀 ②。三月，子如立公子。夏四月，鄭人殺，立髡頑，子如奔許。欒武子曰：「鄭人立君，我執一人焉，何益？不如伐鄭而歸其君，以求成焉。」晉侯有疾，五月，晉立大子州蒲以為君，而會諸侯伐鄭。鄭子罕賂以襄鐘，子然盟於脩澤 ③，子駟為質。辛巳，鄭伯歸。

注釋

① 銅鞮（ㄉㄧ）：晉地，在今山西沁縣。

② 叔申：鄭國宗室大臣公孫申，又稱申叔，他獻計說，鄭國出兵進攻許國，聲言另立國君，晉國必放回鄭成公。

③ 脩澤：鄭地，在今河南原陽縣西南。

譯文

（魯成公九年）秋季，鄭成公到了晉國，晉國討伐鄭國投靠楚國，就在銅鞮拘禁了鄭成公。

樂書帶兵征伐鄭國，鄭國派伯蠲到晉軍中求和，晉軍把他殺死了，晉軍是違反禮法的。兩國交兵，互通使者是正常的。

……

（魯成公十年春，）鄭國的公子班瞭解到公孫申的計策。三月裡，他就立公子為國君。夏季四月，鄭國人殺了公子，立鄭成公太子髡頑為國君，公子班逃到許國。晉國的樂書說：「鄭國立了君主，我們只拘留了他們一個人，有什麼好處呢？不如征伐鄭國而把他的君主送回去，用這個辦法求得鄭國同我們和談。」晉景公得了病，五月，晉國立了太子州蒲為國君，州蒲聯合諸侯進攻鄭國。鄭國子罕給晉國送了鄭襄公廟裡的鐘作為賄賂，子然與晉國在脩澤進行盟誓，子駟到晉國當了人質。辛巳日，鄭成公回到鄭國。

✿ 楚子重自陳伐莒

題解

◆ 莒國長期不修城防，在楚國的進攻下，三座都城全部崩潰。《左傳》作者批評它：「恃陋而不備，罪之大者也。」

➲ 原文

冬十一月，楚子重自陳伐莒，圍渠丘。渠丘城惡，眾潰，奔莒。戊申，楚入渠丘。莒人囚楚公子平。楚人曰：「勿殺，吾歸而俘。」莒人殺之。楚師圍莒。莒城亦惡，庚申，莒潰。楚遂入鄆①，莒無

備故也。

君子曰:「恃陋而不備,罪之大者也。備豫不虞,善之大者也。莒恃其陋,而不修城郭,浹辰之間②,而楚克其三都,無備也夫。《詩》曰:『雖有絲麻,無棄菅、蒯③;雖有姬薑④,無棄蕉萃⑤。凡百君子,莫不代匱。』言備之不可以已也。」

① 鄆(ㄩㄣˋ):原為魯地,後為莒國所奪,在今山東沂水縣北。

② 浹(ㄐㄧㄚˊ)辰:浹是周匝的意思,辰指從子到亥十二辰,即十二日。這裡指從戊申到庚申,經歷地支一周。

③ 菅(ㄐㄧㄢ):多年生草本植物。 蒯(ㄎㄨㄞˇ):多年生草本植物。

④ 姬薑:姬、薑本為黃帝、炎帝的姓,這裡指美女。

⑤ 蕉萃:即憔悴,代表面色憔悴的人。

譯文

(魯成公九年)冬季十一月,楚國子重率兵從陳國進攻莒國,包圍了渠丘。渠丘城池破損,城中軍隊潰散了,逃奔到莒城。戊申日,楚軍進入渠丘。莒城中的軍隊俘虜了楚國的公子平。楚人說:「不要殺死他,我們把俘虜你們的人放回去。」莒城裡的人殺了他。楚國軍隊又包圍了莒城。莒城也很破爛,庚申日,莒城也崩潰了。楚軍於是進入到鄆城,這是莒國沒有防備的緣故。

君子評論說:「依靠簡陋的城池而不防備,是罪惡當中的大罪惡。防備意外,是善事當中的大善事。莒國憑藉它簡陋的城池,而不修築城郭,十二日之內,讓楚國攻克了它的三座都城,因為沒有防備啊。《詩經》說:『雖然有絲、麻等好的材料,但不要拋棄菅、蒯一類次的材料。雖有姬薑一類的美女,也不要拋棄面色憔悴的婦人。凡是眾多的君子,都不會沒有缺陷。』說的就是防備不可以停止。」

❀ 晉景公死

題解

◆ 魯成公十年（西元前581年），晉景公病死。全篇充滿夢占的迷信色彩，但說明晉國內部貴族間的鬥爭使君主經常感到寢不安身。

➲ 原文

晉侯夢大厲①，被髮及地，搏膺而踊②，曰：「殺余孫③，不義，余得請於帝矣。」壞大門及寢門而入。公懼，入於室。又壞戶。公覺，召桑田巫④。巫言如夢。公曰：「何如？」曰：「不食新矣。」公疾病，求醫於秦。秦伯使醫緩為之。未至，公夢疾為二豎子，曰：「彼，良醫也，懼傷我，焉逃之？」其一曰：「居肓之上⑤，膏之下，若我何？」醫至，曰：「疾不可為也。在肓之上，膏之下，攻之不可，達之不及，藥不至焉，不可為也。」公曰：「良醫也。」厚為之禮而歸之。六月丙午，晉侯欲麥，使甸人獻麥，饋人為之。召桑田巫，示而殺之。將食，張，如廁，陷而卒。小臣有晨夢負公以登天，及日中，負晉侯出諸廁，遂以為殉。

注釋

① 厲：即厲鬼，古人以為絕了後代的死者就成為厲鬼。

② 搏：折。膺：胸。

③ 余孫：指趙同、趙括，二人在魯成公八年被晉景公處死。

④ 桑田：原為虢國土地，後為晉所有。在今河南靈寶市稠桑鎮。

⑤ 肓（ㄏㄨㄤ）：指心臟與隔膜之間的部位。

譯文

晉景公夢見一個大的絕了後代的鬼，頭髮披散著拖到地上，拍打著胸脯頓足跳躍，對他說：「你殺了我的孫子，沒有仁義，我已請求天帝批准報仇了。」這個鬼擊壞了宮殿的大門和寢門進到宮

中。晉景公恐懼，進入室內。這鬼又打壞了宮室的小門。晉景公嚇
得醒了。召來桑田的一位巫師。這位巫師說的和他夢中的情形一
樣。晉景公問他：「我的病到底如何？」巫師回答說：「你吃不上
新糧食了。」晉景公病重了，向秦國求醫，秦桓公派出醫生緩來給
他治療。緩還沒有來到的時候，晉景公又夢見他的病變成兩個童
子。這兩個童子說：「秦國的醫生緩，是很好的醫生，我們害怕他
傷害我們，要逃到哪裡去呢？」其中一個說：「咱們停留在肓的上
邊，膏的下邊，他能對我們怎麼樣呢？」醫生緩來到後看了晉景公
的病，說：「你的病是沒有辦法治了。病灶在肓的上邊、膏的下邊，
火灸攻不行，針縶達不到，藥物效力到不了這部位，不可治療了。」
晉景公說：「真是好醫生。」給了他厚重的禮物把他送回秦國去了。
六月丙午日，晉景公想嘗新的麥子，讓管理田禾的官吏進獻了新小
麥，主管他膳食的人給他加工成食。晉景公又把桑田的巫師叫來，
讓他看自己即將吃新麥並把他殺掉。晉景公正準備吃新麥做成的
飯食時，肚子發脹，就上廁所，掉到茅坑中死去了。他的宦官當中
有一個凌晨夢見自己背著晉景公登天，到了中午，由他把晉景公屍
體從廁所中背出來，於是就讓他為晉景公殉葬了。

❀ 晉楚之盟

題解

◆ 魯成公十二年（西元前 579 年），晉國和楚國在宋國的溝
通下，達成和議。但從郤至聘使到楚國，楚國大臣子反的言談中可
以看出，這個盟約是不會長久堅持的。

➲ 原文

宋華元克合晉、楚之成，夏五月，晉士燮會楚公子罷、許偃。
癸亥，盟於宋西門之外，曰：「凡晉、楚無相加戎，好惡同之，同
恤菑危，備救凶患。若有害楚，則晉伐之；在晉，楚亦如之。交贄
往來，道路無壅，謀其不協，而討不庭 ①。有渝此盟，明神殛之，

俾隊其師，無克胙國。」鄭伯如晉聽成，會於瑣澤[2]，成故也。

狄人間宋之盟以侵晉，而不設備。秋，晉人敗狄於交剛[3]。

晉郤至如楚聘，且涖盟。楚子享之，子反相，為地室而縣焉。郤至將登，金奏作於下，驚而走出。子反曰：「日雲莫矣，寡君須矣，吾子其入也。」賓曰：「君不忘先君之好，施及下臣，貺之以大禮，重之以備樂。如天之福，兩君相見，何以代此？下臣不敢。」子反曰：「如天之福，兩君相見，無亦唯是一矢以相加遺，焉用樂，寡君須矣，吾子其入也。」賓曰：「若讓之以一矢，禍之大者，其何福之為？世之治也，諸侯間於天子之事，則相朝也，於是乎有享、宴之禮。享以訓共儉，宴以示慈惠。共儉以行禮，而慈惠以布政。政以禮成，民是以息。百官承事，朝而不夕，此公侯之所以扞城其民也[4]。故《詩》曰：『赳赳武夫，公侯干城。』及其亂也，諸侯貪冒，侵欲不忌，爭尋常以盡其民[5]，略其武夫，以為己腹心、股肱、爪牙。故《詩》曰：『赳赳武夫，公侯腹心。』天下有道，則公侯能為民干城，而制其腹心。亂則反之。今吾子之言，亂之道也，不可以為法。然吾子，主也，至敢不從？」遂入，卒事。歸以語范文子。文子曰：「無禮，必食言，吾死無日矣夫！」

冬，楚公子罷如晉聘，且涖盟。十二月，晉侯及楚公子罷盟於赤棘[6]。

注釋

[1] 不庭：背叛不來王庭的國家。

[2] 瑣澤：當為晉地，在今河北涉縣縣治。

[3] 交剛：晉地，所在不詳，或以為在今山西隰縣。

[4] 扞城：保衛。

[5] 尋常：指尺寸之地。八尺為尋，倍尋為常。

[6] 赤棘：晉地，所在不詳。

譯文

宋國的華元完成了晉國和楚國之間的議和，（魯成公十二年）夏季五月，晉國的士燮會見楚國的公子罷、許偃。癸亥日，雙方在

宋國國都的西門外舉行了盟誓，誓言說：「凡晉國、楚國都不要相互使用武力，要有相同的愛好與憎惡，共同救助災荒與危害，防備救援饑荒與禍亂。如果有危害楚國的，那麼晉國就去征伐他；對於晉國，楚國也是這樣做。雙方互訪攜帶禮物，沿途道路不得阻塞。共同謀劃對付那些不合作者，而討伐背叛晉國、楚國的諸侯。有違背這一盟誓的，要受到神靈的誅殺，以使他的軍隊隕滅，不再能夠享有國家。」鄭成公到晉國接受這個盟誓，與晉、楚兩國參加盟會的人在瑣澤相會，是因為晉楚達成和議的緣故。

狄人乘晉國在宋國舉行盟會而侵伐晉國，而自己又沒有構築軍事防禦。秋季，晉軍在交剛打敗了狄人。

晉國的郤至去訪問楚國，並參加與楚國的盟會。楚共王設宴招待他，子反為相，預先在宮中構築了地下室把樂器放到那裡。郤至入宮正要登堂，金屬樂器在他的腳下鳴奏起來，郤至驚慌地退了出來。子反說：「天色就要到中午了，我們君王已等待久了，你進去吧。」郤至說：「你們君王不忘兩國先君的友好，把這種友好施加到我身上，賜給我重大的禮儀，又加上了完備的音樂。這樣如天大的福分，即便是兩國君主相見，還能用什麼來代替呢？我實在是不敢接受。」子反說：「如天大的福分，兩國君主相見，也只是用一枝箭互相饋贈，還用得著奏樂？我們君主等待多時了，你進去吧。」郤至說：「如果用一枝箭來互相款待，那就是最大的災禍了，有什麼福分可言呢？天下治理安寧的話，諸侯們在完成天子的任務的閒暇時間裡，就互相朝拜會見，因而就有了招待、宴請的禮儀。招待是訓導恭敬和儉樸的，宴請是宣揚慈愛和恩惠的。恭敬、儉樸是用以推行禮法的，慈愛、恩惠是用來施陳政教的。政教依靠禮法來實現，人民才會得到休息。百官承辦事情，只在白天上朝而晚上就不辦事了，這樣，諸侯們的精力就用來護衛他的人民了。所以《詩經》說：『雄赳赳的武夫，是為諸侯作保衛的。』到了亂世的時候，諸侯貪占，侵略的欲望無所顧忌，為爭尺寸的土地用盡他的人民，強奪取得他的武夫，把他們當作自己的心腹、臂膀、爪牙。所以《詩經》說：『雄赳赳的武夫，只是公侯們的腹心。』天下有道，那諸侯就保衛人民，而駕馭他的腹心。天下戰亂就反過來了。今天你說

的話，是禍亂的做法，不能夠當作法則。可你是主人，我郤至能不服從你嗎？」於是就進入朝堂，辦完了事情。回去後郤至對士燮談了這些情況。士燮說：「不講禮法，一定要自食其言，我們的死就不定哪一天了。」

冬季，楚國的公子罷到晉國訪問，並且與晉國會盟。十二月，晉厲公與楚公子罷在赤棘進行了盟會。

❀ 晉侯使呂相絕秦

題解

◆「呂相絕秦」是一篇著名的外交文書，文中歷數秦國對晉國的種種不友好表現，以及晉國為求兩國和好而做出的種種努力，說明這種努力沒有結果，晉國不得已而與秦國斷絕關係，討伐秦國。文中雖不乏歪曲事實之處，但頗能激勵人心。

⊃ 原文

夏四月戊午，晉侯使呂相絕秦，曰：

「昔逮我獻公及穆公相好，戮力同心，申之以盟誓，重之以昏姻。天禍晉國，文公如齊，惠公如秦。無祿，獻公即世。穆公不忘舊德，俾我惠公用能奉祀於晉。又不能成大勳，而為韓之師。亦悔於厥心，用集我文公，是穆之成也。文公躬擐甲胄，跋履山川，逾越險阻，征東之諸侯，虞、夏、商、周之胤，而朝諸秦，則亦既報舊德矣。鄭人怒君之疆場，我文公帥諸侯及秦圍鄭。秦大夫不詢於我寡君，擅及鄭盟。諸侯疾之，將致命於秦。文公恐懼，綏靜諸侯，秦師克還無害，則是我有大造於西也。無祿，文公即世。穆為不吊，蔑死我君，寡我襄公，迭我殽地，奸絕我好，伐我保城，殄滅我費滑 ①，散離我兄弟，擾亂我同盟，傾覆我國家。我襄公未忘君之舊勳，而懼社稷之隕，是以有殽之師。猶願赦罪於穆公。穆公弗聽，而即楚謀我。天誘其衷，成王隕命，穆公是以不克逞志於我。穆、襄即世，康、靈即位。康公，我之自出，又欲闕翦我公室 ②，傾覆

我社稷，帥我蝥賊③，以來蕩搖我邊疆，我是以有令狐之役。康猶不悛，入我河曲，伐我涑川④，俘我王官，翦我羈馬，我是以有河曲之戰。東道之不通，則是康公絕我好也。

「及君之嗣也，我君景公引領西望曰：『庶撫我乎！』君亦不惠稱盟，利吾有狄難，入我河縣，焚我箕、郜，芟夷我農功，虔劉我邊陲⑤，我是以有輔氏之聚。君亦悔禍之延，而欲徼福於先君獻、穆，使伯車來命我景公曰：『吾與女同好棄惡，複修舊德，以追念前勳。』言誓未就，景公即世，我寡君是以有令狐之會。君又不祥，背棄盟誓。白狄及君同州，君之仇讎，而我之昏姻也。君來賜命曰：『吾與女伐狄。』寡君不敢顧昏姻，畏君之威，而受命於吏。君有二心於狄，曰：『晉將伐女。』狄應且憎，是用告我。楚人惡君之二三其德也，亦來告我曰：『秦背令狐之盟，而來求盟於我，昭告昊天上帝，秦三公、楚三王曰：余雖與晉出入，餘唯利是視。不穀惡其無成德，是用宣之，以懲不壹。』諸侯備聞此言，斯是用痛心疾首，昵就寡人。寡人帥以聽命，唯好是求。君若惠顧諸侯，矜哀寡人，而賜之盟，則寡人之願也，其承寧諸侯以退，豈敢徼亂？君若不施大惠，寡人不佞，其不能以諸侯退矣。敢盡布之執事，俾執事實圖利之。」

注釋

① 費滑：費為滑國都城，費滑即為滑國。其地當在今河南偃師市境內。

② 闕翦：損傷。

③ 蝥（ㄇㄠˊ）賊：指公子雍。

④ 涑川：指涑水流域。涑水為山西南部的河流。

⑤ 虔劉：屠殺。

譯文

（魯成公十三年）夏季四月戊午日，晉厲公讓魏錡之子魏相寫信與秦國斷絕關係，信中說：

　　「過去我們獻公和秦國穆公友好，並力同心，共同用盟誓來約束，並用通婚來加固友好關係。上天降禍到晉國，讓文公重耳到了齊國，惠公夷吾到了秦國。不幸，獻公下世。穆公沒有忘記原來晉國的恩德，讓我惠公能夠繼續供奉晉國的祖先。但惠公沒有能建立大功，而卻在韓地興師與秦國打仗。但他後來內心悔恨，用來成就了我們文公，這是穆公成就了我們。我們文公親身披戴甲冑，跋涉山川，跨越險阻，征伐東部的諸侯，使虞、夏、商、周的後代都向秦國朝見，那文公也就已經報了秦國原來對我們的恩德了。鄭國人去激怒你們邊疆的守衛，我們文公率領諸侯同秦國一起包圍鄭國。秦國的大夫們不向我們君主徵求意見，擅自同鄭國訂盟。諸侯對秦國很痛恨，要進攻秦國，文公恐懼，安撫鎮定了諸侯，秦軍才順利回去沒有受到損害。這是我對西部鄰國有大功勞。不幸，文公下世，穆公不幹好事，輕視我們死去的君主，小看我們襄公，突然襲擊我們的殽地，斷絕了與我們的友好，侵伐我們的城堡，滅掉我們的滑國，拆散了我們的兄弟國家，阻撓擾亂我們的同盟，顛覆我們的國家。我們襄公沒有忘記你們原來對我們的功勞，害怕社稷的滅亡，所以發動了殽地的戰役。但還是希望得到穆公的諒解。穆公不聽從我們的意見，而跟楚國來謀劃我們。可上天之心順從我們，楚成王恰在這時死去，穆公所以不能從我們這裡得到滿足。秦穆公、晉襄公下世，秦康公、晉靈公即位。康公，是晉獻公女兒穆姬所生，但他又想要損害我們的公室，顛覆我們的國家，帶領著公子雍那個危害我們的賊人，用他來動搖我們的邊疆，我們因此進行了令狐戰役。康公還不改過，率軍進入我們的河曲，進攻我們的涑川，俘虜了我們王官地方的人民，奪取了我們的羈馬，我們因此而進行了河曲戰役。你們東方的道路不通，是因為康公拒絕了我們對你們的友好。

　　「等到你繼承了君位，我君景公伸著脖子向西望著說：『希望來撫恤我們吧。』可你也不給我們恩惠來與我們舉行盟會，反而利用狄人進攻我們，率軍進入我們黃河沿岸縣份，焚略了我們的箕地、郜地，搶劫收割了那裡的莊稼，屠殺我們邊地人民，我們因此才發動輔氏戰役來抵抗。你也害怕禍患的延續，而想求得先君獻

247

公、穆公的福佑，派伯車來命令我們景公說：『我與你共同友好放棄怨惡，重新恢復過去的友好關係，用來追懷前人的功績。』發出的誓言還沒有寫下來，景公下世了，我們君主所以才與你舉行令狐會盟。你又不幹好事，背棄了盟誓。白狄與你同在一地，他是你的仇人，卻跟我們有婚姻關係。你來向我們下命令說：『我與你一起征伐狄人。』我們君主不敢顧及婚姻關係，畏懼你的威力，而給官吏下了征伐狄人的命令。可你對狄人又持兩種態度，告訴他們說：『晉國正準備進攻你們。』狄人一面接受你的消息，一面又對你憎惡，所以就把這些告訴了我們。楚國人討厭你們的左右搖擺，也來告訴我們說：『秦國背叛令狐之盟，而來要求與我們建立同盟，在我們這裡祭奠並明白地告訴蒼天上帝、秦國的穆、康、共三公與楚國的成、穆、莊三王說：我雖然與晉國往來，但我是只看利益而行動。我們君主憎惡秦國沒有穩定的道德立場，所以把這事暴露出來，用來懲戒那些不能始終如一者。』諸侯們都聽到你在楚國說的這些話，對你痛恨到極點，都親近我們晉國。我們仍然率領著他們聽從你的命令，只想求得同你們友好。你如果能很好地體諒照顧各位諸侯，同情憐憫我們，而給與訂立盟約的機會，那就是我們的願望了，可以讓諸侯退兵，哪裡敢尋求戰亂呢？你如果不肯施予大的恩惠，我沒有才能，那也就不能讓諸侯們退兵了。請將這些都向你們執掌權力者公佈，以便讓你們那些執掌權力的人好好考慮怎樣有利。」

❀ 晉帥諸侯伐秦

題解

◆ 魯成公十三年（西元前 578 年），晉厲公向秦國發出斷絕關係的書信後，就率領諸侯進攻秦國，打敗了秦軍。

⊃ 原文

秦桓公既與晉厲公為令狐之盟①，而又召狄與楚，欲道以伐

◎成公

晉，諸侯是以睦於晉。晉欒書將中軍，荀庚佐之；士燮將上軍，郤錡佐之；韓厥將下軍，荀佐之；趙旃將新軍，郤至佐之。郤毅禦戎，欒為右。孟獻子曰：「晉帥乘和，師必有大功。」五月丁亥，晉師以諸侯之師及秦師戰於麻隧②。秦師敗績，獲秦成差及不更女父③。曹宣公卒於師。師遂濟涇④，及侯麗而還⑤。迓晉侯於新楚⑥。

注釋

① 令狐之盟：晉、秦令狐之盟在魯成公十一年。這次盟會本來就是沒有誠意的。《左傳》記載：秦、晉進行和議，要在令狐會盟，晉厲公先到了令狐。秦桓公卻不肯過河，停留在王城，讓史顆過河與晉厲公盟誓。晉國的郤犨到河西同秦桓公盟誓。晉國的士燮說：「這樣的盟會有什麼益處？齋戒而盟誓，是用來要求信義的。盟會的地點，就是信義的出發點，連這信義的出發點都不能服從，還有什麼信義可求？」秦桓公回去就背叛了盟約。

② 麻隧：秦地，在今陝西涇陽縣境。

③ 不更：秦國軍功爵位名稱。按商鞅變法所定的爵位等級，不更為第四等爵，職位甚低，春秋時的不更或許比這等級要高。

④ 涇：指涇水，在陝西省中部。

⑤ 侯麗：秦地，今地不確，或以為在今陝西禮泉縣境。

⑥ 新楚：秦地，在今陝西大荔縣境。

譯文

（魯成公十三年，）秦桓公已經與晉厲公舉行了令狐之盟，而又招引狄人和楚國進攻晉國，其他諸侯國所以都親睦於晉國，跟隨晉國進攻秦國。晉國的欒書統率中軍，荀庚為副統帥；士燮統率上軍，郤錡為副統率；韓厥統率下軍，荀為副統率；趙旃統率新軍，郤至為副統率。郤毅為中軍統率駕車，欒為車右。魯國的孟獻子說：「晉軍將帥乘卒團結一致，這次出師一定能立大功。」五月丁亥日，晉軍帶領諸侯國的軍隊同秦軍在麻隧展開戰鬥。秦軍被打得潰散了，晉軍俘虜了秦國將領成差和一個有不更爵位名叫女父的人。

曹宣公率軍與晉軍一起作戰，死在軍中。諸侯聯軍於是渡過涇水，攻到侯麗才退回去，在新楚迎接晉厲公。

❀ 楚子伐鄭

題解

魯成公十五年（西元前 576 年），楚國不顧自己與晉國訂立的盟約，進攻晉國的盟國鄭國和衛國，國內的一些大臣認為這樣做是失信。但從春秋的事實來看，盟約大多為空言，盟誓背後，隱藏著更激烈的爭奪。

⊃ 原文

楚將北師，子囊曰：「新與晉盟而背之，無乃不可乎？」子反曰：「敵利則進，何盟之有？」申叔時老矣，在申，聞之，曰：「子反必不免。信以守禮，禮以庇身，信、禮之亡，欲免，得乎？」

楚子侵鄭，及暴隧①。遂侵衛，及首止②。鄭子罕侵楚，取新石③。

欒武子欲報楚。韓獻子曰：「無庸，使重其罪，民將叛之。無民，孰戰？」

注釋

① 暴隧：本為周室暴辛公封邑，後入於鄭。在今河南原陽縣西。
② 首止：衛地，近於鄭。在今河南睢縣東南。
③ 新石：楚地，在今河南葉縣境內。

譯文

楚共王準備向北方進軍。公子囊對他說：「我們剛剛同晉國訂立盟約就要背叛，這不是不可以嗎？」子反說：「敵方的情況對我們有利就進攻他，還管它盟約呢。」申叔時已經年老退休了，回到申縣，聽到子反這樣做，說：「子反一定不會免於禍患。信用是用

來保持禮義的，禮義是用來保護自身的，信用、禮義都不要了，想要免於禍患，能辦得到嗎？」

楚共王帶兵侵略鄭國，打到了鄭國的暴隧。於是又侵略衛國，打到了衛國的首止。鄭國的子罕也帶兵侵略楚國，奪取了楚邑新石。

欒書準備報復楚國，韓厥說：「不用報復它，讓他加重自己的罪過，他的人民就會背叛他。到時候沒有人民，誰去打仗？」

❀ 葬宋共公

題解

◆ 宋共公死後，宋國公族大夫互相排擠、殘殺，反映了貴族之間的激烈鬥爭。

➲ 原文

秋八月，葬宋共公。於是華元為右師，魚石為左師，蕩澤為司馬，華喜為司徒，公孫師為司城，向為人為大司寇，鱗朱為少司寇，向帶為大宰，魚府為少宰。蕩澤弱公室①，殺公子肥。華元曰：「我為右師，君臣之訓，師所司也。今公室卑而不能正，吾罪大矣。不能治官，敢賴寵乎？」乃出奔晉。

二華②，戴族也；司城，莊族也；六官者皆桓族也。魚石將止華元。魚府曰：「右師反，必討，是無桓氏也。」魚石曰：「右師苟獲反，雖許之討，必不敢。且多大功，國人與之，不反，懼桓氏之無祀於宋也。右師討，猶有戌在③。桓氏雖亡，必偏④。」魚石自止華元於河上。請討，許之，乃反。使華喜、公孫師帥國人討蕩氏，殺子山，書曰「宋殺其大夫山」，言其背族也。

魚石、向為人、鱗朱、向帶、魚府出舍於睢上⑤，華元使止之，不可。冬十月，華元自止之，不可，乃反。魚府曰：「今不從，不得入矣。右師視速而言疾，有異志焉。若不我納，今將馳矣。」登丘而望之，則馳。馳而從之，則決睢澨、閉門登陴矣。左師、二司

251

寇、二宰遂出奔楚。華元使向戍為左師，老佐為司馬，樂裔為司寇，以靖國人。

注釋

① 弱：用為動詞，削弱。
② 二華：華元、華喜。
③ 戍：向戍，是華元的黨羽。
④ 偏：其中一部分。
⑤ 睢：指睢水。

譯文

　　（魯成公十五年）秋八月，宋國埋葬了宋共公。當時華元擔任右師，魚石擔任左師，蕩澤擔任司馬，華喜擔任司徒，公孫師擔任司城，向為人擔任大司寇，鱗朱任少司寇，向帶為太宰，魚府擔任少宰。司馬蕩澤要削弱宋國公室，殺害了公子肥。華元說：「我擔任右師，君臣關係的訓導，是師的職官所管轄的事情。現在公室弱小，而不能加以整頓，我的罪大了。我不能盡到官職的職責，還敢貪圖寵倖嗎？」於是就要出逃到晉國。

　　華元、華喜，是屬於宋戴公這一氏族；司城公孫師，是屬宋莊公的氏族；其餘魚石、蕩澤、向為人、鱗朱、向帶、魚府六位都是宋桓公的氏族。魚石要阻止華元去晉國。魚府說：「右師回來，一定要進行討伐，到那時就沒有桓公的氏族了。」魚石說：「右師如果能返回來，雖允許他討伐，他一定不敢討伐桓公的氏族。右師建立過很多大的功勞，國人擁護他，他要不返回來，倒恐怕國人攻擊我們，使桓公的氏族在宋國滅絕。右師回來即使要討伐，還不至於討伐桓氏中的向戍。桓公氏族雖然滅亡，也只是一部分。」魚石就自己到黃河邊上阻止華元出逃。華元要求討伐蕩澤，魚石同意了，華元就返回來。華元就讓華喜、公孫師帶領國人攻擊蕩澤的氏族，殺了蕩澤。《春秋》寫道，「宋國殺了他的大夫子山」，說明他背叛自己的宗族。

　　魚石、向為人、鱗朱、向帶、魚府都害怕國人攻擊，到國都外

的睢水邊暫住，華元讓人阻止他們出去，他們不同意。冬季十一月，華元又親自出去阻止他們在那裡停留，他們還不同意，華元自己就要返回國都了。魚府對他們說：「今天不跟隨華元回去，咱們就回不了國都了。華元看我時眼神一掃而過，言語也很快，說明已有別的想法了。如果他不願意容納我們，他的車子就會賓士而回。」他們幾個登上小丘看，華元果然賓士著回國都。他們五個也都乘車追趕華元，華元則決開睢水堤防阻止他們，並關閉城門登上城牆了。左師魚石、向為人和鱗朱兩位司寇、向帶和魚府兩位宰官都出逃到了楚國。華元讓向戌擔任了左師，老佐擔任了司馬，樂裔擔任了司寇，用來安定國人。

❀ 晉侯及楚子、鄭伯戰於鄢陵

題解

◆ 鄢陵之戰，是晉、楚之間又一次大戰役。戰前，晉國大臣對於是否要戰有分歧，說明晉國內部已不穩定。但戰爭仍以晉國勝利告終。

➷ 原文

十六年春，楚子自武城使公子成以汝陰之田求成於鄭①。鄭叛晉，子駟從楚子盟於武城。

……

鄭子罕伐宋，宋將、樂懼敗諸汋陂②。退，舍於夫渠，不儆。鄭人覆之，敗諸汋陵③，獲將、樂懼。宋恃勝也。

衛侯伐鄭，至於鳴雁④。為晉故也。

晉侯將伐鄭。范文子曰：「若逞吾願，諸侯皆叛，晉可以逞⑤；若唯鄭叛，晉國之憂，可立俟也。」欒武子曰：「不可以當吾世而失諸侯，必伐鄭。」乃興師。欒書將中軍，士燮佐之。郤錡將上軍，荀偃佐之。韓厥將下軍，郤至佐新軍。荀罃守。郤犨如衛，遂如齊，皆乞師焉。欒黶來乞師。孟獻子曰：「晉有勝矣。」戊寅，

253

晉師起。

鄭人聞有晉師，使告於楚，姚句耳與往。楚子救鄭。司馬將中軍，令尹將左，右尹子辛將右。過申，子反入見申叔時，曰：「師其何如？」對曰：「德、刑、詳、義、禮、信，戰之器也。德以施惠，刑以正邪，詳以事神，義以建利，禮以順時，信以守物。民生厚而德正，用利而事節，時順而物成。上下和睦，周旋不逆，求無不具，各知其極。故《詩》曰：『立我烝民，莫匪爾極。』是以神降之福，時無災害，民生敦厖⑥，和同以聽，莫不盡力以從上命，致死以補其闕，此戰之所由克也。今楚內棄其民，而外絕其好，瀆齊盟而食話言，奸時以動，而疲民以逞，民不知信，進退罪也。人恤所底，其誰致死？子其勉之，吾不復見子矣。」姚句耳先歸，子駟問焉。對曰：「其行速，過險而不整。速則失志，不整喪列。志失列喪，將何以戰？楚懼不可用也。」

五月，晉師濟河。聞楚師將至，范文子欲反，曰：「我偽逃楚，可以紓憂。夫合諸侯，非吾所能也，以遺能者。我若群臣輯睦以事君，多矣。」武子曰：「不可。」

六月，晉、楚遇於鄢陵⑦。范文子不欲戰。郤至曰：「韓之戰，惠公不振旅。箕之役，先軫不反命。邲之師，荀伯不復從，皆晉之恥也。子亦見先君之事矣。今我辟楚，又益恥也。」文子曰：「吾先君之亟戰也，有故。秦、狄、齊、楚皆強，不盡力，子孫將弱。今三強服矣，敵楚而已。惟聖人能內外無患。自非聖人，外寧必有內憂⑧，盍釋楚以為外懼乎？」

甲午晦，楚晨壓晉軍而陳。軍吏患之。範匄趨進，曰：「塞井夷灶⑨，陳於軍中，而疏行首⑩，晉、楚唯天所授，何患焉？」文子執戈逐之，曰：「國之存亡，天也，童子何知焉？」欒書曰：「楚師輕窕，固壘而待之，三日必退。退而擊之，必獲勝焉。」郤至曰：「楚有六間，不可失也。其二卿相惡，王卒以舊，鄭陳而不整，蠻軍而不陳，陳不違晦，在陳而囂⑪，合而加囂。各顧其後，莫有鬥心。舊不必良，以犯天忌，我必克之。」

楚子登巢車，以望晉軍。子重使大宰伯州犁侍於王后。王曰：「騁而左右，何也？」曰：「召軍吏也。」「皆聚於中軍矣。」曰：

「合謀也。」「張幕矣。」曰：「虔卜於先君也⑫。」「徹幕矣。」曰：「將發命也。」「甚囂，且塵上矣。」曰：「將塞井夷灶而為行也。」「皆乘矣，左右執兵而下矣。」曰：「聽誓也。」「戰乎？」曰：「未可知也。」「乘而左右皆下矣。」曰：「戰禱也。」

伯州犁以公卒告王。苗賁皇在晉侯之側，亦以王卒告。皆曰：「國士在，且厚，不可當也。」苗賁皇言於晉侯曰：「楚之良，在其中軍王族而已。請分良以擊其左右，而三軍萃於王卒，必大敗之。」公筮之。史曰：「吉。其卦遇《復》，曰：『南國蹙⑬，射其元王，中厥目。』國、王傷，不敗何待？」公從之。

有淖於前⑭，乃皆左右相違於淖。步毅禦晉厲公，欒鍼為右。彭名禦楚共王，潘黨為右。石首禦鄭成公，唐苟為右。欒、範以其族夾公行。陷於淖。欒書將載晉侯。曰：「書退。國有大任，焉得專之？且侵官，冒也；失官，慢也；離局，奸也。有三罪焉，不可犯也。」乃掀公以出於淖⑮。

癸巳，潘之黨與養由基蹲甲而射之，徹七札焉。以示王，曰：「君有二臣如此，何憂於戰？」王怒曰：「大辱國！詰朝爾射，死藝。」呂錡夢射月，中之，退入於泥。占之，曰：「姬姓，日也；異姓，月也，必楚王也，射而中之，退入於泥，亦必死矣。」及戰，射共王中目。王召養由基，與之兩矢，使射呂錡，中項、伏弢⑯，以一矢覆命。

郤至三遇楚子之卒，見楚子，必下，免冑而趨風。楚子使工尹襄問之以弓，曰：「方事之殷也，有韎韋之跗注⑰，君子也。識見不穀而趨，無乃傷乎？」郤至見客，免冑承命，曰：「君之外臣至，從寡君之戎事，以君之靈，間蒙甲冑，不敢拜命。敢告不寧，君命之辱。為事之故，敢肅使者⑱。」三肅使者而退。

晉韓厥從鄭伯，其禦杜溷羅曰：「速從之，其禦屢顧，不在馬，可及也。」韓厥曰：「不可以再辱國君。」乃止。郤至從鄭伯，其右茀翰胡曰：「諜輅之，餘從之乘，而俘以下。」郤至曰：「傷國君有刑。」亦止。石首曰：「衛懿公唯不去其旗，是以敗於熒。」乃內旌於弢中。唐苟謂石首曰：「子在君側，敗者壹大。我不如子，子以君免，我請止。」乃死。

楚師薄於險，叔山冉謂養由基曰：「雖君有命，為國故，子必射！」乃射，再發，盡殪。叔山冉搏人以投，中車，折軾，晉師乃止。囚楚公子茷。

欒鍼見子重之旌，請曰：「楚人謂夫旌，子重之麾也，彼其子重也。日臣之使於楚矣，子重問晉國之勇，臣對曰：『好以眾整。』曰：『又何如？』臣對曰：『好以暇。』今兩國治戎，行人不使，不可謂整；臨事而食言，不可謂暇。請攝飲焉。」公許之，使行人執榼承飲，造於子重，曰：「寡君乏使，使鍼持矛，是以不得犒從者，使某攝飲。」子重曰：「夫子嘗與吾言於楚，必是故也，不亦識乎？」受而飲之，免使者而複鼓。旦而戰，見星未已。

子反命軍吏：「察夷傷⑲，補卒乘，繕甲兵，展車馬，雞鳴而食，唯命是聽。」晉人患之。苗賁皇徇曰：「蒐乘、補卒，秣馬、利兵，修陳、固列，蓐食、申禱，明日複戰。」乃逸楚囚。王聞之，召子反謀。谷陽豎獻飲於子反，子反醉而不能見。王曰：「天敗楚也夫。餘不可以待。」乃宵遁。

晉入楚軍，三日穀。范文子立於戎馬之前，曰：「君幼，諸臣不佞，何以及此？君其戒之！《周書》曰『惟命不於常』，有德之謂。」

楚師還，及瑕，王使謂子反曰：「先大夫之覆師徒者，君不在。子無以為過，不穀之罪也。」子反再拜稽首曰：「君賜臣死，死且不朽。臣之卒實奔，臣之罪也。」子重使謂子反曰：「初隕師徒者，而亦聞之矣。盍圖之？」對曰：「雖徵先大夫有之，大夫命側，側敢不義？側亡君師，敢忘其死？」王使止之，弗及而卒。

注釋

① 武城：楚地，在今河南南陽市北。
② 汋陂：宋地，今地不確。可能在今河南商丘市與寧陵縣之間。
③ 汋陵：宋地。在今河南寧陵縣南。
④ 鳴雁：鄭地。在今河南杞縣境。
⑤ 逞：緩和。
⑥ 敦厖：豐厚。

⑦ 鄢陵：鄭地。在今河南鄢陵縣北。

⑧ 外寧必有內憂：這是預示晉國內部將發生矛盾鬥爭。與前面士燮所說「若逞吾願，諸侯皆叛，晉可以逞」相應。意思是說，如果要滿足我們的願望，那只有諸侯都背叛晉國，晉國就能安寧快意。

⑨ 灶：是指戰時在地上挖的灶炕。

⑩ 行首：行道。首，同「道」。

⑪ 囂：喧鬧。

⑫ 虔卜：誠心問卜。

⑬ 蹙（ㄘㄨㄟ）：同「」，局迫。

⑭ 淖（ㄋㄠ丶）：泥沼。

⑮ 掀：舉。

⑯ 弢（ㄊㄠ）：弓套。

⑰ 之跗注：（ㄈㄨ ㄓㄨ丶），赤黃色。韋，熟牛皮。跗注，當時的軍服，長至腳背。

⑱ 肅：揖拜，致敬。

⑲ 夷：同「痍」，創傷。

譯文

（魯成公）十六年春季，楚共王從武城派公子成用汝陰的土地給鄭國以求得與鄭國建立同盟。鄭國就背叛了晉國，鄭國的子駟和楚共王在武城訂立了盟約。

……

鄭國的子罕帶兵侵伐宋國，宋國的將、樂懼帶兵在汋陂打敗了鄭軍。宋軍撤退，駐紮在夫渠一帶，沒有警戒。鄭人用伏兵襲擊了他們，在汋陵又把宋軍打敗，俘獲了將、樂懼。這是宋軍依仗著勝利而鬆懈的緣故。

衛獻公又帶兵進攻鄭國，打到鄭地鳴雁，是因為晉國讓他的盟國先進攻鄭國的緣故。

晉厲公準備進攻鄭國。士燮說：「如果滿足我們的願望，諸侯都背叛晉國，我們憂患就緩和了。如果只有鄭國背叛我們，晉國的

憂患，就可立刻到來。」欒書說：「不能在我們這一代失掉諸侯，一定要進攻鄭國。」晉國就動用軍隊。欒書統率中軍，士燮為副統帥。郤錡統率上軍，荀偃為副統率。韓厥統率下軍，郤至為新軍副統帥。荀罃為下軍副統帥而留守國內。郤犫到衛國，又到齊國，都是請求出兵。欒黶到魯國請求出兵。魯國的孟獻子說：「晉國能夠勝利。」戊寅日，晉國的軍隊出發。

鄭國聽到晉軍開始行動，派人向楚國報告，鄭人姚句耳隨從使者去往楚國。楚共王決定來援救鄭國。司馬子反統率中軍，令尹子重統率左軍，右尹子辛統率右軍。楚軍路過申縣，子反進城去看申叔時，問申叔時：「你看軍隊怎麼樣？」申叔時回答說：「道德、刑法、祥善、正義、禮儀、信用，這是戰爭的武器。道德是施加恩惠的，刑法是用來懲治邪惡的，祥善是用來對待神靈的，正義是用來創造利益的，禮儀是用來理順時事的，信用是用來保持一切事情的。人民生活富裕道德就會端正，有利於國家的舉動才合乎節度，順應時事一切事情才能成功。上下和睦，圍繞著君主行事而不背逆，有所求就不會不滿足，都能知道行事的準則。所以《詩經》說：『安置我的眾民，沒有一個不合你的準則。』這樣神才能降給他福祐，四時沒有災害，人民生活富足，沒有一個不竭盡力量來執行君主的命令，拼死去補充軍員的短缺，這是戰爭能由此而取得勝利的原因。現在楚國對內拋棄了他的人民，而對外斷絕了他的友好，輕慢與他國建立的盟約，推翻自己的許諾，違反四時行動，而勞累人民以滿足自己的願望。人們不知道信用，前進與後退者都是罪過。人們的憂慮到了極點，誰會去送死呢？你就努力吧，我不能再見到你了。」鄭國的姚句耳先回到鄭國，子駟問他楚軍的情況，他說：「楚軍行軍很快，遇到險阻隊伍就亂了。太快就喪失鬥志，隊伍不整齊就沒佇列了。失掉志氣沒有佇列，用什麼來作戰？楚軍恐怕不可用。」

五月，晉國的軍隊渡過黃河。晉軍聽到楚軍快要到鄭國，士燮就想返回去，說：「我們如果躲避開楚軍，就可以緩解我們的憂患。會合統一諸侯，不是我們能做到的，把這事留給能做到的人。我們如果群臣凝聚團結服侍君主，比會合諸侯強多了。」欒書說：「不

行。」

六月，晉、楚兩軍在鄢陵相遇。士燮還是不想打。郤至說：「韓地的戰役，惠公沒有使我們的軍旅振奮；箕地的戰役，先軫不能返回來覆命；邲地戰役的軍隊，荀林父也再不能相隨，這都是晉國的恥辱。你士燮也看到先君時的戰事了。現在我們躲避楚軍，又增加恥辱了。」士燮說：「咱們先君屢次戰敗，是有原因的。當時秦國、狄人、齊國、楚國都強大，我們如果不盡力去爭奪，子孫後代就會變得弱小。現在三強已經被我們征服，只有楚國一家敵人。只有聖人才能做到外內沒有憂患。如果不是聖人，外面安寧一定會有內憂，為何不能放過楚國讓他成為來自外部的威脅呢？」

甲午日是月末，楚軍一早就逼近晉軍營壘列陣。晉軍官吏都很害怕。士燮的兒子范急步走到統帥面前，說：「把水井埋掉把灶坑鏟平，就在駐紮的軍隊中設置戰陣，而把陣列之間的距離放寬。晉、楚誰勝只看上天授予了，有什麼可怕的？」士燮拿起戈趕他出去，說：「國家的存亡，是上天決定的，你小孩子家懂得什麼？」樂書說：「楚軍輕佻，我們加固營壘等待他們，三日內他們一定會退回去。退兵時我們打擊他們，一定能獲勝了。」郤至說：「楚軍有六大缺陷，我們不可失掉這種機會。他們的子重、子反兩族之間互相怨恨，楚王的親兵都是用的舊貴族子弟，鄭國軍隊雖然列陣但不整齊，楚國軍隊連戰陣都不列，列陣的時間又沒有避開月終這天（古人認為月終不宜打仗），軍士在陣營中喧嚷，陣營合到一起就更加喧囂。軍士都看著他的後面沒有鬥志。用舊貴族子弟就不一定優良，月終進軍又犯了天忌，我們一定能戰勝他們。」

楚共王登上高車，來瞭望晉國的軍隊。子重讓跑到楚國做了太宰的伯州犁在楚共王的後面侍奉。楚共王說：「晉軍中兵車向左右兩方馳騁，這是幹什麼？」伯州犁回答說：「這是在召集軍官們。」「兵車都聚集到中軍那裡了。」「在進行共同謀議。」「帳幕張開了。」回答說：「那是在他們先君靈位前誠心占卜勝負。」「又撤除了帳幕了。」回答說：「就要發佈命令了。」「軍中喧嚷得很厲害，塵土飛揚起來了。」回答說：「將要埋掉水井鏟平灶坑離開了。」「軍士都上了戰車了，戰車的左右持武器的又下來了。」回答說：

「這是聽號令。」「打嗎？」回答說：「不可知道了。」「已經乘上戰車的人左右兩邊的又都下來了。」回答說：「是戰前向鬼神禱告。」

伯州犂告訴楚共王哪一部分軍隊是晉厲公的親兵。跑到晉國的楚國人苗賁皇也在晉厲公的身邊，也告訴晉厲公楚軍中哪是楚共王的親兵。苗賁皇、晉厲公都說：「楚國有伯州犂這樣的國士在，軍陣又強大，不可抵擋了。」苗賁皇說：「楚國的精兵，只不過是中軍裡出身於王族的士兵而已，請把我們的精兵分開來攻擊他的左右，而其餘集中來攻打楚王親兵，一定會打得他們大敗。」晉厲公又讓用著草來占卜，筮史占卜後說：「吉利。卦遇到了《復》卦裡的震卦在下，坤卦在上。繇辭說：『南國局迫，射他的元王，會射中他的眼睛。』國家局迫，君王受傷，不失敗還等待什麼？」晉厲公聽從他的建議。

晉軍的營壘中有泥沼，部隊都或左或右避開泥沼行動。步毅（即步揚）為晉厲公駕車，欒為車右。彭名為楚共王駕車，潘黨為車右。石首為鄭成公駕車，唐苟為車右。欒書、士燮帶領著他們的宗族子弟兵來護著晉厲公前進。晉厲公的戰車陷進了泥沼裡，欒書準備讓晉厲公乘坐在他的車上。他的兒子欒說：「欒書退後去。國家有大事，哪能你一個人都管得了。況且你這是侵犯他人的職權，這是冒犯；失掉你的職責，這是怠慢；離開你管轄的範圍，這是混亂。你這樣做就會有三種罪過，這三罪是不能犯的。」他自己舉起晉厲公的戎車走出泥沼。

（六月）癸巳日，楚國潘的兒子潘黨和養由基把甲放在地上照著射，穿透了甲的七層牛皮。他們拿著給楚共王看，說：「你有兩個臣子能做到如此，還發愁什麼戰鬥呢？」楚共王惱怒地說：「這有什麼吹的。明天一早讓你們射，你們會死在自己的技藝上。」晉軍中的魏錡夢見射月亮，射中了，自己退後掉到泥裡。請人給他占夢，占夢的人說：「姬姓，是太陽；其他的姓，是月亮，你夢裡所射的一定是楚共王。射中了他，後退掉到泥裡，你自己也一定要死。」到戰鬥的時候，魏錡果然射中了楚共王的眼睛。楚共王叫來養由基，給了他兩支箭，讓他射魏錡，養由基向魏射去，射中了魏

錡的脖子，魏伏在弓套上死去。養由基把剩下的一支箭交給楚共王回復了命令。

郤至三次與楚共王的戰車相遇，每次看到楚共王，都要下車，脫掉頭盔向前快走。楚共王讓管理軍器的叫裏的用弓去慰問郤至。對裏說：「當戰事緊張的時候，有一個穿著赤黃色戰衣的人，那是個君子。他看到我就很快離開，他是否受傷了？」郤至見到裏，（裏向他轉述了楚共王的話，）郤至脫下頭盔接受楚共王的慰問，說：「你們國君的外臣郤至跟隨自己的君主來到戰場上，借重你們君主的威嚴，讓我披上了甲衣頭盔，我不敢拜受你們君主的命令。告訴他我沒有受傷，因為要執行戰爭的緣故，只好用肅拜感謝使者了。」三次向來者肅拜而退回去了。

晉國的韓厥追趕鄭成公，為韓厥駕車的杜溷羅說：「趕快追他，鄭成公的馭手不斷地回頭看，不看他的馬，我們可以追上他。」韓厥說：「我不能再次讓人家的國君受辱了。」就停止了追趕。郤至也在追趕鄭成公，他的車右茀翰胡說：「走小道偷偷去迎擊他，我跳上他的車上，把他捉拿下來。」郤至說：「傷害國君是有刑罰的。」也停止了追趕。為鄭成公駕車的石首說：「當年衛懿公與狄人打仗只因為不取掉旗幟，所以就在熒澤失敗了。」鄭成公就把軍旗放進了弓套中。唐苟對石首說：「你在國君的身邊，戰敗者應一心保護君主。我比不上你，你讓國君逃走，我來抵禦。」就戰死了。

楚軍靠近了險地，叔山冉對養由基說：「雖然君主有命令不讓你射擊，為了國家的緣故，你一定得射擊。」養由基就向晉軍射箭，兩次射向晉軍，射死晉軍兩人。叔山冉抓住晉軍士兵投向晉軍中，把人摔到了戰車上，使戰車折斷了橫木。晉軍才停止了追擊。晉軍俘虜了楚國的公子筏。

欒看到了子重的旗幟，請求晉厲公說：「楚人所說的這個旗幟，是子重的戰旗，對方一定是子重了。往日我出使到楚國，子重詢問晉國的武勇，我回答說：『善於用眾多的人而整齊嚴肅。』問我：『還有什麼呢？』我說：『善於利用間歇。』現在兩國交兵，互相不派使者，不能叫做整齊嚴肅，臨戰忘記往日自己說的話，不可稱為善於利用間歇。請派人代我去向他敬酒。」晉厲公答應了他。欒

派人拿著盛滿酒的酒杯，走到子重的戰車前，對子重說：「我們君主缺乏使者，又讓欒駕馭他的車輛手持長矛，所以他不能來犒勞跟隨你的人，派我來代替他向你敬酒。」子重說：「欒曾經與我在楚國說過話，一定這個緣故，他還能記得這事嗎？」接受了敬酒把酒飲了，讓使者回去後擂起了戰鼓。晉楚從早上開始戰鬥，一直到星星露出來還沒有停止。

（到夜晚）楚國的子反命令軍官們：「檢查戰士的受傷人數，補充戰車和步兵，讓戰士修理好盔甲兵器，佈置車馬，要求雞叫時就吃飯，一切聽從命令。」晉軍得到這個情報感到很害怕。楚人苗賁皇在晉軍中檢閱巡視時對軍士們說：「檢查戰車，補充士卒，餵好馬匹，磨利兵器，整理戰陣，鞏固隊伍，吃飽肚子，再次祈禱，明天再戰。」就把楚國的俘虜放走，讓傳遞情況。楚共王聽到晉軍中的情況，要召見子反謀劃對策。谷陽豎獻酒讓子反飲，子反喝醉了不能去見楚共王。楚共王說：「這是上天要讓楚國失敗了，我不能在這裡等待了。」就在夜裡率軍逃走了。

晉軍進入楚軍的陣營，攜帶著三天的軍糧。士燮站到了晉厲公的車馬前，說：「君主你還年幼，我們這些大臣沒有才能，用什麼來得到這一勝利呢？你還是用這一戰來警戒自己吧。《周書》說：『命運是不會長久存在的。』這是訓導人們要樹立道德。」

楚軍退回，到達瑕地，楚共王派人對子反說：「死去的大夫子玉讓軍隊覆滅的那次戰爭，楚成王不在軍中。（這次是我在軍中，）你沒什麼過錯，都是我的罪過。」子反對使者拜了兩次低頭說：「君主賜臣子死，死了也不枯朽。我的士兵的確奔逃，這次失敗是我的罪過。」子重也派人對子反說：「當初損失軍隊徒眾的人，你也聽說過他了。你為何不想該怎麼辦？」子反回答說：「縱然是沒有先大夫子玉自殺的事，大夫你命令我（死），我敢不講信義嗎？我損失了君王的軍隊，哪裡敢忘記去死呢？」楚共王派人來阻止子反自殺，使者沒有趕到子反就死去了。

❀ 晉殺三郤

題解

◆ 鄢陵之戰後，晉國國內卿大夫與君主之間的矛盾鬥爭表面化了。魯成公十七年（西元前 574 年），晉厲公組織黨羽，誅滅郤氏，暫時穩定了自己的地位。

⟳ 原文

晉厲公侈，多外嬖①。反自鄢陵，欲盡去群大夫，而立其左右。胥童以胥克之廢也，怨郤氏，而嬖於厲公。郤錡奪夷陽五田，五亦嬖於厲公。郤與長魚矯爭田，執而梏之，與其父母妻子同一轅。既，矯亦嬖於厲公。欒書怨郤至，以其不從己而敗楚師也，欲廢之。使楚公子茷告公曰：「此戰也，郤至實召寡君，以東師之未至也②，與軍帥之不具也，曰：『此必敗，吾因奉孫周以事君。』」公告欒書，書曰：「其有焉。不然，豈其死之不恤，而受敵使乎？君盍嘗使諸周而察之？」郤至聘於周，欒書使孫周見之。公使覘之③，信，遂怨郤至。

厲公田，與婦人先殺而飲酒，後使大夫殺。郤至奉豕，寺人孟張奪之，郤至射而殺之。公曰：「季子欺余！」

厲公將作難，胥童曰：「必先三郤。族大，多怨。去大族，不逼。敵多怨，有庸。」公曰：「然。」郤氏聞之，郤錡欲攻公，曰：「雖死，君必危。」郤至曰：「人所以立，信、知、勇也。信不叛君，知不害民，勇不作亂。失茲三者，其誰與我？死而多怨，將安用之？君實有臣而殺之，其謂君何？我之有罪，吾死後矣。君殺不辜，將失其民，欲安，得乎？待命而已。受君之祿，是以聚黨。有黨而爭命，罪孰大焉？」壬午，胥童、夷羊五帥甲八百，將攻郤氏。長魚矯請無用眾，公使清沸魋助之。抽戈結衽，而偽訟者。三郤將謀於榭，矯以戈殺駒伯、苦成叔於其位。溫季曰：「逃威也④。」遂趨。矯及諸其車，以戈殺之。皆屍諸朝⑤。

胥童以甲劫欒書、中行偃於朝。矯曰：「不殺二子，憂必及君。」公曰：「一朝而屍三卿，餘不忍益也。」對曰：「人將忍君。

臣聞亂在外為奸，在內為軌。禦奸以德，禦軌以刑。不施而殺，不可謂德；臣逼而不討，不可謂刑。德刑不立，奸軌並至，臣請行。」遂出奔狄。公使辭於二子，曰：「寡人有討於郤氏，郤氏既伏其辜矣，大夫無辱，其復職位。」皆再拜稽首曰：「君討有罪，而免臣於死，君之惠也。二臣雖死，敢忘君德？」乃皆歸。公使胥童為卿。

注釋

① 外嬖：君主所寵倖的大夫。這裡指胥童、夷陽五、長魚矯等。
② 東師：指齊、魯、衛三國軍隊。
③ 覘（ㄓㄢ）：窺視。
④ 威：讀為畏，指無罪而被殺。
⑤ 屍：陳屍示眾。

譯文

晉厲公很奢侈，身邊有很多寵愛的大夫。從鄢陵之戰返回晉國之後，就想全部除去原來的大夫們，而樹立他左右的親信。胥童因為他父親胥克被郤缺廢掉下軍的統帥，怨恨郤氏，成為晉厲公的寵倖者。郤犨奪取了夷陽五的田地，夷陽五也投靠晉厲公而成為親信。郤犨同長魚矯爭奪田地，把長魚矯捉拿起來給他上了手銬，把長魚矯的父母妻子與他捆綁在一個車轅上。不久，長魚矯也成為晉厲公的親信。欒書怨恨郤至，因為郤至不服從他的意見而打敗了楚國軍隊，想把郤至的新軍副統帥廢掉。他讓被俘的楚公子茷對晉厲公說：「這次鄢陵之戰，實際是郤至讓我們君主帶兵來的，他因為東部的齊、魯、衛三國的軍隊還沒有到達，晉軍中的統帥又不齊備，說：『這次戰爭晉軍一定要失敗，我利用這一機會奉立孫周（即後來的晉悼公）來服侍楚王。』」晉厲公把公子茷的話告訴欒書，欒書說：「可能有這事吧。不然的話，為什麼他連自己的死都不顧，要接受敵人的使者慰勞呢？你為何不試試讓他出使東周而觀察他的行動呢？」晉厲公派郤至到東周報告鄢陵戰績，欒書又叫孫周去見郤至。晉厲公派人窺視郤至的行動，（見到這一情況，）相信了欒書的話，於是怨恨郤至。

晉厲公出去遊獵，與他宮中的婦人們先射殺野獸而飲酒，後讓大夫們去射殺野獸。郤至射殺一隻野豬要奉獻給晉厲公，被宦官孟張搶奪去了，郤至就用箭殺死了他。晉厲公說：「郤至你欺負我！」

晉厲公將要動手除掉所有大夫，胥童說：「一定要先殺掉三郤。他們宗族龐大，有很多人怨恨他們。除去大宗族，你就不會受到侵逼；戰勝受怨多的人，會有功勞。」晉厲公說：「是這樣。」郤氏聽到這一消息，郤錡主張攻擊晉厲公，說：「我們雖然要死，但他君主也會有危險。」郤至說：「人所以活在世上，依靠的是忠信、智慧、勇敢。忠信就是不背叛君主，智慧就是不做危害人民的事，勇敢就是不在國內製造動亂。丟失了這三種東西，有誰會同情我們呢？死了又受到眾人的怨恨，那又有什麼用呢？君主要把他的大臣殺掉，那人們會說君主什麼呢？我們如果真的有罪，那我們死得也遲了。如果君主殺的是無罪的人，那他將會喪失他的人民，他想要安寧，可能嗎？我們就等待他的命令吧。接受君主的俸祿，用來聚集同黨，有了同黨而抗爭君主的命令，還有比這更大的罪行嗎？」

（魯成公十七年十二月）壬午日，胥童、夷羊五（即夷陽五）帶領甲士八百人準備進攻郤氏。長魚矯請求不要用這麼眾多的人，晉厲公又讓他的寵倖者清沸魋協助長魚矯。兩人各持戈把衣襟結在一起，假裝成互相爭訟的人。三郤正在一座台榭上想對策，長魚矯就用戈把郤錡、郤犨殺死在各自座位上。郤至說：「我要逃脫無罪過而遭殺害的結局了。」很快離開了。長魚矯跑到他的車子旁，用戈殺了他。晉厲公把三郤的屍體都放到朝堂上。

胥童帶領甲士在朝堂中劫持了欒書、荀偃。長魚矯對晉厲公說：「不殺這兩個人，憂患一定要降臨到君主你的頭上。」晉厲公說：「一個早晨就陳列出三個卿大夫的屍體，我不忍心再讓屍體增加了。」長魚矯說：「別人將會對你忍心的。我聽說在朝廷外作亂稱為叛亂，在朝廷內作亂稱為犯上奪權。抵禦叛亂要用恩德，抵禦犯上奪權要用刑法。抵禦叛亂如不加施捨就殺人，不能稱為恩德，大臣侵逼君主而不加討伐，不能稱為刑法。恩德、刑法都不能樹立，外部的叛亂和內部的犯上奪權都要到來，我只好請求出走了。」於是長魚矯就投奔了狄人。晉厲公派人去辭謝欒書和荀偃說：「我是

對郤氏進行討伐，郤氏已經服罪了，二位大夫不會受到侮辱的，你們就還恢復原職吧。」欒書和荀偃拜謝低頭說：「君主討伐有罪的人，而免掉我們的死，這是君主對我們的恩惠，我們就是死了，哪裡敢忘記君主的恩德？」欒書和荀偃都回到家中。晉厲公讓胥童擔任了國卿。

❀ 晉其君州蒲

題解

◆ 晉厲公殺害了三郤，激起了欒氏、中行氏的憤怒，他們聯合起來殺掉晉厲公，立孫周為君，即後來的晉悼公。

➲ 原文

公游於匠麗氏，欒書、中行偃遂執公焉。召士匄，士匄辭。召韓厥，韓厥辭，曰：「昔吾畜於趙氏，孟姬之讒，吾能違兵。古人有言曰，『殺老牛莫之敢屍』，而況君乎？二三子不能事君，焉用厥也？」

……

十八年春王正月庚申，晉欒書、中行偃使程滑弒厲公，葬之於翼東門之外①，以車一乘。使荀罃、士魴逆周子於京師而立之，生十四年矣。大夫逆於清原②。周子曰：「孤始願不及此，雖及此，豈非天乎？抑人之求君，使出命也。立而不從，將安用君？二三子用我今日，否亦今日，共而從君，神之所福也。」對曰：「群臣之願也，敢不唯命是聽。」庚午，盟而入。館於伯子同氏。辛巳，朝於武宮。逐不臣者七人。周子有兄而無慧，不能辨菽麥，故不可立。

注釋

① 翼：即晉國舊都絳，在今山西翼城縣。
② 清原：晉地，在今山西稷山縣境內。

譯文

晉厲公出遊住在匠麗氏的家中，欒書、荀偃就在這裡捉拿了他。他們叫士匄來，士匄拒絕了。又叫韓厥來，韓厥也拒絕了，說：「當年我生長在趙氏家中，趙莊姬讒害趙同、趙括，我也沒有用兵攻打趙氏。古人有句話說，『殺一頭老牛還不敢做主』，何況是殺君主呢？你們不能侍奉君主，哪裡用得著韓厥？」

……

魯成公十八年春天正月庚申日，晉國的欒書、荀偃派程滑殺了晉厲公，把他埋葬在晉國舊都翼的東門外邊，隨葬的只有一乘車。他們又派荀偃的兒子荀、士會的兒子士魴從東周的京師迎接孫周立為君主，這時孫周才出生十四年。晉國大夫們在清原迎接孫周。孫周說：「我當初的願望還想不到要做國君，今天雖然達到這地步，豈不是上天的意思嗎？或者是有人要尋求君主，讓你們出來命令我吧。立了君主而不聽從他，哪裡用得著君主呢？你們用我當君主也在今天，不用我當也在今天。共同聽從君主，那就是神靈對我們的福祐了。」眾大夫回答說：「立你是我們全體大臣的心願，還敢不聽從你的命令。」孫周和大夫們進行了盟誓才進入新田，先住宿在伯子同家中。辛巳日，在武宮朝拜祖先。驅逐了不願臣屬於他的七個人。孫周有個哥哥，但不聰明，連豆和麥都分不清楚，所以不能立他為君。

❈ 晉悼公即位於朝

題解

◆ 晉悼公即位後，採取一系列穩定晉國的政治措施，使晉國的霸業開始恢復。

⊃ 原文

二月乙酉朔，晉悼公即位於朝。始命百官，施捨、已責①，逮鰥寡，振廢滯，匡乏困，救災患，禁淫慝，薄賦斂，宥罪戾，節器用，時用民，欲無犯時。使魏相、士魴、魏頡、趙武為卿。荀家、

荀會、欒黶、韓無忌為公族大夫，使訓卿之子弟共儉孝弟。使士渥濁為大傅，使修范武子之法；右行辛為司空，使修士之法。弁糾禦戎，校正屬焉，使訓諸禦知義②。荀賓為右，司士屬焉③，使訓勇力之士時使。卿無共禦④，立軍尉以攝之，祁奚為中軍尉，羊舌職佐之。魏絳為司馬，張老為候奄⑤。鐸遏寇為上軍尉，籍偃為之司馬，使訓卒乘，親以聽命。程鄭為乘馬禦，六騶屬焉⑥，使訓群騶知禮。凡六官之長，皆民譽也。舉不失職，官不易方，爵不逾德，師不陵正，旅不逼師⑦，民無謗言，所以複霸也。

注釋

① 已責：即免除債務。責，同「債」。

② 禦：這裡指駕馭兵車的人。

③ 司士：管理國王親兵的官吏。

④ 卿：指各軍的統帥、副統帥。

⑤ 候奄：主管偵察的長官。候即斥候，即偵察；奄，正，即長官。

⑥ 騶：主管駕車與卸車。

⑦ 師不陵正，旅不逼師：這裡的師、正、旅泛指一般官吏的職位，意即下級都能服從上級。

譯文

（魯成公十八年）二月乙酉日即初一，晉悼公在朝中就了君位。開始任命朝中各官，給人民以施捨，免除了他們拖欠的賦稅債務，好處施及到孤獨的老人和寡婦，起用被廢和壓制的舊貴族，救助那些貧窮困難的人，救濟遭災遭禍的人，禁止貪占和邪惡的事，減輕人民的賦稅，寬待罪犯和有過錯的人，削減器物用度，按時用人民來服勞役，不因私欲侵佔農時。讓魏相、士魴、魏頡、趙武擔任國卿。荀家、荀會、欒黶、韓無忌為掌管公族的大夫，讓他們訓導卿大夫的子弟們要恭敬節儉孝敬友愛。讓士貞子擔任太傅，讓他整頓士會擔任太傅時制定的禮法。任右行辛為司空，讓他整頓施行士制定的法令。讓欒糾擔任戎禦，管理軍馬的官吏都屬欒糾管理，讓他訓導兵車的駕車者要懂得正義。荀賓為他的車右，管理國王親

兵的官吏司士們都由他來管理，讓他訓導常備的有勇武的戰士要知道隨時要用他們（而常備不懈）。各卿都沒有安排馭手，確定由軍尉來行使馭手的職權。祁奚任為中軍軍尉，羊舌職給他當副手；魏絳任為中軍司馬，張老任負責偵察的官。鐸遏寇任為上軍軍尉，籍偃擔任司馬，讓他們訓練步卒和車兵，使他們團結一致服從命令。程鄭擔任管理車乘的長官，所有管駕車和卸車的人都屬他管理，讓他訓導這些人懂得禮儀。凡各部門的長官，都在人民中有聲譽。各官都不改變原來的制度，爵位的授予都不超過本人的德行，師一級的官不侵犯正一級官的許可權，旅一級的官不侵逼師一級官的許可權，人民沒有怨謗的言論，因而悼公又恢復了晉國的霸業。

　　(END)

國家圖書館出版品預行編目 (CIP) 資料

左傳新解 / 左丘明原著 ; 馬玉山編注. --
初版 . -- 臺北市 : 華志文化事業有限公司,
2023.01
　　面；　公分 . -- (諸子百家大講座 ; 23)
ISBN 978-626-96716-2-5(平裝)
1.CST: 左傳 2.CST: 注釋
621.732　　　　　　　　111018602

系列／諸子百家大講堂 23

書名／左傳新解

書號／D0023

華志文化事業有限公司

原著　左丘明

編注　馬玉山

執行編輯　簡煜哲

美術編輯　楊雅婷

封面設計　王志強

文字校對　陳欣欣

企劃執行　張淑芬

總編輯　黃志中

社長　楊凱翔

出版者　華志文化事業有限公司

電子信箱　huachihbook@yahoo.com.tw

地址　116 台北市文山區興隆路四段九十六巷三弄六號四樓

電話　0937075060

總經銷商　旭昇圖書有限公司

地址　235 新北市中和區中山路二段三五二號二樓

電話　02-22451480

傳真　02-22451479

郵政劃撥　戶名：旭昇圖書有限公司（帳號 12935041）

出版日期　西元二〇二三年一月初版第一刷